DEVANT LA GUERRE

Autres ouvrages de Cornelius Castoriadis

AUX ÉDITIONS DU SEUIL

L'Institution imaginaire de la société, *1975*
Les Carrefours du labyrinthe, *1978*
De l'écologie à l'autonomie
(avec Daniel Cohn-Bendit), *1981*

AUX ÉDITIONS 10/18

La Société bureaucratique
1. Les Rapports de production en Russie, *1973*
2. La Révolution contre la bureaucratie, *1973*
L'Expérience du mouvement ouvrier
1. Comment lutter, *1974*
2. Prolétariat et Organisation, *1974*
Capitalisme moderne et Révolution
1. L'Impérialisme et la Guerre, *1979*
2. Le Mouvement révolutionnaire
sous le capitalisme moderne, *1979*
Le Contenu du socialisme, 1979
La Société française, 1979

CORNELIUS CASTORIADIS

DEVANT LA GUERRE

I

Fayard

Avertissement

Devant la guerre, *en français, ne signifie pas* avant la guerre, *comme les sourds ne manqueront pas de l'entendre, et comme ils l'ont déjà entendu. Il ne s'agit pas, dans ce livre, de prévision ou de prospective, mais de l'analyse du monde contemporain, indispensable pour pouvoir s'y* orienter.

Pour ce faire, il faut dégager ce qui pèse et ce qui ne pèse pas, ce qui est pertinent et ce qui ne l'est pas. Il y a des faits, apparents ou cachés, qui manifestent les lignes de force de l'histoire en train de se faire. Il y en a d'autres qui pèsent moins. Et il y a la brume verbale, idéologique et rhétorique – particulièrement épaisse en France – qui recouvre tout.

La question de savoir si les problèmes du Tiers Monde peuvent ou non être résolus par l'utilisation des micro-processeurs n'est pas pertinente. La confrontation russo-américaine l'est superlativement. Des facteurs très lourds travaillent, poussant les deux Super-puissances vers la confrontation ouverte. En retour, l'éventualité de cette confrontation forme et informe la situation présente et sa dynamique, façonne la réalité.

Ce que je dis, *c'est que cette situation n'est intelligible que dans la perspective de la confrontation. La dénégation de cette évidence restait à peu près universelle il n'y a guère. Particulièrement acharnée chez les sycophantes du PC et les tenants d'un « marxisme » devenu depuis longtemps simple instrument de mystification et d'auto-aliénation, elle était aussi amplement partagée par les journalistes et les politiciens européens et les intellectuels installés dans leur confort mental et leurs illusions vitales. Cette dénégation, l'aveuglement volontaire de la plus grande partie du monde « occidental » sur la conjoncture historique, fait partie intégrante de la situation, elle est un des traits les plus graves de cette conjoncture. Il peut sembler moindre aujourd'hui que lorsque, en février 1980, je rédigeais le texte publié dans le N° 8 de* Libre, *devenu maintenant le premier Chapitre de ce livre. En réalité, il n'en est rien.*

Ce que je ne dis pas, *c'est que la guerre – la guerre russo-américaine – aura lieu demain, dans trois ans ou dans treize. Indépendamment du caractère risible de toute prédiction historique dans un tel domaine, deux inconnues de taille sous-tendent la situation cosmo-historique contemporaine. La première concerne l'attitude des populations dans tous les pays concernés, mais tout particulièrement dans l'Empire russe. Depuis trente-cinq ans, je n'ai jamais cessé de penser ce que j'écrivais à nouveau en 1977 : « Parmi les pays industrialisés, la Russie reste le premier candidat à une révolution sociale. »*[1] *Les événements de Pologne viennent encore rappeler, si besoin en était, que le totalitarisme communiste ne peut ni supprimer le conflit social et politique, ni atomiser, comme il le voudrait, la collectivité, qui s'avère échapper à l'emprise du Parti/État. L'impact possible de ces événements sur la situation des autres protectorats européens de la Russie et sur la Russie elle-même défie toute analyse. Encore faut-il se rappeler que, derrière la lapalissade : « la Russie n'est pas la Pologne », se trouvent des faits lourds. Il y a en Russie une autre tradition historique ; un degré infiniment plus important de développement et de consolidation de l'Appareil bureaucratique politico-militaire ; enfin, pour ne pas dire surtout, un rôle diamétralement opposé de l'imaginaire national et nationaliste. Dans les pays dominés par la Russie, le nationalisme est un puissant facteur de renforcement de l'opposition au régime communiste, qui y apparaît pour ce qu'il est vraiment : un instrument de l'asservissement national et social – cependant qu'il forme en Russie et pour les grands-russiens un des ingrédients principaux de la force du régime (cela n'étant certes ni univoque ni définitif). Ces faits, et beaucoup d'autres – dont le principal est la militarisation de la société russe, son évolution vers une* stratocratie *– non seulement excluent toute possibilité d'auto-réforme, mais rendent infiniment improbable le succès, et même l'apparition, d'une poussée venant d'en bas et visant la* réforme *du système russe. La perspective de changement interne en Russie est une perspective de tout ou rien.*

La deuxième inconnue concerne l'attitude et les réactions des pays du « camp occidental » (si l'on peut appeler ainsi, pour la brièveté, cette pseudo-coalition incohérente et déchirée). La Russie ne veut pas la guerre ; elle veut la victoire. Elle poursuit inlassa-

1. Rapport introductif au Séminaire historique de la Biennale de Venise (novembre 1977) sur la dissidence dans les pays de l'Est. Publié sous le titre « Le régime social de la Russie » dans *Esprit* N° 7-8, juillet-août 1978.

blement l'expansion de sa puissance, incarnée dans le renforcement continu de son potentiel militaire et traduite par des gains territoriaux indirects de divers types. Si, dans cette voie, elle ne peut évidemment pas éviter les échecs, c'est aussi la seule où elle connaît des succès. A cette expansion militaire et territoriale, le camp occidental est incapable, pour des raisons profondes et durables, de s'opposer efficacement. (Et ce n'est certainement pas la nouvelle équipe de prestidigitateurs de l'Administration Reagan qui y changera quelque chose.) Le rapport des forces se modifie ainsi continuellement en faveur de la Russie. Cela se concrétise périodiquement par des gains « locaux » – Cuba, Viêt-nam, Laos, Cambodge, Mozambique, Angola, Ethiopie, Yemen du Sud, Afghanistan et maintenant, peut-être, Nicaragua – dont chacun, pris en lui-même, n'est pas jugé valoir le risque d'une confrontation globale. La question de savoir si, quand et sur quel point le « camp occidental » – en fait, le Gouvernement américain et le Pentagone – jugeront (pas plus « rationnellement » que lorsqu'ils jugeaient, jusque-là, le contraire) qu'une limite est atteinte ; et s'ils pourront produire alors autre chose que des réactions anarchiques et spasmodiques – ou bien s'il y aura, sous une forme ou une autre, capitulation de fait sans bataille, est une question qu'on est obligé de se poser mais à laquelle il serait ridicule de vouloir répondre.

⁂

La présentation du régime russe comme « socialiste » – ou comme ayant un rapport quelconque avec le socialisme – est la plus grande mystification connue de l'histoire. Dans les analyses que j'ai présentées depuis 1946 je pense avoir montré qu'il s'agit d'un régime d'exploitation et d'oppression – qui a poussé l'exploitation et l'oppression à un degré inconnu auparavant – où la bureaucratie est devenue classe dominante. Le centre et le noyau actif de cette bureaucratie a été l'Appareil « politique » du Parti communiste. L'élaboration poursuivie ici n'abandonne nullement cette analyse, qui en est au contraire le présupposé. Il se trouve seulement que, contrairement aux souhaits de certains intellectuels fatigués, l'histoire ne s'arrête pas. Répéter indéfiniment que le Parti/État domine en Russie ne contribue en rien à la compréhension des phénomènes récents et laisse aveugle devant l'évolution du régime, sa nécrose idéologique, son glissement des catégories « politiques » vers la sphère du militaire et de la Force brute. Cette évolution aurait pu et dû être saisie, in statu nascendi, il y a au moins dix ans. Aujourd'hui, vouloir ignorer ce que le surarme-

ment et la politique extérieure de la Russie expriment, ce qu'ils soulèvent comme questions, ce qu'ils indiquent comme limitations des anciennes analyses, c'est démissionner devant les tâches théoriques et politiques les plus importantes.

Tout ne peut pas être fait à la fois, et pour l'instant j'ai voulu parer au plus pressé. De nombreuses questions subsistent, certaines à peine évoquées ici, d'autres laissées de côté. Je vois ce livre comme point de départ d'une élaboration, à laquelle je souhaite que d'autres que moi se joignent.

⁂

La discussion du rapport des forces, des capacités, des stratégies et de la situation des deux camps, faite dans ce volume et complétée dans le volume suivant, est menée dans une optique aussi réaliste et pragmatique que possible. J'espère que le lecteur se départira de cette attitude universelle qui confond les faits et les valeurs, les souhaits et les réalités. Si l'on dit que le gang de Dillinger dans telle conjoncture est plus fort que celui d'Al Capone, cela ne signifie ni que l'on admire le premier, ni que l'on plaint le second. J'espère aussi qu'on comprendra que lorsque je parle de la Russie et des États-Unis, je parle des régimes et des couches qui y dominent, non pas des peuples russe et américain.

Ce qu'il faut souhaiter et ne pas souhaiter ; ce qui est à faire et à ne pas faire dans cette conjoncture historique lorsqu'on a compris que le « socialisme » russe équivaut à la transformation des pays qu'il domine en camps de concentration, et que les prétendues « démocraties » occidentales sont en réalité des oligarchies libérales pseudo-représentatives ; ce qui peut et ce qui doit, ce qui ne peut pas et ne doit pas être soutenu et défendu dans la situation présente ; s'il y a, ou non, une issue au piège dans lequel l'histoire semble nous enfermer, c'est une autre question. Mais pour y voir clair, il faut d'abord voir et comprendre ce qui est.

⁂

Des raisons pratiques et l'urgence du problème m'ont conduit à publier ce livre en deux volumes, dont le deuxième paraîtra l'automne prochain. Il sera essentiellement consacré à la discussion des questions théoriques et politiques soulevées par les analyses ici présentées. On en trouvera un sommaire dans la Table des matières publiée à la fin du présent volume.

Paris, 9 avril 1981.

PREMIÈRE PARTIE

Les réalités

CHAPITRE PREMIER

Premières vues d'ensemble*

La nouvelle situation mondiale

Les réflexions qu'on va lire ont leur point de départ dans des événements conjoncturels. Invasion et occupation russe de l'Afghanistan. Soulèvement populaire et renversement du régime en Iran, suivi par une combinaison d'anarchie et de théocratie ébauchée. Conquête vietnamienne du Cambodge, venant après l'extermination de la moitié des Cambodgiens par « leurs propres » dirigeants[a]. Installation de régimes soutenus et tenus par la Russie en Angola, au Mozambique, en Éthiopie, au Yémen du Sud. « Crise de l'énergie », inflation accélérée, ébranlement et blocage du cours jusqu'alors apparemment tranquille du capitalisme moderne.

A part, peut-être, la résurgence en Iran de la religion comme facteur social et politique (j'y reviendrai), aucun de ces événements ne présente, en soi, une nouveauté essentielle de signification. Pourtant, le paysage historique est

* Publié dans le n° 8 de *Libre*, Paris, Payot, mai 1980 (p. 217-250). Reproduit ici sans modification, sauf pour la correction des fautes d'impression et de quelques *lapsus calami,* et l'inclusion dans le texte principal de certaines notes de bas de page portant sur la substance des questions. Quelques nouvelles notes sont appelées par des lettres.

a. La question du nombre « exact » de Cambodgiens exterminés par « leurs » gouvernements communistes successifs et par les occupants Vietnamiens fait l'objet d'âpres controverses depuis pas mal de temps. Noam Chomsky aux États-Unis et Serge Thion en France, parmi d'autres, considèrent que les chiffres qui ont amplement circulé (et auxquels fait allusion le texte) sont démesurément exagérés. Je n'entrerai pas dans cette discussion, qui ne touche guère mon propos.

brusquement modifié (ou notre image de ce paysage, mais c'est indécidable et, à la limite, cela revient au même). Il y a sommation, ou mieux synergie, multiplication et exponentiation réciproque de ces événements et de leurs effets. C'est que, manifestations d'une crise profonde du système mondial de domination – après sa phase de relative stabilité entre 1953 et 1973 – ils font retour sur elle pour l'aggraver. On ne peut en estimer le poids qu'en les projetant sur le fond social-historique de l'époque : usure croissante du tissu social et décomposition des mécanismes de direction de la société dans les pays occidentaux de capitalisme moderne ; impasse interne de la société bureaucratique russe et fuite en avant dans l'expansion impérialiste ; incapacité du capitalisme de transformer et d'assimiler vraiment des régions immenses du Tiers Monde – pays islamiques, Inde, Afrique – et crises qui en résultent.

L'instabilité et les déchirements internes du système mondial de domination sont tels que nous nous trouvons, de nouveau, placés dans la perspective d'une guerre mondiale. Il ne s'agit pas ici de formuler des « prévisions » sur la proximité, l'éloignement ou un nouvel ajournement indéfini de l'explosion effective d'une telle guerre. Le lecteur qui lirait ce qui suit comme une « prévision » commettrait un contresens total. Il s'agit de s'orienter dans une situation dont la perspective de la guerre est derechef devenue un ingrédient décisif et qui contient, comme une de ses possibilités et probabilités effectives, la confrontation ouverte des deux super-puissances – des deux super-gangs. Cette possibilité devient, à nouveau, facteur formateur des développements effectifs. A présent, et sans doute pour des années à venir, la situation mondiale n'est pensable qu'en faisant entrer en ligne de compte – et en première ligne – la perspective de la guerre.

Nous ne pouvons rien quant au processus en train de s'amplifier et qui ne prend sens que par référence à la guerre, proche ou différée. Nous ne pouvons rien, non plus, quant à l'attitude du grand nombre de gens, ici ou là-bas – de l'autre côté du rideau de fer – qui, seule, pourrait arrêter le processus. Tout ce qui dépend de nous est de contribuer à ce que survivent, à travers le cataclysme qui menace, des germes, les plus nombreux et les plus vigoureux possible, d'esprit critique, de lucidité, de liberté, de responsabilité.

Pour cela, et devant le concert de mystifications qui déjà monte au diapason – et ce diapason n'est encore rien devant ce qui nous attend pendant la période à venir –, et ce de tous les côtés, il s'agit d'abord et avant tout de voir clair.

Je n'écris pas ici une thèse universitaire, et je n'ai pas voulu allonger outre mesure ce texte en multipliant les références ou les discussions secondaires par rapport à la ligne principale de l'argumentation. Pour chaque affirmation « factuelle » du texte, je pourrais produire des dizaines, sinon des centaines de citations. Cela me paraît superflu, car je me réfère à des faits massifs que l'on est obligé de présumer connus de tous ceux qui suivent, avec un minimum d'attention, la presse quotidienne. Si, par exemple, à propos de la question de l'installation d'armes nucléaires tactiques nouvelles en Europe, évoquée dans le texte, quelqu'un demande : qu'est-ce que les missiles Pershing, les SS-20 et les Backfire – alors que la discussion sur ces engins et leurs qualités respectives a rempli les colonnes des journaux depuis six mois – ou : qu'est-ce qui vous permet d'affirmer que pour cette installation il faudra plusieurs années – alors qu'il s'agit de déclarations officielles et publiées partout –, je n'ai pas considéré qu'il m'incombait de combler ce genre de lacunes d'information. Plus subtil est le cas du philosophe qui aurait vaguement entendu parler d'un objet nommé Mig 25 mais ne saurait pas que cet appareil surclasse les avions américains correspondants, et surtout ne parviendrait pas à comprendre que son existence et sa production en série impliquent, en amont et latéralement, une société *qualitativement différente* de ce que nous avons analysé, depuis trente-cinq ans, comme la société russe *« civile »* : défaut d'information technologique ou d'imagination sociologique auquel je ne peux pas, non plus, suppléer. Mais que l'on ne croie pas qu'il y ait ici une ligne de partage entre « gens informés » et spécialistes, et les autres. Les effets de la volonté de ne pas voir sont prodigieux. On peut être journaliste « politique » – j'en ai rencontré – et ne pas se rendre compte – ou ne pas vouloir se rendre compte – de l'incapacité totale des forces de l'OTAN en Europe d'arrêter une offensive russe menée par des moyens classiques. Or, le fait que les forces de l'OTAN stationnées en Europe ont toujours été et restent sans interruption depuis trente ans incapables d'accomplir la mission « classique » qui leur est en théorie assignée : retarder une offensive russe le temps de permettre une mobilisation américaine et le transport en Europe des divisions U.S. (affaire qui prendrait, actuellement, plusieurs mois !) – ce fait est reconnu et proclamé par les responsables officiellement et régulièrement, année après année. Et, à lui tout seul, il suffit pour étayer l'argumentation d'une grande partie de ce texte.

Il est évident que ce texte est un « texte d'opinion », et je ne vois pas ce que pourrait être d'autre un texte abordant ces questions. Ou bien on enfouit sa tête dans le sable (et la tentation de le faire est certes très forte : l'idée d'une guerre possible dérange au plus haut point). Ou bien on prend le risque – qui en vérité n'en est pas un, puisque on le prend de toute façon, même en disant : tout cela n'est pas si grave, ou bien : la situation est hautement énigmatique – de se former une opinion devant les événements, au mieux de son information et de son jugement, et de l'exprimer. La vie politique est *nécessairement* basée sur l'opinion, la *doxa.* Il n'y a pas de science des choses à venir et des « contingents ». Mais sans une *vue* de ces choses à venir, il n'y a aucune attitude et activité politique possible. La philosophie, l'ontologie de l'histoire ou la pensée de l'être historique en général et en tant que tel ne sont pas ici mon propos.

Enfin – point le plus difficile – toutes les opinions ne se valent certainement pas ; *et* il n'existe pas de procédure *a priori* pour décider entre elles. Il y a ici une « faculté » originaire et irréductible de l'esprit – analogue à la « faculté de juger » kantienne, et encore plus, proche de la *phronésis* aristotélicienne, si mal traduite par le latin *prudentia.* Appelons-la la faculté de s'orienter dans l'histoire (et déjà dans la vie). Discerner, dans le chaos des faits, des informations, des tendances, des possibles, des arguments, des raisonnements, des objections et des contre-objections, ce qui compte et ce qui ne compte pas, ce qui est fortement probable et ce qui ne l'est que très peu, le facteur qui a ou peut acquérir un poids décisif et celui qui peut être négligé ou subordonné –

cela relève d'une aptitude que tous possèdent à un degré plus ou moins important, qui certes se développe considérablement avec l'expérience, l'intérêt, le frottement avec la chose, la possibilité de discussions libres, mais qui n'est pas réductible à des procédures « rationnelles ». Le grec moderne l'exprime en disant que quelqu'un « comprend ce dont il s'agit ». Proust lui a consacré quelques belles lignes, à propos du diagnostic du grand clinicien, de l'intuition du chef militaire, du flair policier. La « faculté de jugement » est la capacité de subsumer le cas sous la règle ; mais quelqu'un qui, devant un malade, énumère mentalement toutes les maladies qu'il a étudiées en nosologie, n'est pas et ne sera jamais un médecin. Et celui qui, à propos des problèmes discutés dans ce texte, vous objecte que vous n'avez pas parlé de la Chine et du Japon, est quelqu'un qui « ne comprend pas ce dont il s'agit ».

Politique et société russes

Il faut certes être deux pour faire une guerre. Mais cela ne signifie pas que rôle et « responsabilité » des deux parties dans un conflit soient nécessairement égaux. Pas plus que la désignation de l'agresseur, l'imputation de l'initiative et de la responsabilité immédiate dans le déclenchement d'une guerre ne règle la question des droits et des torts respectifs, de la position politique à adopter devant le conflit.

Sur ces questions, infiniment complexes, je reviendrai dans la suite de ce livre. Mais il faut signaler d'entrée de jeu que devant elles les schèmes habituels de pensée ne sont d'aucun secours, qu'ils forment plutôt écran. En particulier, l'idéologie traditionnelle de la « gauche » joue ici en plein pour masquer la réalité, à l'aide de ce qui reste des sempiternels schémas mités, éculés, vides. Les invasions russes en Hongrie en 1956, en Tchécoslovaquie en 1968 (qui auraient conduit à des guerres n'était la disproportion matérielle écrasante entre agresseur et agressé), la *conquête territoriale* et *l'annexion de fait* (car c'est de cela qu'il s'agit) du Cambodge par le Vietnam, on les scotomise ou on les « explique », tant bien que mal, suivant le catéchisme particulier que l'on professe. Mais, toujours, la même pseudo-théorie des « moteurs de la guerre », le même appel à des pseudo-analyses « économiques », la même conclusion : la guerre est d'essence lorsqu'elle est faite par les capitalistes (privés), elle est accident lorsqu'elle est faite par les Russes.

Or le premier fait à considérer et à expliquer est que, des deux Super-puissances qui s'affrontent, la Russie seule mène et *a la possibilité de mener,* actuellement, une politique offensive. Ce n'est pas le capital financer qui a envoyé les Cubains en Éthiopie, la baisse tendancielle du taux de profit qui a conduit les Vietnamiens au Cambodge, la dévalorisation du capital qui a obligé les Russes à envahir l'Afghanistan. Et ce n'est certainement pas la nécessité de défendre la Russie – celle-ci étant « défendue » autant que possible et nécessaire dès qu'elle a acquis la bombe H et les vecteurs correspondants, soit depuis plus de vingt-cinq ans – qui a poussé le Kremlin a accroître et à accumuler sans cesse les moyens de guerre terrestres (domaine où il possédait d'emblée une supériorité écrasante, qui n'a cessé d'augmenter), à construire une flotte qui rivalise avec la flotte américaine, enfin à viser, et à commencer à réaliser, la supériorité en matière d'armements nucléaires. Cette politique a été poursuivie, ces armements gigantesques accumulés avec une efficacité considérable, dans un pays où l'on n'arrive pas encore, et de loin, à satisfaire ce qu'il est convenu d'appeler les besoins « élémentaires » de la population, où la totalité de l'économie « civile » est dans un état lamentable, où l'agriculture – exportatrice nette pendant des millénaires – ne parvient pas à nourrir la population. L'alternative : blé ou bombe H, a été tranchée par le Kremlin nettement et catégoriquement, et cela depuis longtemps.

***

Une parenthèse est ici nécessaire. Le « montant » des dépenses d'armement russes n'est pas, et ne peut évidemment pas être connu (contrairement à celui des dépenses d'armement des pays dits « occidentaux »). Il y a à cela de multiples raisons, dont il suffit de mentionner la première : le budget officiel russe ne signifie rien, à tous égards, et personne, en l'absence de toute espèce de contrôle public, ne peut savoir quelle partie des dépenses militaires est enfouie dans les budgets des différentes administrations, ministères, etc. Ce n'est là qu'un, parmi tant d'autres, des bénéfices secondaires d'un régime véritablement démocratique basé sur cette authentique expression de la volonté populaire qu'est un parti unique réunissant 99,99 % des voix à toutes les élections. Les exercices d'estimation de ces dépenses, auxquels se livrent de manière permanente les experts « occidentaux » (et dont les conclusions sont souvent changées, du reste), sont futiles. Non seulement leurs bases sont aussi incertaines que possible : ils sont *conceptuellement* impossibles. Déjà la comparaison en « termes réels » du PNB de la France et des États-Unis, par exemple – ou même de la France en 1979 et de la France en 1975 – pose des problèmes qui sont, par principe, insolubles rigoureusement. Sans entrer dans des détails techniques, indiquons simplement que la méthode la plus fréquemment suivie par les experts « occidentaux » pour procéder à ces comparaisons – estimer à combien reviendraient aux États-Unis la production de la même quantité d'armements, le maintien du même nombre d'hommes sous les armes, etc. – rencontre en plein ce même problème. Deux biais systématiques apparaissent évidemment ici (connus et « théoriquement » pris en compte) : l'entretien d'un soldat russe coûte beaucoup moins que l'entretien d'un soldat américain ; la production de tout produit de technologie tant soit peu avancée doit coûter beaucoup plus en Russie qu'aux États-Unis. Mais de combien ? La discussion est futile, si elle vise à comparer les potentiels militaires, parce que, de toute façon, elle doit partir *en se donnant* ces potentiels militaires (en termes d'« objets » ou d'entités réelles) comme *connus*. Si l'on sait que les Russes ont 2 000 ICBM de telle puissance approximative, et les Américains 1 000, dont telle proportion est « mirvée » (à têtes multiples), c'est cela le fait pertinent, non pas le coût respectif en dollars ou en roubles. Et la même chose vaut pour les comparaisons globales : les « dollars » dépensés de part et d'autre ne disent rien sur le fait de savoir si deux porte-avions supplémentaires américains balancent quatre divisions blindées supplémentaires russes.

La seule chose qui compte ici, ce sont les valeurs d'usage : quantités et qualités. La « sommation » de ces valeurs d'usage (la transformation de ces vecteurs en scalaires) ne se fera, évidemment, qu'à l'heure de la vérité. Ce que l'on connaît, actuellement, c'est, du point de vue « quantitatif », la supériorité écrasante des Russes dans le domaine de la guerre « conventionnelle » ; et leur puissance nucléaire égale ou supérieure à celle des Américains. Quant au point de vue qualitatif, ce que l'on a pu constater pendant la guerre du Kippour (armes individuelles anti-chars, avions, etc.), comme aussi leurs exercices spatiaux, ne permettent nullement de penser à une infériorité.

⁂

Fermons la parenthèse, et posons-nous cette question : comment donc, dans un pays où – laissant même de côté le problème de l'agriculture – l'on n'arrive pas à approvisionner les magasins en montures de lunettes et en blue-jeans, où l'on doit avoir recours à des firmes étrangères (capitalistes) pour monter des usines de voitures, de Pepsi-Cola, des aciéries, pour obtenir du matériel de forage de pétrole, etc. – comment, dans un tel pays, peut-on disposer des moyens technologiques et productifs nécessaires pour constituer un armement et une industrie de l'armement à *output* global supérieur à celui des États-Unis ? Il n'y a qu'une seule réponse possible, elle est évidente, et, au vu des résultats, c'est une tautologie : il n'y a pas une Russie, il y en a deux. Il n'y a pas une « économie » et une « production » russes, il y en a deux. Il y a la production, l'économie, la vie de la Russie « civile » ; et la production, l'économie, la vie de la Russie « militaire ». C'est à la première, et à la première seulement – à la Russie « civile » –, que se réfèrent les distinctions et les constatations, parfaitement justifiées d'ailleurs, sur l'existence de plusieurs secteurs[1] : le secteur planifié « officiel » (celui qui approvisionne les magasins avec des marchandises inférieures, inutilisables ou inexistantes) ; le secteur réservé à la consommation privée de la bureaucratie (magasins spéciaux, etc.) ; le secteur « libre » reconnu ou toléré (marché de certains produits agricoles, par exemple) ;

1. Voir, par exemple, dans le n° 7 de *Libre* l'article de G. Duchêne, « L'officiel et le parallèle dans l'économie soviétique », p. 151-188.

et le secteur noir. Quant à l'autre, elle est constituée par l'*écrémage* systématique des ressources les meilleures de tous ordres – et, en premier lieu évidemment, les ressources humaines – dans tous les domaines d'intérêt pour l'Appareil militaire. Comment cela peut se faire n'est pas difficile à imaginer : supposez qu'en France, vous prélevez les 30 % qui arrivent en tête aux concours d'entrée ou aux examens de sortie des « grandes écoles », et que vous les faites entrer dans une caste pourvue de toutes sortes de privilèges et d'un niveau de vie plusieurs fois supérieur à ce qu'ils auraient eu par ailleurs. Quant aux produits « matériels » proprement dits, savoir si l'Armée possède ses aciéries spéciales, ses usines spéciales de matériel électronique et même de tissus, ou bien si, simplement, elle choisit soigneusement dans la production « générale » les produits qui passent ses tests de qualité – en laissant le reste, c'est-à-dire la camelote, au secteur « civil » –, c'est une question secondaire. De toute manière, ce n'est qu'une question de *proportion* : l'Armée n'a pas besoin d'avoir ses propres champs de blé ou de coton – et les usines d'armement proprement dites sont évidemment sous son contrôle direct et total. Inversement, cet écrémage contribue à aggraver le délabrement chronique de l'économie « civile », résultat, essentiellement, de la résistance des producteurs et des profondes irrationalités immanentes à la gestion bureaucratique.

Il ne s'agit pas ici de kremlinologie, exercice généralement dérisoire et au mieux futile. Je ne dis pas que la clique militaire pèse, actuellement, plus dans le Politbureau que telle autre. Il ne s'agit pas de clique militaire – mais de l'Armée comme corps social. Il s'agit des conclusions sociologiques qui découlent presque inévitablement de cette constatation de fait : la Russie est devenue première puissance militaire mondiale, avec ce que cela présuppose industriellement et technologiquement, en même temps qu'elle ne parvient pas à engranger à temps des récoltes de blé déjà insuffisantes. Nous observons deux mondes pratiquement séparés, sauf que le deuxième fournit de la matière première – charbon comme fantassins – au premier. Tout se passe comme si société et économie étaient parfaitement clivées en deux parties. Tout se passe comme si la « société militaire » formait une *société à part* dans la « grande société » russe (et cela, évidemment, à un degré qualitativement différent que l'*establishment* militaire dans les pays « occidentaux »). Étant donné ce que l'Armée comme corps social réussit à extraire de la société russe, et ce qu'elle lui « coûte », la question se pose d'ores et déjà : dans quelle mesure la société russe est encore – comme nous le pensons depuis des décennies – une société dominée par une bureaucratie dont le centre, le noyau, l'âme et l'agent actif est le Parti/État ; et dans quelle mesure n'est-elle pas déjà, ou n'est-elle pas en train de devenir, une *stratocratie* (*stratos* = armée), l'Armée comme corps social assumant, par le truchement de ses échelons supérieurs, la direction et l'orientation de fait de la société ?

***

Ce que l'Armée extrait de la société, et qu'elle lui coûte : c'est à cet égard que la discussion des « dépenses militaires » en termes économiques reprend un sens (qu'elle n'a pas, comme déjà dit, pour comparer les potentiels militaires internationalement). Compte tenu des réserves et des qualifications formulées plus haut – et que l'on ne saurait suffisamment souligner – la meilleure estimation possible, *en ordre de grandeur,* est que l'ensemble des dépenses militaires russes doit représenter une proportion du produit social trois fois plus grande que celle observée aux États-Unis ; quelque chose de l'ordre de 15 % du produit social, dans le cas russe, contre quelque chose de l'ordre de 5 % dans le cas des États-Unis. (On peut noter que, compte tenu de la différence absolue dans la production des deux pays, ce sont aussi ces proportions qui assureraient une approximative égalité de leurs dépenses « en valeur ».) Pour comprendre ce que cela signifie, il faut se rendre compte qu'une économie moderne en régime de forte croissance (par exemple, l'Allemagne, la France ou l'Italie de la période 1950-1973) ne consacre pas plus de 10 % de son produit social à l'investissement *net* – à savoir, à l'accroissement de son capital, à la production de moyens de production allant au-delà du remplacement de ces moyens usés ou démodés, qui conditionne précisément cette croissance (cela encore, « qualitativement » et « en ordre de grandeur », et sans oublier toutes les réserves que soulèvent la mesurabilité du produit social, le concept d'investissement « net » dès qu'il y a changement technique, etc.). Autant dire que la « croissance » (au sens capitaliste du terme, bien entendu – mais il ne s'est jamais agi en Russie d'autre chose : « rattraper et dépasser l'Amérique ») de l'économie russe a été, pour une très grande partie, « sacrifiée » à l'Armée. Ces considérations quantitatives sont encore renforcées si l'on tient compte des effets « qualitatifs » de l'écrémage dont je parlais plus haut : ce n'est pas quinze ingénieurs sur cent que prélève l'Armée : ce sont les quinze « meilleurs[a] ».

Pour le lecteur distrait, je rappelle et souligne : mon argument *n'est pas* basé sur la proportion des dépenses militaires. Celles-ci pourraient atteindre demain aux États-Unis 20 % du PNB sans que cela, en soi, modifie la « nature » de la société américaine. La dimension économique est invoquée ici *uniquement* pour montrer qu'il y a une *option* systématique prise et suivie, que cette option coûte très cher et qu'elle resterait incompréhensible si elle n'était pas insérée dans des « options » plus générales de politique tant intérieure qu'extérieure. Celles-ci, à leur tour, contribuent lourdement à former la société russe. Inutile de préciser que lorsque je parle d'« options », je ne pense nullement à des décisions ponctuelles et « rationnelles » prises par des joueurs d'échecs.

Mon argument est fondé sur la différence *qualitative* – que l'on ne peut contester que dans la pleine mauvaise foi – de la production et du fonctionnement *effectifs* de la « société militaire » et de la « société civile » en Russie. On n'achète pas des Mig 25, des SS-20, des Backfire et des Soyouz dans les supermarchés, ni à Moscou, ni à New York. Mais ce que l'on achète dans les supermarchés à New York est qualitativement semblable à ce qui est produit

a. « J'ai cité ce passage à Vladimir Sichov qui m'a répondu en riant : "Votre auteur se trompe. Tous les cent travaillent pour l'Armée !" Cette boutade, exprimée de façon un peu brutale, recouvre une situation réelle qui n'a pas échappé à Castoriadis : c'est que l'industrie des armements est loin d'être la seule qui travaille pour l'Armée, car une multitude de branches de la production sont subordonnées à la "Russie militaire", de très vastes secteurs de l'industrie dite civile travaillent à plein rendement pour les besoins de l'Armée. » E. Silianov, dans *Les Russes vus par Vladimir Sichov,* Paris-Match/Édition n° 1, Paris, 1980, p. 36.

pour l'Armée, et, *grosso modo,* fonctionne ou ne fonctionne pas au même degré. Tandis qu'en Russie un abîme qualitatif, amplement connu, quotidiennement attesté par les publications russes *officielles,* sépare les deux secteurs. C'est aussi la raison pour laquelle l'idée du *sur-stockage* militaire russe – instruits par l'expérience de la guerre 1941-1945, les dirigeants militaires russes accumuleraient le plus possible en temps de paix les moyens, sachant que leur production et remplacement en temps de guerre seraient très difficiles –, sans être fausse, ne répond pas à la question, n'explique pas l'*explicandum* : que dans l'un des secteurs, le secteur « militaire », tout semble marcher à peu près parfaitement, et dans l'autre, le secteur « civil », tout reste chaotique et délabré.

On ne peut pas monter une usine qui fabriquerait des Mig 25, *sans plus.* Une telle usine n'est *matériellement* possible que comme élément d'un sous-ensemble à peu près « complet » – d'une « sous-matrice » – de la production, à peu près *séparable* du reste (sauf pour quelques *inputs* primaires), comportant des dizaines sinon des centaines de « branches » fonctionnant, *toutes,* à un niveau *qualitativement autre* que l'industrie « civile ». On sait, à peu près, comment « fonctionne » une usine habituelle russe. On peut être catégoriquement certain – au vu des *outputs* – que les usines produisant du matériel militaire, et *tout ce que celui-ci exige* de tant soit peu différencié pour sa production, *ne* fonctionnent *pas* comme cela. Et, pour ne citer qu'une des innombrables implications de ce fait, cela signifie aussi, dans ces usines, une attitude tout à fait autre des *ouvriers.* Comment celle-ci est-elle obtenue, si c'est uniquement au moyen de salaires plus élevés et d'autres privilèges, c'est une autre question à explorer.

De même, il faut comprendre que ce qui est en question n'est pas la capacité des Russes d'« inventer » (ou de « réinventer » ou de « copier » ou de « voler » chez les Américains) tel ou tel produit. On sait qu'aujourd'hui les informations requises pour fabriquer une bombe atomique sont dans le domaine public, et qu'un étudiant en physique pourrait en fabriquer une par des moyens artisanaux s'il disposait d'une petite quantité de matière fissile. Ce qui est en question, c'est la production industrielle d'une masse énorme de produits de très haute technologie appliquée, et qui *fonctionnent*.

Ce sont aussi ces considérations qui rendent futiles les contre-arguments invoquant, par exemple, l'Allemagne nazie. Certes, Hitler a considérablement augmenté dès 1933 les dépenses d'armement ; mais il n'avait pas besoin, pour équiper la *Wehrmacht*, d'autre chose que simplement d'orienter autrement quant aux produits finals une partie de l'industrie allemande, sans rien y changer par ailleurs.

⁂

Or un tel « choix » n'est évidemment pas gratuit – ni quant à ses présuppositions, ni quant à ses implications et conséquences, internes et externes. Trente ans après la fin de la « reconstruction », la Russie ne parvient toujours pas à devenir une « société de consommation » (transition que des pays aussi pauvres, et aussi mal gérés, que l'Espagne ou la Grèce ont accomplie en une dizaine d'années). Si les pays « occidentaux » peuvent maintenir un régime libéral, sans Goulag et sans idées, c'est *aussi* – bien que pas seulement – parce qu'ils peuvent fournir à la population des « marchandises » en quantité accrue chaque année (ce qui pose évidemment la question de la stabilité de ces régimes, si l'arrêt de la croissance devait se prolonger longuement). Du point de vue de la couche dominante, une politique qui continue de mettre l'accent sur la répression plutôt que sur l'abrutissement consommationniste n'est évidemment ni la seule possible, ni même, en théorie, la plus avantageuse.

Certes, nous ne sommes pas ici dans le domaine des choix « rationnels », et je serais le dernier à sous-estimer les irrationalités profondes, les inerties « actives » insurmontables qui dominent, de part en part, le système bureaucratique totalitaire russe, plus que tout autre régime social contemporain. J'ai déjà écrit à plusieurs reprises[1] que la transition vers un régime bureaucratique plus « mou », en Russie, théoriquement tout à fait possible, est pratiquement inconcevable. Au point de vue ultime, la Russie – autant et plus que les

1. En dernier lieu dans « Le régime social de la Russie », *Esprit* (nº 7-8) juillet-août 1978.

autres sociétés – est une immense avalanche qui roule au gré de son poids et des pentes du terrain, et que personne – ni individu, ni couche sociale – ne « dirige » ni ne peut « diriger ».

Il n'empêche que dans ce mouvement on peut discerner des constantes, et que la question se pose avec insistance : quel est donc le facteur faisant que, de manière consistante, cohérente, ininterrompue, depuis des décennies, l'Armée absorbe la meilleure part des ressources du pays – la part qui, au bout de ce temps, aurait précisément fait la différence entre l'état de pénurie civile actuelle et l'état d'une économie moderne moyennement prospère ? Pourquoi et comment le « Parti » a-t-il fait systématiquement que tel *soit* effectivement le choix *ex post facto ?* Comment se fait-il qu'il ne s'est jamais trouvé, au sein du « Parti », une fraction proposant et imposant une « politique » plus « politique » ? (Même l'épisode Khrouchtchev n'échappe pas à cette constatation : c'est Khrouchtchev qui a installé les fusées russes à Cuba.)

A cette question, la réponse la plus plausible est : parce qu'une telle fraction n'aurait eu – n'a eu – aucune chance. Et cela, parce que depuis longtemps, le pouvoir effectif, quant aux orientations décisives, appartient à l'Armée, aux sommets de l'Appareil bureaucratique *militaire.* (Ce qui n'était *assurément* pas le cas sous Staline, par exemple.)

Qu'est-ce qui, dans un régime totalitaire du type du régime russe *dans sa situation présente,* peut empêcher ceux qui ont entre leurs mains les instruments et les moyens effectifs du pouvoir – l'Armée – d'avoir *le* pouvoir lui-même ? Qu'est-ce qui, en l'absence de vie politique, d'opinion publique pouvant se manifester, de contrôle institutionnel, de légalité *effective* réglant l'accession et la succession aux postes suprêmes, pourrait faire contrepoids au poids réel de l'Armée ? Sur quoi peut s'appuyer le pouvoir du Parti ?

Bien évidemment, le pouvoir du Parti ne s'est jamais appuyé que sur l'imaginaire – dans tous les sens de ce terme. Je reviendrai, plus loin, sur cette question sous ses aspects les plus importants. Il s'agit, pour l'instant, de l'imaginaire au sens le plus courant et le plus apparent : tel qu'il s'est incarné et instrumenté dans et par la Terreur d'une part, l'Idéologie, d'autre part.

Quoi de plus affreusement « réel » que la Terreur, et la Terreur russe entre toutes, les dizaines de millions de cadavres, les décennies passées par les gens dans le Goulag ? Certes. Mais quelles ont été les conditions *nécessaires* de la Terreur ? A l'un des bouts, le plus important, la *représentation* de millions de gens qu'ils ne pouvaient pas, qu'il n'était pas possible d'y résister. Comment cette représentation en est-elle venue à exister et à prévaloir, dans quoi elle s'enracine par ailleurs, ce n'est pas ici notre propos. Mais Soljénitsyne, et d'autres dissidents, ont dit et répété ce que nous savions depuis fort longtemps, au moins depuis La Boétie. En gros, la Terreur n'aurait pas été « inévitable » si tout le monde n'y avait pas, d'une certaine façon, concouru, ne serait-ce qu'en faisant comme si elle était inévitable. – A l'autre bout : pourquoi donc est-ce Staline qui fait arrêter et exécuter Yagoda, ou Yéjov, etc. – et non pas l'inverse ? Pourquoi sont-ce les autres membres du B.P. qui exécutent Béria pendant la séance – et non pas une escouade d'hommes de Béria qui arrête ces membres avant que la séance du B.P. ne commence ? Autant le plus primitif des primitifs croit en son fétiche, autant Yagoda croit que Staline est intouchable. Brejnev, en 1964, a pu démontrer dans la pratique que Khrouchtchev n'était pas intouchable[1]. Bref : Le Parti ne peut disposer de la Terreur que si tout le monde croit que le Parti dispose de la Terreur.

Or, sous cette forme, la Terreur n'existe plus – en tout cas, elle n'est plus ce qu'elle était.

Et l'Idéologie n'existe pas, non plus, désormais. Les grossiers catéchismes de Staline (ou, ailleurs, de Mao) ont pu pendant longtemps, indépendamment de leur qualité « intrinsèque », jouer un rôle social et historique. Ils le jouent du reste *toujours* – mais *ailleurs* : en Afrique, ou en Amérique latine. Le fait est qu'ils ne le jouent plus en Russie : personne n'y croit plus, la bureaucratie du Parti pas plus que le reste de la population. La société russe devient – tend à devenir – une société *cynique*[2]. Le Parti n'est plus que

1. Je soulignais cet aspect – constante, du reste, des régimes tyranniques, et si admirablement vu par Shakespeare, notamment dans *Richard II* – dans « La chute de Khrouchtchev », *Socialisme ou Barbarie* n° 38 (octobre 1964).

2. Cf. « Le régime social de la Russie », *l.c.*

simple assemblage de carriéristes et d'arrivistes autocooptés. Il est, et doit toujours prétendre, être Tout – et il n'est, pratiquement, Rien. En un sens il a proclamé lui-même sa mort, et cela de plusieurs façons, le jour où, par la bouche de Brejnev, il a dit : n'attendez pas autre chose, il n'y a pas d'autre « socialisme » devant nous, le seul socialisme est celui qui existe ici et maintenant, en Russie, le « socialisme effectivement réalisé ». En bref : pas d'autre « avenir historique » que ce présent épouvantable.

Le parti, « fonctionnellement » un parasite depuis toujours, s'est lui-même proclamé parasite historique. Il a « accompli sa mission historique », conduire la Russie au socialisme – c'est-à-dire produire cette industrialisation boiteuse et bancale. La « fonction » qui lui reste – la « direction » de la société –, il l'accomplit aussi mal que possible, cela au vu et au su de tout le monde. Pour la nième fois, Brejnev est obligé, à la fin de l'année dernière, de proclamer publiquement qu'à peu près rien ne va, que l'économie stagne, la productivité aussi, que toutes les mesures prises, rapportées, re-prises, se sont avérées vaines.

La seule « Idéologie » qui reste, ou peut rester, vivante en Russie, c'est le chauvinisme grand-russien. Le seul imaginaire qui garde une efficace historique, c'est l'imaginaire nationaliste – ou impérial. Cet imaginaire n'a pas besoin du Parti – sauf comme masque et, surtout, truchement de propagande et d'action, de pénétration internationale. Son porteur organique, c'est l'Armée. L'Armée qui, à l'opposé du Parti, lequel demeure incapable de résoudre la question de sa « direction », est une structure essentiellement *stable,* qui combine, à des points marginaux près et depuis qu'elle s'est débarrassée des interférences néfastes du Parti, à la fois la stabilité et la régularité d'un Appareil bureaucratico-militaire de type traditionnel, et les traits et le « travail » d'une bureaucratie moderne, vouée aux tâches de son auto-adaptation et automodification. L'Armée est *le seul secteur vraiment moderne* de la société russe – et le seul secteur qui *fonctionne* effectivement.

Tout fait penser qu'il ne faut plus parler de la Russie comme d'une société dominée par le Parti/État totalitaire, cette création de Lénine perfectionnée par Staline. Tout fait penser qu'il faudra considérer, de plus en plus, la société russe comme une société *stratocratique,* où le corps social de l'Armée est l'instance ultime de la domination effective (et non pas seulement le garant ultime de l'ordre établi, intérieurement et extérieurement) – laquelle, pour d'innombrables raisons, historiques et actuelles, doit et devra conserver à l'existence, comme masque et comme instrument (à la fois indispensable et déplorable), le Parti. Le principal rôle de celui-ci devient, de plus en plus : d'une part, de gérer en sous-traitance la société « non militaire » dans les marges laissées par les exigences de l'Armée ; d'autre part, d'être le *Propagandastaffel* intérieur et surtout extérieur, du G.Q.G. de l'Armée russe. Celle-ci ne peut pas partir à la conquête du monde au nom du Christ, du Tsar ou de la Sainte Russie : infiniment plus rentable et efficace, de parler – comme son porte-voix Marchais – de la « lutte des classes à l'échelle internationale ».

Dans la société russe, à cette phase où le totalitarisme de style ancien (stalinien) craque et se décompose, l'Armée apparaît comme la seule force effective qui peut encore tenir la société ensemble.

Les zeks, dans le Goulag, se faisaient tatouer sur le front : « esclave du Parti communiste de l'Union soviétique ». Peut-être le moment est-il venu de déchiffrer, sur le front de tout citoyen de l'U.R.S.S., cet autre tatouage écrit à l'encre invisible : « serf de la Grande Armée de l'Empire russe ».

⁂

Précisons quelque peu les idées de société militaire et de l'Armée comme corps social. On peut voir les sourcils du sociologue se froncer : qu'est-ce qu'un corps social ? Où avez-vous défini ce concept ? – Ce genre de discussions ne m'intéresse pas. On dit en français : esprit de corps, corps de métier, etc. Il s'agit, en Russie – du moins telle est ma thèse, et si l'on veut la discuter il faut la comprendre – d'une réalité social-historique nouvelle. Celui qui, lorsqu'il entend « Armée », pense aux condottières, aux lansquenets ou aux officiers de Courteline, n'y comprendra pas grand-chose. Sous quel concept tombe l'Armée russe des années 1980 ? Sous le concept « Armée russe des années 1980 ». Il y a ici, pour *aborder* la question : en premier lieu, la *réalité* de ce qu'est une grande Armée *moderne* (et en fait il n'en existe qu'une et demie : la russe et l'américaine, laquelle n'est pas vraiment « déployée »). Ce n'est pas des officiers et des soldats. C'est un appareil technico-bureaucratico-industriel immense, où le côté technico-industriel est de plus en plus accentué. Y être un « bon officier » ce n'est pas veiller à l'état impeccable des paquetages de la compagnie, ni mener les soldats au combat revolver au poing. C'est participer, en fonction d'une spécialisation et d'une qualification techniques, à la gestion d'un immense *multi-trust,* qui englobe d'innombrables activités, lesquelles doivent être constamment co-ordonnées. Il doit y avoir, en Russie, quelque chose comme vingt millions de personnes actives (peut-être quinze, peut-être vingt-cinq ; certainement pas un et certainement pas cent millions) intégrées dans ce multi-trust (je ne parle évidemment pas des « soldats »). Il y a, dit-on *(Le Monde,* 7.3.80), 100 000 *spécialistes* de la guerre chimique : *rien que* de la guerre chimique ! (« industrie » qui « consomme » très peu de « main-d'œuvre », du côté de sa « production »). Qu'on remplace ce chiffre par 50 000 ou par 150 000, cela ne fait pas de différence. Discuter de cette réalité en termes d'« Armée professionnelle » ou pas, c'est montrer qu'on ne comprend rien à la question. Les XVIIIe et XIXe siècles sont terminés. On est, ici, *au-delà* de la distinction entre Armée de métier et armée de conscription, etc. – Maintenant, deuxième point, ce corps social, cette « Armée » qui est un multi-trust, *en Russie,* et vu ce qu'est le pays par ailleurs, n'est pas et ne peut pas être simplement un secteur quelconque, juxtaposé aux autres ; c'est une sous-société, une société à part, la « société militaire » (au sens largissime, bien sûr, du terme « militaire ») – ce qu'elle *n'est pas* aux États-Unis, par exemple. Pourquoi ? Parce qu'elle est, *en Russie,* qualitativement différente du reste de la société ; parce qu'elle y est le *seul* – je répète : *seul* – secteur et corps *moderne* de cette société bancale, le *seul* à être *fonctionnellement efficace,* et, de plus en plus, le *seul* à être « idéologiquement » (ou imaginairement) efficace car incarnation *organique* et *« naturelle »* de l'idéologie et de l'imaginaire nationaliste, grand-russien, « impérial », alors que l'idéologie du Parti devient de plus en plus insignifiante. (Si, et pour autant que, l'« image de Staline » est remise actuellement en circulation, il faut comprendre qu'elle fonctionne dans la succession d'Ivan le Terrible et de Pierre le Grand : la figure du prétendu vainqueur de la « grande guerre patriotique » et du fondateur de la puissance mondiale de la Russie – *non pas* celle de l'auteur de *Matérialisme historique et matérialisme dialectique*.)

Depuis soixante ans, le Parti essaie d'organiser et de moderniser la société – il échoue lamentablement, et le dit. Dans un domaine il n'échoue pas : le domaine militaire. Pourquoi et comment ce miracle ? Je dis que l'« Armée » – la société militaire – russe *s'est faite* telle qu'elle est depuis trente ans, et que cela n'était possible que parce que, en réalité, elle s'est *dégagée* de l'emprise de fait du Parti, de ses interférences, de ses fausses statistiques, de ses nominations *uniquement* en fonction de l'appartenance à tel clan ou clique politique, etc. Non pas que de tels phénomènes n'existent pas dans l'Armée : ils y existent, comme dans tout système bureaucratique. Mais à un degré qui doit être qualitativement autre. Le Parti ne vit que sur le truquage perpétuel de la réalité ; et la carrière de tout bureaucrate individuel dépend, non pas de ses « rendements » réels, mais de son efficacité quant à ce truquage. Or cela n'est pas et ne peut pas être le cas de l'Armée – telle que l'Armée russe est et fonctionne.

Je reviendrai longuement, dans les Chap. III et IV de ce livre, sur la question du « pouvoir » et des rapports effectifs entre l'Armée – la « société militaire » – et le Parti, en conjonction avec le problème des antinomies internes de la société russe actuelle et de sa dynamique.

Le vrai rapport des forces et le déséquilibre russo-américain

Que l'on accepte cette interprétation, ou que l'on se borne à tirer les implications de ce fait flagrant : que le P.C.U.S. s'est profondément et complètement engagé, *en lui sacrifiant tout autre objectif,* dans une politique de suprématie militaire internationale, les conséquences sont les mêmes, pour le présent et pour l'avenir : la Russie est engagée, de façon constante, dans un processus d'expansion de sa domination, directe ou indirecte, dans lequel les phases de « détente » ne sont que des moments tactiques, ou des pauses « obligées ».

Les événements des dernières années – et les plus importants, à cet égard, sont sans conteste les événements d'Afrique, non pas l'Afghanistan – montrent que ce processus est entré dans une phase critique. L'invasion russe de l'Afghanistan n'est pas importante « en elle-même » (je parle uniquement, bien entendu, au point de vue de la *Realpolitik),* puisque les Russes régnaient déjà à Kaboul. Elle est importante comme signe et surtout comme *défi.* (Il est ridicule de parler à ce propos d'« erreur de calcul » des Russes ; non pas qu'ils n'en commettent pas, et de massives, mais parce que l'on sait parfaitement qu'ils escomptaient de fortes réactions américaines[a].) Elle montre que les Russes sont décidés à continuer leur expansion, chaque fois que l'occasion s'en présente – et, surtout, de démontrer, fût-ce en massacrant dix millions d'Afghans, que leur domination (directe ou par le truchement de leurs laquais locaux), une fois établie, est *absolument irréversible.* La démonstration constante de l'irréversibilité de la domination russo-communiste une fois établie est une question de vie ou de mort pour le régime russe ; elle a pris la place de l'assurance naguère fournie par les « lois de l'histoire » quant à l'inéluctabilité du « socialisme » (bien entendu, dialectiquement, les tanks russes ne sont qu'un moment et instrument de la Raison de l'histoire et de ses lois).

La condition nécessaire de cette politique est que les Russes savent qu'ils bénéficient d'une supériorité considérable au plan du rapport des forces, et qu'ils savent que les Américains le savent aussi.

Le discours ridicule (la plupart du temps, non innocent) sur l'« encerclement » de la Russie, l'insécurité et l'angoisse des pauvres locataires du Kremlin, etc., comme les délires des stratèges, professionnels et amateurs, relatifs à l'« équili-

a. Ce point est contesté par certains commentateurs. Cependant, aucune autre hypothèse ne peut expliquer la très longue et très inhabituelle absence de Dobrynine, ambassadeur russe à Washington, pendant les semaines qui ont précédé l'invasion et jusqu'à ce que celle-ci soit un fait accompli. D'après Hendrik Smith (*I.H.T.*, 2-3 .2.80, p. 7), Washington avait adressé des avertissements répétés à Moscou concernant l'implication croissante des Russes en Afghanistan.

bre de la terreur », la MAD (destruction mutuelle assurée), etc., masquent les faits massifs de la situation, qui crèvent les yeux de tout individu non prévenu, à savoir :

1. Qu'à tous les niveaux, en deçà de la guerre nucléaire totale, il n'existe pas actuellement et depuis longtemps d'« équilibre » du rapport des forces, mais un déséquilibre massif en faveur de la Russie ;

2. Que cette situation est, tout « naturellement », exploitée par les Russes au fur et à mesure que les occasions s'en présentent ou les événements s'y prêtent ;

3. Que cette situation, pratiquement impossible à redresser pour les Américains, pousse à la montée aux extrêmes nucléaire ;

4. Qu'au niveau de la confrontation nucléaire, et dans l'état présent et prévisible des technologies et des moyens disponibles de part et d'autre, les notions d'« équilibre » et de « déséquilibre » sont privées de sens ;

5. Que le processus menant à la guerre, et la conduite de la guerre elle-même, dépassent infiniment les capacités des Appareils dirigeants, ici et là-bas, de les « contrôler rationnellement » ;

6. Que la représentation des effets de la guerre nucléaire ne suffit nullement pour supprimer la possibilité effective de cette guerre.

***

Les données relatives au rapport des forces Russie-États-Unis sont amplement connues. J'y reviendrai cependant plus loin de manière détaillée (Chapitre II). Je me borne pour l'instant à consigner deux remarques :

La marine de guerre russe, créée pratiquement *ex nihilo* depuis vingt-cinq ans, n'a de sens, aussi bien par sa *taille* que par sa *composition,* que comme destinée à des opérations *offensives* (je ne parle pas des sous-marins porteurs d'armes nucléaires, ni des forces anti-sous-marins nucléaires). J'abrège une discussion fort complexe et finalement vaine sur ce point : bien évidemment, la distinction des armes (et des complexes d'armes) « défensives » et « offensives » ne fait pas sens à de multiples niveaux, et fait sens à d'autres. En gros : en fonction de son territoire, de sa position géographique, de son armée de terre, la Russie était et reste inattaquable et inconquérable par des moyens « classiques ». Et, étant donné la situation à tous égards, mais surtout politique, de l'Occident, une attaque nucléaire à l'initiative non-provoquée américaine était et reste impensable, à partir du moment où les Russes ont atteint la « parité nucléaire » suffisamment quant au besoin/usage (soit, dans la deuxième moitié des années 1950). Or c'est dès alors que les Russes commencent à construire une considérable flotte de surface qui ne change rien quant au bilan thermonucléaire et qui n'a de sens que, soit dans perspective de support et de soutien d'opérations offensives locales, soit, évidemment, dans celle de la guerre totale.

Quant aux armes nucléaires, on sait que les Russes disposaient depuis des années d'une grande supériorité en nombre de missiles, compensée par le fait que les missiles américains étaient « mirvés » (à têtes multiples de rentrée dans l'atmosphère). C'est la situation que SALT II visait, plus ou moins, à « geler ». Mais l'on sait également que les Russes sont désormais en mesure de « mirver », eux aussi, leurs missiles ; ce qui, toutes choses égales d'ailleurs, et sans SALT II, leur conférera rapidement une supériorité stratégique incontestable dans ce domaine. *Or,* « le Pentagone estime qu'au début des années 1980 les missiles d'attaque soviétiques seront suffisamment nombreux et suffisamment précis [*accurate*] pour détruire un grand pourcentage des missiles U.S. *Minuteman* dans une attaque par surprise. Le système MX [déplacement continu des missiles américains sur des grandes étendues de terre et sur des réseaux préparés à l'avance, pour que l'attaquant ne sache pas dans quel « silo » chaque missile se trouve à un moment donné] vise à restaurer l'équilibre stratégique américano-soviétique. Le GAO [*General Accounting Office,* sorte d'instance d'*auditing* qui dépend du Congrès et *non* de l'exécutif américain] a affirmé que, sans les limitations contenues dans SALT II, les Russes pourraient menacer même le système MX. Dans ce cas, affirme le rapport, les États-Unis devraient ou bien amplifier le système MX, avec des coûts encore plus grands, ou bien concéder aux Russes la supériorité stratégique que le système MX vise à prévenir... Si le programme présent peut être maintenu, le premier des missiles MX serait en place en 1986 et l'ensemble des 200 seraient disponibles en 1989 » (*International Herald Tribune,* 8-9.3.80). Je passe sur le fait que les estimations des coûts initiales (33 milliards de dollars) sont considérées par le GAO beaucoup trop basses et qu'il faudrait les remplacer, selon lui, par un chiffre plus proche des 60 milliards de dollars. La question, pour les États-Unis, n'est certainement pas les dollars. C'est que, selon le GAO, même ce deuxième chiffre n'est pas fiable « parce que les décisions fondamentales n'ont pas encore été prises concernant la manière de déployer les missiles ». C'est aussi que, d'après le même rapport, « le Département de la Défense semble ne pas avoir établi les priorités au cas où tous les programmes envisagés ne recevraient pas pleinement les crédits budgétaires requis ».

La supériorité écrasante des Russes, au niveau infranucléaire, est aussi bien militaire, au sens étroit, que militaro-politique.

Au plan militaire, la situation est amplement connue : les données et les chiffres traînent dans tous les journaux et il est inutile de les recenser à nouveau. La supériorité russe n'est pas seulement supériorité massive de puissance, elle est aussi stratégique, l'« encerclement » de la Russie (c'est-à-dire le fait que la Terre est ronde) a la signification exactement contraire de celle que lui attribuent les philanthropes pro-russes : il s'agit d'une position *centrale* (analogue à celle qui a conféré à l'Allemagne de puissants avantages pendant les deux guerres mondiales) permettant aux Russes d'agir « selon les lignes intérieures ».

L'Europe est toujours un gage potentiel entre les mains des Russes. Dans une guerre « conventionnelle », vu la puissance de l'Armée russe, sa masse, la proximité de ses bases et de ses réservoirs d'hommes et de matériel, les divisions russes seraient à Biarritz en quelques jours. Aujourd'hui, comme il y a trente ans, la mosaïque des divisions de l'OTAN stationnées en Europe, avec leurs armements, équipements et logistiques non coordonnés et véritablement babéliens, ne pourrait offrir aux Russes, au mieux, que des poches de résistance. Cela encore supposerait que ces divisions *veuillent* se battre et *puissent* le faire : y a-t-il une armée possible dans un pays – c'est le cas de la France et de l'Italie – où 15 à 25 %, peut-être, de la population préféreraient se battre de l'autre côté et en tout cas pas contre celui-ci ?

Ni militairement, ni politiquement cette situation n'est modifiable dans un avenir prévisible. L'installation, décidée dans son principe fin 1979 et pour le commencement de la réalisation de laquelle il faudra plusieurs années, d'armes nucléaires tactiques nouvelles en Europe ne ferait que corriger *en partie* le déséquilibre lourdement favorable aux Russes qui existe actuellement sur ce plan aussi. Cela, sur l'hypothèse imbécile que les Russes se borneront à compter les missiles Pershing au fur et à mesure que ceux-ci arrivent, et s'interdiront, pour les beaux yeux de Giscard, de maintenir l'avance qu'ils possèdent déjà.

En bref : si des armes nucléaires tactiques ne sont pas utilisées, la supériorité « conventionnelle » des Russes est écrasante. Si elles l'étaient, les SS-20 et les Backfire des Russes leur donnent plusieurs années d'avance. Et cette avance, ils la maintiendront en répondant aux récentes décisions de l'OTAN par une augmentation correspondante de leurs moyens. La seule protection de l'Europe reste toujours les silos d'ICBM aux États-Unis et les Poseidon. C'est pourquoi la montée aux extrêmes est inscrite dans la « logique » de la situation.

Cette situation n'est pas seulement celle de l'Europe. Sur de nombreux autres points les Russes peuvent, soit directement, soit par Cubains, Éthiopiens, Yéménites ou Vietnamiens interposés, mettre à profit à la fois leur puissance militaire « conventionnelle », leur position géo-stratégique centrale, et la « politique » – à savoir, l'utilisation des partis « communistes » locaux ou des « mouvements de libération nationale » ; ainsi ont-ils pu déjà s'installer dans trois pays africains (Angola, Mozambique, Éthiopie) et, peut-être demain, dans un quatrième (Zimbabwe) – comme au Yémen du Sud et peut-être demain au Yémen du Nord. A cette « tactique du salami », les Américains sont, et probablement resteront, incapables de répondre. (Les quelques retraits russes jusqu'ici sont mineurs et plutôt des manques à gagner que des échecs : Égypte ou Somalie).

Il n'est pas utile de discuter plus loin de tout cela après l'invasion russe de l'Afghanistan. Mais il est utile d'insister sur le fait que, *de ce* point de vue, l'affaire de l'Afghanistan n'est nullement « locale ». Elle fait voir une vérité générale, patente depuis toujours, mais que depuis Noël dernier même les aveugles devraient être capables de voir. Si, dans la foulée de l'expédition afghane, les Russes avaient envahi l'Iran ou le Pakistan (ce dont il n'était nullement question, malgré les graves interrogations de M. Mitterand et la soudaine découverte des « mers chaudes » par diverses catégories de bavards occidentaux), les Américains *n'auraient rien pu faire* sur le terrain pour s'y opposer. Tout ce qu'ils auraient pu faire, aurait été la guerre totale.

Le problème a été discuté dans un rapport récent du Pentagone, le rapport Wolfowitz, rapport « secret » mais dont le journaliste américain W. Safire (ex-*ghostwriter* des discours de Nixon et « faucon » connu d'intelligence moyennement basse) a publié récemment quelques extraits (*I.H.T.*, 12.2.80). Il s'agit de savoir, selon le rapport Wolfowitz, « si les États-Unis ont la capacité militaire de "projeter de la force" [*project power*] au Golfe [Persique] dans l'éventualité d'une poussée soviétique en Iran ou dans les champs pétrolifères arabes ». Mais la question n'est évidemment pas là. La vraie question est : que pourraient faire les États-Unis si, la fantasmagorie islamique s'achevant et les chômeurs de Téhéran ayant assez de manger des sourates, le chaos iranien conduisait à un affrontement ouvert entre les divisions des deux papes, comme dirait feu Joseph Staline, à savoir, le Parti Toudeh (communiste), d'une part, les lieutenants-colonels de l'Armée iranienne, d'autre part ?

La conclusion du « rapport Wolfowitz » est, semble-t-il, que les forces américaines ne pourraient pas s'opposer à une occupation soviétique militaire de l'Iran si Moscou « décidait de saisir une occasion historique pour changer l'équilibre mondial » *(ibid.)*. Un des corollaires des conclusions de ce rapport est que « pour avoir le dessus dans un scénario iranien, nous pourrions être obligés de menacer de faire usage d'armes nucléaires tactiques ou d'en faire effectivement usage ». Une fois de plus, on bée d'admiration devant le Q.I. des experts militaires. Si les Russes voulaient provoquer sur-le-champ la Troisième Guerre mondiale, quel besoin auraient-ils du détour par l'Iran ? Et, s'ils ne veulent pas la provoquer, pourquoi occuperaient-ils directement et militairement l'Iran ? A quoi sert donc le Parti Toudeh ? A quoi servent les volontaires cubains (et, l'on peut espérer, bientôt yéménites pour opérations en pays arabe ou musulman) ? Mais postulons qu'effectivement les Russes essaient d'occuper militairement l'Iran ou le Pakistan ; si le Pentagone décidait d'y répondre en utilisant des armes nucléaires tactiques, devons-nous supposer que les Russes se borneraient à faire le signe de la faucille et du marteau ? Dans une guerre locale, menée avec des armes nucléaires tactiques, les Russes auraient probablement encore l'avantage (il suffit de considérer la distance des bases à partir desquelles les uns et les autres opéreraient). Mais seul un dément pourrait penser que de telles opérations pourraient rester limitées quant à leur lieu, donc aussi quant à leurs moyens.

Ce que montre, en vérité, le « rapport Wolfowitz » – et tout ce que l'on sait par ailleurs de la « stratégie » américaine – c'est que le Pentagone reste incapable, et pour cause, de comprendre les leçons du Vietnam, des pays africains, et même (malgré l'admirable résistance du peuple afghan) de l'Afghanistan : à savoir, que les « scénarios » russes ne sont pas des scénarios militaires, mais socio-politico-nationalo-militaires. Il reste incapable de le voir parce que pour lui, en gros, le conflit social (détourné et exploité par le totalitarisme communiste) reste une fallacieuse invention marxiste. Mais seuls de tels scénarios font sens dans le cas de l'Iran, comme peut-être demain de la Turquie – comme seuls ils faisaient sens, il y a cinq ans, dans le cas du Portugal (et ils ne font pas sens, pour tout ce que l'on sait, actuellement, dans le cas du Pakistan).

Quant aux scénarios militaires « conventionnels », ils frisent le grotesque, du côté américain. L'estimation officielle du Pentagone est qu'il lui faudrait un mois pour amener à pied d'œuvre, dans le Golfe, 20 000 hommes (il a fallu une semaine aux Russes pour faire entrer 80 000 hommes en Afghanistan : c'est qu'ils sont encerclés).

Même en doublant cette force, et en réduisant de moitié le temps, on reste dans le dérisoire – ou le « symbolique » (la « sémiotique », comme dit un brave général français que l'on rencontrera plus loin). Les 1 800 marines que Carter veut embarquer sur des navires américains dans le Golfe sont effectivement symboliques – comme la garnison de Berlin-Ouest[a]. Symboliques de quoi ? De cela, et cela seulement : qu'une attaque déclencherait l'Apocalypse. Mais il est faux de dire, comme Safire dans l'article cité, que « les Russes savent que les États-Unis bluffent : les États-Unis ne sont pas sur le point de déclencher la Troisième Guerre mondiale pour "sauver l'Iran" ou "sauver le pétrole du Moyen-Orient" ». Les Russes peuvent très bien s'imaginer qu'ils « savent » cela. Ce que feront les États-Unis, personne ne le sait (le Pentagone et le président aussi peu que n'importe qui d'autre) ; et la question *n'est pas* de savoir ce qu'ils feront dans *ce* cas particulier. La question est de savoir ce qu'ils feront devant la poussée russe, qui n'est certainement pas destinée à finir avec l'Afghanistan. La question est de savoir : quand est-ce que l'accumulation d'avantages « locaux » par les Russes sera soudain considérée par les Américains comme en train de passer au niveau du « global » – et ce qui arrivera alors.

⁂

Pour ce qui est de l'« équilibre de la terreur » nucléaire, les calculs peaufinés des experts n'ont guère d'intérêt devant les faits massifs et connus. A partir du moment où aucun des adversaires ne dispose, ni ne peut disposer, d'un avantage soit quantitatif, soit « technologique » gros, incontestable, et perçu comme tel par l'autre (par exemple, la possibilité d'une attaque préventive à précision « chirurgicale »

a. Cela était écrit en février 1980. Depuis : « La "doctrine Carter"... selon laquelle Washington empêcherait, par les armes au besoin, les Soviétiques de prendre le contrôle des puits de pétrole du Proche-Orient... ne pêche que sur un point : les experts du Pentagone estiment que, sur le terrain, les forces américaines seraient assez rapidement mises hors de combat. Quant au "théâtre européen"... mieux vaut à la limite n'en point parler. Tout serait réglé – si l'on exclut le recours à l'apocalypse nucléaire – en quelques semaines. » (Dominique Dhombres, *Le Monde*, 23.1.81.) Le général Jones, président des *Joint Chiefs of Staff*, déclare devant le Comité des Services armés du Congrès : « Il n'y aurait pas moyen, pour les Occidentaux, d'équiliber le poids de l'effort que les Soviétiques pourraient lancer dans une bataille conventionnelle autour du Golfe » (*I.H.T.*, 30.1.81). Un officier américain, qui ne désire pas être identifié : « Si nous voulons arrêter de nous raconter des histoires à nous-mêmes avec la Force de déploiement rapide, qui n'est que de la décoration – ou du maquillage *(just cosmetics)*,... » (*I.H.T.*, 2.2.81). Voilà où ils en sont, treize mois après un avertissement aussi gros que possible.

annihilant d'avance la quasi-totalité des forces de riposte de l'autre), la question de savoir si les Russes peuvent atomiser douze milliards de personnes et les Américains seulement onze présente peu d'intérêt : la population de la Terre, hélas, ne se monte qu'à quatre milliards. Notons simplement en passant que la prétendue « parité » discutable et fragile visée par les accords SALT II consistait en fait à geler la situation telle qu'elle aurait été au moment où la courbe rapidement ascendante de la force nucléaire russe intersectait la courbe très faiblement ascendante de la force nucléaire américaine. On peut laisser ici de côté les multiples autres questions relatives à SALT II, les moyens de vérification, et surtout son insertion dans un cadre général non pas d'« équilibre », mais de *déséquilibre,* comme on l'a déjà vu. Le fait est que les Russes ont démontré dans la pratique que l'Afghanistan les intéressait beaucoup plus que SALT II. Cela traduit, évidemment, leur certitude – justifiée – que le concept de « parité » ou d'« équilibre nucélaire » dans les conditions présentes n'a strictement aucun sens, et que sa seule utilité est de leur permettre, à eux, de poser comme champions de la paix, à Kissinger de se faire photographier, à Nixon ou Carter de se faire élire ou ré-élire. Mais aussi, l'implication est que la montée de la force nucléaire russe continuera, et l'on sait (cf. *I.H.T.,* 1.2.80) que, même en supposant un effort désormais massif des Américains, le prétendu « équilibre » ne pourrait être atteint, de nouveau, qu'après 1985 et plutôt vers 1990. (Cette situation est principalement due au fait que les Russes, possédant déjà une large supériorité en nombre de missiles, sont désormais capables de *mirver* ces missiles – les doter de « têtes multiples » de re-entrée dans l'atmosphère, MIRV – et qu'ils ont déjà commencé de le faire[a].)

Mais le fait essentiel n'est pas là. Il gît en ceci, qu'au niveau technologique et d'armement actuel, les notions de

a. Voir Chapitre II. La situation est d'ores et déjà fortement « déséquilibrée », car, à nombre de têtes pratiquement équivalent, les Russes possèdent une supériorité écrasante en mégatonnage (« rendement » ou capacité destructrice des têtes nucléaires), qui leur permettrait, s'ils le décidaient, de se livrer à une « première frappe » de destruction dans leurs silos des missiles américains, sans qu'une réplique américaine « antiforces » soit possible.

« parité », d'« équilibre » et de « déséquilibre » au plan nucléaire n'ont aucune pertinence. L'appréciation du rapport des forces *au plan nucléaire* n'a pas de sens, hors les situations (disparues depuis vingt-cinq ans) d'un déséquilibre flagrant et massif, qui ne peut consister que soit dans la possession de la part de l'un des adversaires d'un monopole de fait sur telle arme ou combinaison d'armes d'importance critique, soit dans une disproportion quantitative écrasante. (C'est pourquoi, soit dit en passant, l'« indépendance nucléaire de la France » avec laquelle se gargarise ici le monde politique, des gaullistes à Rocard, est une rigolade pas drôle. La belle affaire, pour les Russes, s'ils voulaient entrer en France, et que l'Amérique s'en désintéressait, de savoir que Kharkov allait être – « au mieux » ! – détruit.)

Deux facteurs font que la notion d'« équilibre » ou de « parité » nucléaire est privée de sens. Le premier, largement connu, mentionné plus haut, c'est que les deux super-puissances sont *au-delà* de l'équilibre : elles ont, chacune, la capacité de l'*overkill.* Pour ainsi dire : rien qu'en tirant dans le tas, et *après* avoir chacune subi des destructions importantes, elles seraient *encore* en mesure, chacune, de détruire plusieurs fois l'autre (ne serait-ce que parce qu'il subsistera toujours bon nombre de sous-marins munis de missiles). La *masse* des moyens disponibles des deux côtés est telle, tellement au-delà des « besoins » (!), que leur mise en rapport sur le papier est futile.

Mais il y a aussi une deuxième raison : c'est que, *en deçа* de ces possibilités de destruction massive, les prétendues estimations exactes des capacités de chacun des adversaires sont forcément absurdes. Lorsque l'on sera sorti des salles où l'on joue au *Kriegspiel* et des simulations sur ordinateur, on s'apercevra, une fois de plus, et beaucoup plus qu'autrefois, que la guerre effective n'a rien à voir avec la guerre sur le papier ; car ici, aucune « expérience » passée ne pourrait, même de très loin, servir de guide. Les problèmes que poseraient les circonstances concrètes de l'éventuel déclenchement de la guerre, ses rythmes, l'environnement « politique » pour l'Occident, les vitesses respectives de détection, de réaction et d'activation, les précisions, les fautes et les ratés de calcul, de raisonnement ou de technique, créent, de toute évidence, des deux côtés, des marges d'incertitude fantastiques. (On vient encore d'apprendre, très récemment, que pendant longtemps une bonne partie des sous-marins nucléaires américains porteurs de missiles n'étaient pas, en réalité, en état d'agir effectivement[a].)

Lorsque l'autopsie de la Troisième Guerre mondiale sera faite par les historiens du XXIe siècle – si toutefois ce siècle peut se payer le luxe d'avoir des historiens – on y découvrira, sans doute, une foule sensiblement plus importante – en proportion de l'événement – d'idioties massives commises par les uns et par les autres que pour la Première ou la Deuxième Guerre mondiale, où elles étaient pourtant légion (Staline ne voulant pas croire les renseignements qui lui déplaisaient, Canaris ne transmettant qu'une partie de ceux qu'il possédait, le code du chiffre allemand connu par les Anglais, Hitler ajournant de deux mois l'opération Barberousse, l'état-major français préparant, jusqu'en 1939, non pas la guerre de 1914, comme on le dit à tort – en 1914 les Allemands avaient déjà appliqué l'idée de von Schlieffen de passage par la Belgique – mais la guerre de 1870, etc.)

Ces remarques visent à rappeler que le « calcul stratégique rationnel », qui continue de dominer la représentation de tous dans cette discussion, est un pur fantasme. Ce fantasme bascule du côté du pur et simple délire, lorsque l'on prétend – et c'est cela, le discours officiel et général des états-majors, des politiciens et des « stratèges » – que l'« Assurance mutuelle de destruction » (si bien nommée, en américain, MAD), garantit le passage à une « rationalité totale » de la guerre – qui aurait pour effet de rendre la guerre désormais impossible[1]. L'idée, si l'on ose dire, est que, si

a. Les trois quarts, peut-être, des têtes des Polaris A-1 n'auraient pas pu fonctionner en 1966 à cause de défauts techniques, qui ont par la suite exigé plusieurs mois de réparation (*Washington Post*, 2.12.78.). Pour une infime anthologie d'exemples analogues, voir l'Annexe VI.

1. Pour un exposé parfaitement logique – c'est-à-dire, parfaitement paranoïaque – de cette conception qui passe, je le répète, pour le b-a-ba du « bon sens » chez tous, voir le texte du général Lucien Poirier *in* X. Sallantin, *Douze dialogues sur la Défense*, les Cahiers de la Fondation pour les études de défense nationale, Cahiers n° 9 et 10, Paris, 1978, p. 27-43.

chaque côté dispose d'une quantité telle de missiles que, compte tenu des possibilités d'une attaque par surprise et du niveau technique existant, il en subsiste toujours assez pour infliger à l'autre des « dommages inacceptables », personne ne déclenchera la guerre, puisque les deux sauront que le seul résultat serait la destruction commune.

L'absurdité de l'idée se trouve, d'abord, en ceci qu'elle méconnaît totalement le processus effectif de formation de décisions dans les Appareils – nécessairement et profondément irrationnel –, qu'elle méconnaît le processus historique et politique effectif, qu'elle méconnaît enfin la situation concrète dans laquelle les deux adversaires se trouvent. Le prétendu « équilibre de la terreur » s'accompagne, et s'accompagnera dans tout l'avenir prévisible, d'un déséquilibre essentiel du rapport des forces en deçà de la confrontation nucléaire. Celui-ci fait que la situation mondiale effective *change* – a déjà considérablement changé depuis dix ans, par exemple – de manière « non équilibrée », et que ce changement deviendra, tôt ou tard, intolérable pour l'un des deux adversaires.

Les choses sont assez tragiques, pour que l'on se permette une note gaie. Voici quelques phrases du général Poirier, dans l'article cité : « Nous sommes entrés dans une ère de rationalité politico-stratégique obligatoire... Les adversaires échangent constamment des informations sur leurs capacités d'action et de réaction réciproques, sur les virtualités des panoplies nucléaires qui ne doivent jamais se décharger en actes réels. C'est une stratégie de l'imaginaire, dans laquelle les systèmes d'armes n'ont qu'une fonction sémiotique (! ! !)... on affiche, pour l'information d'éventuels agresseurs, des modèles stratégiques décrivant... l'enchaînement des réactions que l'on déciderait, si l'agresseur menaçait le sanctuaire... C'est parce que le modèle décrit ce qui se passerait si... d'une manière assez convaincante, qu'il ne se passe rien. »

D'après le brave général Poirier, donc, pourvu que les Russes ne menacent pas « le sanctuaire », les États-Unis resteront tranquilles. Les Russes pourraient s'installer au Mexique et au Canada : il suffit qu'ils n'envahissent pas le Névada. Qui sait, du reste ? Si les Américains réussissaient à placer leurs bombes, le Président, et le Pentagone sur orbite, on pourrait s'installer dans la paix perpétuelle ?

Personne ne peut empêcher un état-major (le « décideur ») de *croire* que l'autre va passer à l'attaque ; personne ne peut l'empêcher de s'imaginer qu'il se trouve dans la fenêtre temporelle qui lui confère un avantage décisif mais passager ; ni qu'une attaque préventive de précision chirurgicale contre les moyens de l'autre ne créera d'entrée de jeu un déséquilibre suffisant entre forces subsistantes, pour que l'attaqué renonce à poursuivre la lutte. Mais surtout, personne ne pourra jamais faire de l'histoire effective un *Kriegspiel* « sémiotique », ni concevoir le contexte dans lequel les « décisions » critiques seront prises comme laissant grande place à un libre arbitre « rationnel » (de toute façon inexistant) des « décideurs »[a].

L'idée de « dommages inaceptables », sur laquelle toute la construction est basée, est elle aussi vide. Chacun peut espérer qu'il détruira l'autre « presque complètement », ne perdant lui-même, par exemple, qu'un tiers de « sa » population (ce qui laisserait encore 150 millions d'Américains, ou 180 millions de Russes). Les naïfs qui, parce que ce genre de calculs est inacceptable pour eux, croient qu'ils le sont aussi pour les états-majors et les chefs d'État, devraient se rappeler que l'essentiel de la stratégie du grand Staline consistait à tapisser, pour commencer, les champs de bataille de cadavres de soldats russes, plusieurs vagues d'attaque étant délibérément et en connaissance de cause pleinement sacrifiées, pour que la nième puisse passer. Il n'inventait rien, du reste, et ce n'est pas là-dessus qu'on saisirait le plus clairement ses traits barbares. De la bataille des Flandres à l'offensive finale de l'été 1918, cela fut l'essentiel de la « stratégie » des bouchers cartésiens, baconiens et kantiens, diplômés, galonnés et décorés, sur le Front occidental.

Mais l'on oublie surtout – malgré une expérience abondante du passé historique – qu'il n'y a plus de « dommages inacceptables » lorsque les adversaires se battent le dos au mur, lorsque l'enjeu est total. Pas plus qu'il n'y a des

a. Avec d'autres arguments, le rapport du Groupe Thunborg de l'ONU, récemment publié, conclut aussi que les notions d'« équilibre de la terreur » et de « dissuasion réciproque » sont en fait intenables. Voir *Sc. Am.*, janvier 1981, p. 77-78.

« objectifs de guerre » qui pourraient en limiter les moyens. Si l'on veut extraire d'une population un tribut, il est absurde de l'exterminer ; si l'on veut exploiter un territoire et ses habitants, il n'y a pas de sens à le dévaster complètement. Mais, dans le cas présent, les « objectifs » se transforment en la pure et simple chance de survie, – et cela supprime toute limitation des moyens. On raisonne, devant la Troisième Guerre mondiale, comme s'il s'agissait des guerres de Frédéric II ou de Napoléon –, au lieu de raisonner, si l'on veut à tout prix une analogie historique, à partir de la destruction de Carthage, ou des guerres d'extermination, religieuses ou autres. La guerre devant laquelle nous sommes *ne sera pas* une guerre clausewitzienne.

⁂

Ce texte a été terminé le 27 février 1980 sauf pour les notes, et envoyé à la composition le même jour. Depuis, voici ce que je lis dans l'interview qu'Andréi Sakharov a accordée par écrit à Kevin Klose, chef du bureau du *Washington Post* à Moscou (publié dans le *W.P.* du 9.3.80 et dans le *I.H.T.* du 10.3.80 ; les passages que je cite ici *n'ont pas* été repris dans *le Monde* daté du 11.3.80) : *« Question :* Est-ce que le gouvernement soviétique exercera ou essaiera d'exercer un plus grand contrôle sur la vie interne des citoyens pendant la décennie qui vient ? – *Réponse :* Je crains qu'il le fera – *Q.* Pensez-vous que les années 1980 verront des changements fondamentaux dans l'économie soviétique ? – *R.* Notre pays fait face à des difficultés économiques sérieuses. Parmi celles-ci : la pénurie de biens, spécialement de biens alimentaires, des pénuries de main-d'œuvre rurale et urbaine, la détérioration de la discipline du travail dans les entreprises, l'alcoolisme croissant, les inégalités de revenus, les pénuries d'énergie et de nombreuses autres matières premières, la croissance lente de la productivité du travail et la diminution des fonds capitaux destinés à l'investissement, les pertes considérables dues au gaspillage et à la mauvaise planification, les déficiences dans les systèmes de services publics. Tous ces problèmes encouragent la militarisation croissante de l'économie... Toutes les réformes de ce type [sc. dans le sens de la décentralisation], qui affecteraient inévitablement les bases mêmes de la structure économique et sociale totalitaire, sont très improbables actuellement. Plus probable est le renforcement de la tendance à compenser les déficiences internes par l'activisme externe, l'exploitation parasitaire du progrès et des ressources mondiales sous le drapeau de la détente, tandis que l'on renforce la militarisation de l'économie et le complexe militaire-industriel à l'intérieur. » Et, à la question de savoir si les dirigeants soviétiques sont toujours intéressés par les accords visant la limitation des armes stratégiques, Sakharov répond : « Dans leurs plans impérialistes d'expansion, les dirigeants soviétiques jouent un jeu compliqué et dangereux, mais je ne pense pas qu'ils soient fous [*crazy*], du moins pas à cette étape de l'histoire. »

Ce que Sakharov appelle « complexe militaire-industriel » correspond, à mes yeux, à ce que j'appelle la sous-société militaire russe.

CHAPITRE II

Le rapport des forces mortes

Le lecteur devra faire montre de quelque patience. Il lui faudra parcourir vingt ou trente pages de discussions de chiffres et d'arguments techniques, dont il est impossible de faire l'économie. Je le prie aussi instamment de se rapporter aux Annexes I, II, III et VI.

Les comptes, les inventaires de la quincaillerie militaire que je vais commenter, ne sont destinés ni à fonder des prévisions ni à mesurer le véritable « rapport des forces ». Contrairement à ce que pourraient laisser croire nombre de discussions, surtout aux États-Unis, les guerres ne se font pas avec des pourcentages du PNB, pas plus qu'elles ne se gagnent sur la quantité et l'excellence des engins militaires. Les guerres ne se font pas entre engins, mais entre hommes, et plus précisément, entre sociétés.

Engins et force numérique des armées composent ce que j'appelle les *forces mortes.* Le *rapport statique des forces mortes* est la simple comparaison des inventaires de la quincaillerie militaire et des hommes dans les Armées, compte tenu de leurs « qualités », à savoir de leurs caractéristiques techniques. C'est le *static bean count,* le décompte statique des haricots dont dispose chacun des adversaires[1].

1. U.S. Congress, Congressional Budget Office : *Assessing the NATO/Warsaw Pact Military Balance,* Budget Issue Paper for Fiscal Year 1979, U.S. GPO Washington, décembre 1977 (cité désormais : *CBO 1977).* p. 49 et p. 53 sq.

Par *rapport dynamique des forces mortes,* j'entends simplement et seulement leur évolution, passée et possible/probable pour l'avenir. Il est clair que dans le monde contemporain les possibilités d'augmentation de la production et le changement technique font que ce qui est dit pour l'instant présent peut cesser d'être vrai d'ici deux ou trois ans, et qu'à tout moment les *deux* images (statique et dynamique) sont pertinentes – puisque, pour parler brièvement, chacun des adversaires doit viser l'autre à la fois là où il est maintenant et là où il sera à tout instant futur.

Par rapport dynamique des forces mortes *je n'entends pas* ce qui pourrait se passer lors de leur utilisation globale, d'un affrontement réel[1]. Cela est ce que j'appelle le *rapport des forces vives.* Les facteurs quantitatifs et qualitatifs de l'armement et même, plus généralement, les facteurs militaires proprement dits n'en forment qu'*une* composante. Les forces vives comprennent en plus les possibilités d'utilisation active des facteurs géo-stratégiques et surtout socio-politiques, l'intégration et l'organisation des potentialités d'une société en vue de la guerre, les motivations et les capacités des couches dominantes et l'attitude des populations, – enfin, les possibilités de stratégie efficace qui en découlent pour chacune des parties, et les capacités effectives de les exploiter. C'est en fonction du rapport des forces vives que les Franco-anglais ont été battus en 1939-1940, non pas en fonction du rapport des forces mortes, qui leur était lourdement favorable.

Cette question, la seule importante quant à l'affrontement russo-américain, sera discutée dans le Chapitre VI. La description des forces mortes, faite ici, est nécessaire pour la préparer. Mais ce n'est pas là la raison d'être principale des pages qui suivent.

En premier lieu il s'agit de combattre, autant que faire se peut, la désinformation systématique organisée dans les pays occidentaux, et surtout européens, concernant les forces respectives de la Russie et des États-Unis. Je reviendrai sur cette désinformation et les facteurs idéologiques et poli-

1. Ce que les analystes du Congrès américain, parmi d'autres, appellent « analyse dynamique » *(CBO 1977,* p. 50 et 61-63) est une partie – la partie étroitement militaire – du rapport des forces vives.

tiques qui la sous-tendent et la rendent possible – élément qui lui-même pèse lourd dans le rapport des forces vives – dans le Chapitre VI. Elle est encore aggravée du fait que ceux qui insistent sur le surarmement russe appartiennent, en général, aux milieux réactionnaires ; ainsi, l'opinion qui se croit « de gauche » se sent obligée, par profession et vocation, de majorer la puissance américaine et de minorer la puissance russe. De même, il y a trente ans, lorsque c'était surtout la droite qui parlait des camps de concentration en Russie, la « gauche » se sentait en droit de décréter joyeusement que, donc, ces camps ne pouvaient pas exister. Certes, une des conditions de cette désinformation est l'attitude du public, évitant de penser aux choses désagréables, convaincu qu'il n'y peut rien, ou croyant que seuls les « spécialistes » peuvent y comprendre quelque chose. On a honte de devoir écrire que cette affaire n'est pas une affaire de spécialistes, mais qu'elle concerne vitalement (au sens littéral du terme) tout le monde.

Mais surtout, sans une vue correcte de l'état et de l'évolution de l'armement russe, il est impossible de comprendre les objectifs et la nature de la politique extérieure de la Russie et, plus profondément, de voir ce qui est en cours dans la société russe elle-même. Il y a même infiniment plus. La fantastique montée de la puissance militaire russe n'est pas un phénomène « technique » ou « militaire » ; elle est plus qu'un phénomène « sociologique », c'est un grand fait social-historique, c'est une des réalités capitales de notre époque. Pas plus qu'on ne saurait parler de la société capitaliste classique sans parler de son *industrie,* ni parler de cette industrie sans avoir une vue plus ou moins « quantitative » et « technique » de ce qui s'y déroule, pas davantage, on ne peut comprendre quelque chose à cette monstrueuse *création* social-historique qui est en cours en Russie, sans regarder de près les bases matérielles que s'est construites le pouvoir dans cette société et qui incarnent sa dynamique et ses visées.

⁂

Les comparaisons sont faites ici entre Russie et États-Unis : non pas entre l'OTAN et le Pacte de Varsovie.

Pour des raisons qui devaient être évidentes, et que je discuterai dans le Chapitre VI, les « Alliés » des États-Unis (sauf le Canada et, peut-être, l'Angleterre) sont aussi peu fiables pour ceux-ci que les membres du Pacte de Varsovie (sauf, peut-être, la R.D.A. et la Bulgarie) le sont pour la Russie, même si c'est pour des raisons différentes. Quant à la Chine, sur laquelle je reviendrai aussi, elle ne joue et ne jouera, pour des décennies, aucun rôle « actif » dans cette affaire : elle immobilise seulement quelques dizaines de divisions et de missiles nucléaires russes.

***

1. LE RAPPORT STATIQUE DES FORCES MORTES : QUANTITÉS

On trouvera les données plus détaillées et les sources dans l'Annexe I. Ici, je résume et je discute.

FORCES NUCLÉAIRES

Armes nucléaires stratégiques proprement dites (missiles balistiques à longue portée, à partir de silos terrestres – ICBM – ou de sous-marins – SLBM –, aviation stratégique exceptée) : Très nette supériorité russe pour le nombre de vecteurs (lanceurs) : 2 400 contre 1 710. Infériorité encore, mais en train d'être rapidement comblée, des Russes pour le nombre de têtes (ogives) nucléaires : environ 6 300 contre 7 200. Énorme supériorité russe pour le « rendement » *(yield),* en fait puissance destructrice, mesurée conventionnellement en équivalents de tonnes du plus puissant explosif pré-nucléaire, le TNT, bien que les têtes nucléaires ajoutent à leur puissance explosive des effets thermiques et des effets de radio-activité considérables. La bombe de Hiroshima équivalait à quatorze kilotonnes – KT – de TNT. Les « rendements » actuels se mesurent en millions de tonnes (mégatonnes, MT) d'équivalent TNT. Il y a plus de 6 000 mégatonnes chez les Russes, contre 1 825 chez les Américains.

L'infériorité, provisoire et évanescente, des Russes quant au *nombre de têtes nucléaires* n'a plus guère de signification. Les lanceurs russes les plus récents – SS-17, SS-18,

SS-19 –, déployés à partir de 1975, existent tous en deux versions : mirvée (têtes multiples à rentrée indépendante dans l'atmosphère) et non, dans des proportions qui ne sont pas vérifiables et la conversion d'un type à l'autre, une fois que l'on est en possession des techniques du mirvage, ne pose pas des problèmes majeurs.

Le *nombre de lanceurs* a une valeur en soi. Toutes choses égales d'ailleurs, un plus grand nombre de lanceurs assure une plus grande flexibilité d'emploi *et* une dispersion plus grande, donc une vulnérabilité moindre. De même, les Russes déploient 87 sous-marins porteurs de SLBM, dont 71 à propulsion nucléaire, les Américains 41. Ici encore, toutes conditions égales d'ailleurs, les chances de survie des bâtiments russes face à la guerre anti-sous-marins sont augmentées d'autant.

La supériorité russe écrasante en matière de *mégatonnage* est un facteur très important, malgré l'*overkill.* L'*overkill* signifie que les armes disponibles peuvent assurer plusieurs fois la mort des populations du pays ennemi. Ainsi, les 1 285 MT américains « assurent » à chaque habitant de la Russie *six mille kg* d'équivalent TNT. Pourquoi les Russes tiennent-ils à « assurer » chaque habitant des États-Unis de plus de *trente mille kg* d'équivalent TNT ? On a pu penser qu'il s'agissait là d'un héritage de la première phase de leur technique nucléaire (difficultés de miniaturisation), mais depuis longtemps l'argument ne vaut rien : parallèlement à la fabrication, depuis longtemps, de têtes de moindre puissance (pour leurs armes nucléaires tactiques), ils ont continué à poursuivre systématiquement le déploiement d'armes beaucoup plus « lourdes » que celles des Américains. Le dernier lanceur américain – Trident C-4 – porte 8 têtes à 100 KT ; les modèles mirvés des SS-17, SS-18 et SS-19 portent des têtes de 900 KT, 2 MT et 550 KT respectivement – les modèles non mirvés allant de 5 à 25 MT[1]. Les commentateurs américains disent parfois que les Russes sont capables

1. Voir l'Annexe I, Tableau A. Données plus détaillées dans International Institute of Strategic Studies, *The Military Balance 1980-81,* Arms and Armour Press, Londres, 1980 (cité désormais : *IISS 1980),* p. 88-91 ; John M. Collins, *U.S.-Soviet Military Balance, Concepts and Capabilities 1960-1980,* Mc Graw-Hill Publications C°, s.l., 1980 (cité désormais : *Collins 1980),* p. 446 et 453.

de napper (recouvrir complètement, *blanket)* les États-Unis avec de la radio-activité. Cela n'explique certes pas le choix russe : à cette dose, et vu la circulation atmosphérique des retombées radio-actives, il y aurait certainement des effets collatéraux indésirables pour l'utilisateur même de ces armes.

La réponse se laisse inférer à partir de considérations relativement simples. Lorsqu'il s'agit d'atteindre des cibles quasi-ponctuelles (tel un silo d'ICBM), la puissance destructrice effective d'une arme nucléaire (ou même conventionnelle), appelée *léthalité* ou facteur K, dépend, évidemment, de la puissance de l'arme (« rendement », mégatonnage) et de la précision du tir. Elle dépend plus fortement de la précision que du mégatonnage – ce qui a conduit les Américains à viser des précisions constamment améliorées. Mais on connaît le mégatonnage d'une arme (et l'on peut s'en assurer) avec beaucoup plus de certitude que (de) sa précision (Voir Annexe III). En prudents pères de famille les Russes ont continué à fabriquer des têtes d'un très gros rendement – alors même que, depuis quelque temps, la précision de leurs tirs rivalise avec celle des tirs américains. Matériellement, le résultat est que, à précision égale de part et d'autre, le mégatonnage russe équivaut à une « léthalité » supérieure de plus de 2,25 fois, en moyenne, à celle des armes américaines. Stratégiquement, cela revient à dire que la direction russe se réserve (et cultive) l'option d'une première frappe « anti-forces » – contre les ICBM adverses – à laquelle la stratégie américaine a en fait (et malgré ses proclamations) renoncé *matériellement.* Ce renoncement est *matérialisé* dans la nature de l'armement nucléaire américain et le rapport de celui-ci à l'armement adverse ; et il est, selon toute probabilité, désormais *irréversible.* Certes, une telle première frappe ne toucherait que les ICBM américains, et non les SLBM. Mais, dans la situation qui en résulterait, la riposte américaine n'est nullement évidente *a priori.* J'y reviendrai dans le Chapitre VI[1].

1. Un adage bien connu des juristes romains porte : « Le mégatonnage est toujours certain, la précision toujours incertaine. » Voici quelques indications sur la politique américaine : « Une proposition du Département de la Défense en 1969 visant à améliorer le système de guidage du *Poseidon* a été retirée spontanément, "en vue de la situation budgétaire

Aviation stratégique

Contrairement à la pratique habituelle, elle n'est pas comprise dans le compte ci-dessus sur le même pied que les autres vecteurs d'ANS (armes nucléaires stratégiques), pour des raisons qui apparaîtront aussitôt.

Les États-Unis possèdent 316 bombardiers (plus 22 destinés à l'entraînement) à long rayon d'action (distances de vol entre 10 000 et 16 000 km), les Russes 156 (distances de vol de 11 200-12 800 km). L'image se modifie si l'on tient compte des appareils à distances de vol inférieures (voir paragraphe suivant).

Les incertitudes entourant les possibilités d'utilisation de l'aviation stratégique sont beaucoup plus considérables que dans les autres cas. « Les possibilités de pénétration sont en train de devenir spéculatives[1]. » L'indication la plus frappante en est l'abandon progressif, par les États-Unis, de ce « pied » du fameux « trépied » (triade) stratégique (ICBM, SLBM, B-52). Non seulement leur nombre, qui atteignait 1 716 appareils en 1960[2] est tombé à 316 maintenant, mais la

sérieuse". La demande formulée en 1970 relative aux systèmes balistiques avancés de rentrée dans l'atmosphère *(Advanced Ballistic Reentry System :* ABRES) a été supprimée afin de prévenir les efforts "qui pourraient soutenir la création de toute capacité future de destruction de cibles dures". Trois amendements à la loi d'autorisation des fournitures militaires, tous liés aux capacités anti-forces, ont été repoussés en 1971. Le Département de la Défense a demandé 20 millions de dollars additionnels en 1972 pour améliorer la précision des missiles, mais n'a pas eu gain de cause... Les chercheurs américains sont, depuis très longtemps, en possession de la compétence technique nécessaire pour créer des têtes de missiles avec des combinaisons de précision/rendement qui pourraient détruire les ICBM soviétiques dans leurs silos de béton. Leur valeur pratique, cependant, est toujours strictement limitée en fonction de notre stratégie de deuxième frappe... » *Collins 1980,* p. 129 note 14 et p. 124 note 46. Quant à la politique russe, voici un extrait d'un texte officiel de doctrine militaire :

« Les forces stratégiques soviétiques ont la capacité de rendre inefficace *(frustrate)* une attaque nucléaire par surprise de l'ennemi... La place centrale est maintenant occupée par la destruction des moyens de la guerre nucléaire... » ce qui est « réalisé en prenant les devants de l'ennemi *(forestalling)* dans l'accomplissement des frappes nucléaires et conventionnelles. » Cité par *Collins 1980,* p. 76, note 111.

1. *Collins 1980,* p. 147.
2. Robert P. Berman, *Soviet Air Power in Transition,* The Brookings Institution, Washington, 1978 (cité désormais : *Berman 1978),* p. 16. Voir

décision de construire un nouveau type de bombardier à long rayon d'action (le B-1) a été finalement abandonnée sous Carter – non sans quelques solides arguments techniques. Les plus « récents » de ces bombardiers (les B-52 H) sont en service depuis 1962 (bien qu'ils bénéficient, comme la plupart des matériels américains, de l'incorporation périodique d'améliorations techniques). Leurs possibilités de pénétration en territoire ennemi semblent très problématiques. Volant à Mach 0,95, ils auraient à faire face à quelque 2 600 intercepteurs de la défense stratégique russe (la *PVO Strany*) qui volent à Mach 1,6 à 2,3 – soit, environ huit intercepteurs par bombardier –, armés de missiles air-air, et surtout à un dispositif formidable de fusées (12 000) sol-air[1]. Cependant, des informations très récentes font état de l'intention des États-Unis de construire un nouveau bombardier stratégique, utilisant peut-être la nouvelle technologie des avions « invisibles », c'est-à-dire non détectables par radar (*IHT*, 30.1.81). Discussions et oscillations continuent (voir *IHT* 16.2.81 et 19.2.81).

La situation pourrait changer si des ALCM *(Air Launched Cruise Missiles,* missiles Cruise lancés depuis des avions ; un missile Cruise est lui même une sorte d'avion auto-guidé sans pilote volant à basse altitude) de très grande portée pouvaient être construits. (SALT II interdit les Cruise

les séries historiques dans *IISS 1980,* p. 90 et John M. Collins, *Imbalance of Power, Shifting U.S.-Soviet Military Strenghts,* Macdonald and Jane's, Londres, 1978 (cité désormais : *Collins 1978),* p. 58-59.

1. Le nombre des intercepteurs de PVO-Strany par bombardier américain était de 3,8 en 1950 et de 2,9 en 1960 ; il est passé à 6,6 en 1970 et à 6,3 en 1977 *(Berman 1978,* p. 16). Il est actuellement (1980) de 8,3 (2 615 intercepteurs russes pour 316 bombardiers lourds américains ; *IISS 1980,* p. 5 et 10). L'évolution est due à la diminution du nombre de bombardiers américains. Il faut ajouter du côté des défenses russes 10 000 lanceurs avec 12 000 missiles sol-air (SAM), plus un nouveau type de SAM, le SA-10 en cours de déploiement et disposant d'une certaine capacité anti-Cruise *(IISS 1980,* p. 10) ; et une quantité considérable d'artillerie anti-aérienne. En 1977, 82% des bombardiers américains étaient capables de voler à basse altitude *(Berman 1978, id.) ;* à la même époque, 33 % des SAM russes et 18 % des avions étaient également capables d'opérer à basse altitude. En supposant qu'à présent tous les B-52 soient capables de voler à basse altitude, et que les Russes n'aient pas continué à améliorer à cet égard leurs forces, il resterait 12 SAM et 1,5 avion russes par bombardier américain. Mais en fait, on sait qu'une re-qualification *(upgrading)* rapide des appareils russes est en cours, les dotant de la capacité *look-down – shoot-down.*

lancés à partir de sous-marins ou autres bâtiments, SLCM, si leur portée excède 600 km, mais non les ALCM). Les États-Unis se proposent actuellement de convertir 151 B-52 G en porteurs de 20 ALCM chacun (soit, 3 020 ALCM porteurs de têtes nucléaires). Le système, encore en cours d'étude et de préparation, n'a pas été testé. Il était supposé être introduit progressivement de septembre 1980 à 1986 (avec 12 ALCM par B-52) et complété de 1986 à 1989 (avec 20 ALCM par B-52). Il a probablement déjà du retard. Les missiles sont sub-soniques ; leur portée n'est pas connue mais il ne semble pas qu'elle permette aux bombardiers de lancer leur Cruise hors portée de la chasse adverse. Les discussions sur leur vulnérabilité et utilité sont, comme d'habitude, très vives. Il est, en tous cas, plus que probable que les Russes pourront déployer des moyens de parade en l'espace de quelques années. Plus important, ils sont déjà en train de développer des ALCM similaires ; des tests de tels missiles de portée intermédiaire ont été déjà constatés à partir des *Backfire* et l'on pense que le nouveau bombardier stratégique qu'ils sont en train de développer pourrait en être doté. Il est évident que toutes ces considérations s'appliquent, *mutadis mutandis,* à des ALCM lancés à partir d'avions moins importants que les gros bombardiers[1].

Armes nucléaires intermédiaires et tactiques. Aviation non stratégique à capacité nucléaire

Dans ce domaine, la supériorité russe est écrasante. Les Américains ne possèdent pas de lanceurs intermédiaires. Les Russes avaient déployé depuis 1959 et 1961 les SS-4 et SS-5 (440 au total) de 1 900 et 4 100 km de portée respectivement et de 1 MT de charge. Depuis 1977, ils sont en train de les remplacer par les SS-20, mirvés (trois têtes de 150 KT) de 5 000 km de portée (160 déployés jusqu'ici). Pour ce qui est des missiles à courte portée (SRBM) ou « tactiques », les Américains déploient 164 Pershing (1962, portée 720 km) et 62 Lance (1972, portée 110 km) avec des charges dans la région des KT. En face, 1 300 missiles russes, parmi lesquels

1. *Collins 1980,* p. 147-149.

même des missiles comme le SS-12 (1969, 900 km de portée, 1 MT de charge) sont en train d'être rapidement remplacés par les SS-21, SS-22 et SS-23 (respectivement 1978, 1979, 1979-1980), de portée allant jusqu'à 1 000 km et dont les autres caractéristiques restent inconnues. Les Russes disposent en outre de 100 missiles Cruise lancés depuis la terre et de trois types de Cruise lancés depuis des avions (AS-3, AS-4 et AS-6 : le dernier déployé depuis 1977) dont on ignore le nombre total (il y a 800 AS-4). En face, il y a 400 missiles Cruise (Hound Dog, 1961, 965 km de portée) et 1 250 missiles balistiques SRAM (1972, 160 km de portée), les deux lancés depuis des avions et avec des têtes dans la région des KT. Les deux côtés disposent d'artillerie à capacité nucléaire (515 pièces pour les Américains, nombre inconnu pour les Russes), à caractéristiques comparables (portées jusqu'à 30 km, charge de l'ordre de kilotonnes).

Il est pratiquement impossible de dresser une comparaison des forces respectives dans le domaine de l'aviation à capacité nucléaire ; depuis les bombardiers moyens proprement dits jusqu'aux intercepteurs, la plupart des appareils dont disposent les deux armées peuvent porter des armes nucléaires (sur missiles Cruise ou fusées air-sol). Les caractéristiques de ces appareils sont très diversifiées dans chacun des camps et entre les deux camps.

Dans le domaine des bombardiers moyens, les États-Unis déploient 65 FB-111 A (1969, vitesse 2,5 Mach, distance de vol 4 700 km, charge en armes 37 500 livres). La Russie dispose de quelque 880 bombardiers moyens parmi lesquels le TU-16 et le TU-22, relativement anciens (1955 et 1962), mais aussi de 145 TU-22M/-26 Backfire (1974, vitesse 2,5 Mach, distance de vol 8 000 km, charge en armes 17 500 livres). Pour les appareils à distances de vol plus courtes, il y a quelque 720 appareils américains (peut-être un peu plus) porteurs d'armes nucléaires (dont 354 sur porte-avions) à distances de vol allant de 2 250 à 4 700 km, vitesses de 0,9 à 2,5 Mach et charges en armes de 16 000 à 28 000 livres, contre presque 2 600 appareils russes à distances de vol de 1 100 à 1 800 km, vitesses de 1,6 à 2,3 Mach et charges en armes de 2 000 à 11 000 livres. Il est clair que les rayons d'action des appareils américains de ces deux catégories, combinés avec les positions géographiques des bases respectives (et l'utilisation des porte-avions) leur donnent, en principe, la possibilité d'agir contre des objectifs en territoire russe, cependant que les avions russes correspondants ne pourraient être utilisés que contre des objectifs situés en Europe (ou en Chine) – à l'exception, peut-être, du Backfire. Dans le cas de ce dernier, plus que la possibilité parfois évoquée d'aller atterrir à Cuba après une mission contre le territoire américain, un accroissement de la portée des missiles Cruise pourrait lui conférer des capacités « stratégiques ». (Cf. plus haut.)

Pour avoir dans ce domaine (des armes nucléaires tactiques) une vue plus nette, et bien que cette question n'entre pas, à strictement parler, dans le cadre de la présente comparaison, il est utile de citer les conclusions de l'étude de l'*International Institute for Strategic Studies* de Londres, dans la dernière édition (septembre 1980) de sa publication annuelle *The Military Balance,* 1980-1981. L'étude (dont l'Annexe II fournit un résumé) concerne les armes nucléaires dont disposent sur le théâtre européen le Pacte de Varsovie (en fait, il s'agit exclusivement de la Russie sauf pour 18 missiles à courte portée opérés par la R.D.A.) et l'OTAN (y compris la France). L'IISS calcule au total 5 330 systèmes de lancement pour les Russes contre 1 512 pour l'OTAN ; 1 995 têtes nucléaires disponibles pour les premiers, contre 768 pour le second (ou 1 168 si on y inclut les quelques Poseidon sur sous-marins américains alloués au commandement européen de l'OTAN « à des fins de planification ») ; et (après estimation de facteurs de « survie », « fiabilité » et « pénétration ») 819 têtes arrivant à destination pour les Russes, contre 267 pour l'OTAN (ou 555 avec inclusion des Poseidon). « Sans l'inclusion de Poseidon du côté de l'OTAN, la supériorité globale du Pacte de Varsovie quant aux *têtes arrivant à destination* est d'environ 3,1 contre 1 ; avec les Poseidon, la supériorité tombe à environ 1,5 contre 1. La tendance que nous avons indiquée pour la première fois l'année dernière est devenue plus nette. La nouvelle méthode d'analyse utilisée et les informations nouvelles obtenues depuis confirment la conclusion que le Pacte de Varsovie a une supériorité (ou avantage : *advantage)* qui deviendra plus prononcée pendant les prochaines années, avec la continuation des programmes soviétiques. On ne peut pas s'attendre à un accroissement substantiel dans les capacités de l'OTAN avant qu'elle ne commence à déployer de nouveaux systèmes à longue portée vers 1983-1984[1] ». On appréciera la subtilité de la dernière phrase : moyennant une tautologie (les capacités de l'OTAN n'augmenteront pas avant qu'elle ne commence... à les augmenter), on crée l'impression que quelque chose changera en 1983-1984 – sans aller jusqu'à dire, toutefois, que ce changement affectera la supériorité du « Pacte » (je répète, il s'agit de forces *russes)* et le rapport de forces. En effet, tel ne pourrait être le cas que si, d'ici à 1984, les Russes restaient les bras croisés – hypothèse absurde. En fait, on sait qu'ils accélèrent le rythme de déploiement de ces forces : les SS-20, installés auparavant au rythme de un tous les sept jours, sont maintenant installés au rythme d'un tous les cinq jours[2].

FORCES CONVENTIONNELLES

Armées de terre

La supériorité russe est de 2 à 1 pour les hommes sous les drapeaux (1 825 000 contre 901 000, y compris les *marines*), de presque 4 à 1 pour les réserves en hommes (9 200 000 conscrits russes ont fini leur service depuis moins de 5 ans ; les réserves américaines toutes armes sont de 824 000, avec 1 617 000 en plus ayant « quelques obligations de réservistes ») ; de plus de 2 à 1 pour l'artillerie (plus de 40 700 pièces, contre un peu plus de 18 230) ; de 3 à 1 pour les véhicules de combat (plus de 62 000 contre 22 950) ; de 4 à 1 pour les chars (plus de 50 000 contre 13 275[3]). Il est impossible de comprimer en quelques chiffres les données

1. *IISS 1980,* p. 116-119.
2. *IISS 1980,* p. 4.
3. La comparaison quantitative donne une image très fausse pour ce qui est des véhicules de combat. Les véhicules américains sont presque des simples moyens de transport, les véhicules russes (le BMP-76) sont blindés. « Les BMP-76, malgré des défauts, permettent à l'infanterie soviétique de combattre montée, cependant que les soldats de l'OTAN doivent combattre à pied. » *Collins 1978,* p. 232 et note 9. Cf. aussi Anthony H. Cordesman, « Net Assessment Appraisal », *in Collins 1978,* p. 265, 271-275.

concernant les innombrables types de missiles sol-sol (et sol-air) à courte portée, les défenses anti-aériennes et les armes anti-char, dont les deux armées sont abondamment pourvues (les Américains disposent de 108 000 *TOW* et 7 000 *Dragon,* armes guidées anti-char ; les Russes possèdent des armes du même type, en nombre incertain.) L'opinion assez répandue selon laquelle les armes guidées anti-char des Américains à elles seules presque pouvaient neutraliser les blindés russes, depuis toujours très discutable, est désormais dépassée[1].

Bien entendu, si l'on discute d'éventuelles opérations conventionnelles en Europe, il faut théoriquement tenir compte des forces des autres pays du Pacte de Varsovie et de l'OTAN. J'ai déjà dit que ce n'est pas là le propos de la présente discussion, et je reviendrai sur la question dans le Chapitre VI.

Forces navales

Il y a très nette supériorité russe pour ce qui est des sous-marins (abstraction faite des sous-marins porteurs de SLBM) : 91 sous-marins à propulsion nucléaire (dont 45 porteurs de missiles Cruise), contre 74 ; et 166 Diesel (dont 23 porteurs de Cruise) contre 7. Par contre, aux 14 porte-avions américains (dont 3 à propulsion nucléaire), les Russes n'opposent pour l'instant que 2 (de déplacement moitié moindre). Quant aux navires de combat de surface,

1. Certains experts français pulvérisent les blindés russes dans des articles de journaux à l'aide des TOW américains. Pourtant « il est... alarmant d'apprendre que les missiles TOW existants ne peuvent pas lutter contre les T-64/T-72 et que, même après avoir été modifiés, ils ne pourront contrer le T-80 en projet. La meilleure arme anti-char est, à présent le char de combat, mais dans ce domaine l'actuel M-60 américain est en fait surpassé par le T-62 et le nouveau XM-1 américain n'aura sans doute pas une grande marge de supériorité sur le T-72 ou son successeur, le T-80. » John Erickson, « Le dispositif soviétique en Europe centrale », in Pierre Lellouche et al. *La Sécurité de l'Europe dans les années 80,* Institut Français des Relations Internationales, Paris, 1980 (désormais cité : *Lellouche 1980),* p. 91. Pour ce qui est du T-80, il semble qu'il est déjà passé du stade du projet au stade de la production : *Collins 1980,* p. 206, note 83. – Voir aussi la discussion ici, p. 62.

on en compte 177 américains contre 285 russes. Cependant, les navires de guerre américains sont d'un déplacement très supérieur. Plus caractéristique est, peut-être, le tonnage total construit : de 1966 à 1976 les États-Unis ont construit 249 navires de guerre de déplacement total de 2,1 millions de tonnes, et la Russie 765 navires de guerre de déplacement total de 1,5 million de tonnes[1]. Plus qu'ailleurs il est impossible ici de passer des « quantités » ou des « nombres » aux « valeurs ». La flotte russe est nécessairement handicapée par son compartimentage géographique entre quatre portions séparées : Arctique, Baltique, mer Noire et Pacifique Nord, aux sorties aisément contrôlables, du moins en théorie, pour les trois premières. La flotte américaine ne souffre pas d'un désavantage pareil ; mais elle aurait à pourchasser les sous-marins russes sur toutes les mers du globe, et depuis des années, des doutes graves sont exprimés sur sa capacité de réaliser cette tâche[2]. Plus important, la Russie pourrait mener, et éventuellement gagner, une guerre conventionnelle dans l'Ancien hémisphère sans pour ainsi dire avoir à utiliser un seul navire. Les États-Unis ne pourraient *même pas commencer* une telle guerre sans la maîtrise effective des mers, à moins de se replier sur le continent américain. On sait, en outre, que leur dépendance à l'égard des importations de matières premières stratégiques, et non seulement de pétrole, a atteint depuis des années un degré critique[3].

Il n'est pas sans intérêt de noter que le nombre d'hommes dans les deux flottes ne diffère pas beaucoup (506 000 Américains, 433 000 Russes).

Aviation (excluant les bombardiers stratégiques) : 8 375 appareils russes, 6 243 américains (non compris 1 040 appartenant aux réserves). Personnel : 1 025 000 Russes, 502 000 Américains.

Les Américains possèdent environ 9 000 hélicoptères militaires toutes catégories. Les données concernant les hélicop-

1. Cordesman, *in Collins 1978,* p. 183.
2. *Collins 1978,* p. 177-180 ; *Collins 1980,* p. 259-267.
3. Voir le tableau donné par Cordesman, *in Collins 1978,* p. XXIV.

tères russes (du moins celles dont je dispose) semblent contradictoires. Leur nombre atteignait environ 2 000 en 1974, et environ 4 000 au début de 1977. Pour 1979 et 1980, les chiffres de Collins et de l'IISS (2 860 et 3 540 respectivement) sont très certainement incomplets. John Erickson indique 8 000 pour 1980[1].

Satellites artificiels militaires lancés entre 1975 et 1979 : 451 russes, 91 américains[2].

En résumé : à l'exception de la flotte de surface et, peut-être, des hélicoptères, dans *tous* les autres domaines les composantes de l'arsenal russe vont de la parité avec celles de l'arsenal américain au rapport 2 à 1 dans beaucoup de domaines importants (ce rapport, ou un rapport encore supérieur, est typique dans le cas des forces terrestres prises globalement) à la supériorité écrasante (armes nucléaires intermédiaires et tactiques, mégatonnage nucléaire stratégique)[3]. Cette situation s'est établie, pour l'essentiel, au cours de la dernière décennie et s'est très fortement accentuée au cours des cinq dernières années.

***

2. Le rapport statique des forces mortes : qualités

Le préjugé, encore largement répandu dans l'opinion occidentale, d'une infériorité intrinsèque et essentielle des matériels russes au plan technique et qualitatif, est de nature nettement folklorique. Les Israéliens ont failli le payer cher déjà en 1973-74. Tout aussi folklorique est la mythification de l'excellence technique des matériels et de l'organisation américains.

1. Voir Cordesman *in Collins 1978,* p. 135 et 147 ; Erickson, *in Lellouche 1980,* p. 91. Cf. Annexe I, Tableau A et les notes.
2. Herwig Pickert, « Satellitenabwehr », *Aus Politik und Zeitgeschichte* (Beilage zur Wochenzeitung *Das Parlament*), B 41 Trier, 11 Okt. 1980, p. 27-37. Cf. *IHT,* 28.1.81, p. 2.
3. Voir le Tableau B de l'Annexe I.

Il est clair qu'ici aussi les valeurs sont *relatives.* La question n'est pas de savoir si le matériel russe est « parfait », mais comment il se *compare* avec le matériel américain ; et non pas quant aux performances techniques dans l'abstrait, mais quant aux tâches intégrées qui sont à réaliser. Si l'armée américaine s'équipe de walkies-talkies en quadriphonie, ou si elle fournit à ses soldats des ouvre-conserve à commande électronique à distance – comme elle est bien capable de le faire ; plus sérieusement, si un matériel est technologiquement sophistiqué, sans que cette sophistication augmente notablement son rendement – alors ce matériel est *inférieur,* non pas supérieur ; car les risques de panne, les difficultés et les dépenses d'entretien, réparation, obtention des pièces de rechange augmentent, tandis que sa robustesse et sa fiabilité diminuent.

D'autre part et surtout, les caractéristiques techniques ont rarement (pour ne pas dire jamais) une signification en elles-mêmes. Vitesse et armement d'un chasseur ne valent pas grand-chose sans manœuvrabilité ; et cela vaut beaucoup plus, surtout aujourd'hui, pour les complexes d'armes et d'engins engagés dans la bataille. Dans une configuration où les Bleus possèdent par exemple des armes anti-char d'une précision et efficacité parfaites, encore faut-il que leurs soldats puissent s'en servir. Si les Rouges ont une forte supériorité dans l'artillerie à très longue portée, la route de leurs blindés sera nettoyée par leurs obus. Cette artillerie pourra être réduite au silence par l'aviation des Bleus. Pour parer à celle-ci, les Rouges n'ont pas besoin de disposer d'avions qualitativement et quantitativement équivalents ; il leur suffit d'être bien armés en missiles sol-air et en artillerie anti-aérienne. (Cette configuration est assez proche de ce qui pourrait se dérouler sur le théâtre européen si les armes nucléaires tactiques n'étaient pas utilisées, et encore plus si elles l'étaient : les blindés russes sont construits avec des moyens de protection contre les radiations et les armes chimiques, contrairement aux blindés occidentaux qui, pour la plupart, n'en possèdent pas[1].)

1. Un autre exemple de cette vérité élémentaire – que seule la qualité technique des *ensembles* est significative, et qu'elle va au-delà des qualités des engins particuliers – est fourni par le calcul de l'IISS déjà mentionné

Personne ne peut contester une supériorité technique globale à l'industrie américaine. Mais le passage de cette constatation à la représentation très répandue d'une excellence technique incomparable et d'une très grande fiabilité des matériels militaires américains ne va nullement de soi. Le problème est, d'abord, celui de la *traduction* de cette supériorité en *applications militairement pertinentes* (et d'une supériorité sur l'adversaire à *cet* égard) ; ensuite, et peut-être davantage, celui de l'entretien et des contrôles/vérifications des matériels. Or, sans même parler de la grotesque histoire de Tabas (qui reflète surtout la qualité des *personnels* dirigeants américains, pas seulement de Carter), on pourrait remplir un livre avec les coupures de presse des quatorze derniers mois décrivant telle défaillance des matériels, tel retard, fréquemment renouvelé, de fabrications considérées comme prioritaires, des manques de pièces détachées, etc. (On en trouvera une maigre anthologie dans l'Annexe VI).

***

En fait, tout ce que l'on apprend, avec le temps, de *concret* (par opposition aux préjugés *a priori)* sur la qualité des matériels militaires russes apporte un démenti brutal à toute idée d'infériorité essentielle et intrinsèque dans ce domaine.

Ainsi, par exemple, pour l'aviation, les caractéristiques du bombardier moyen Tu-22M/-26 Backfire, du Mig-25 (datant déjà de 1970), des Mig-23 et 27, des Su-19 ne le cèdent en rien à ceux des avions occidentaux correspondants. « Le Mig-25 *Foxbat* confère... une flexibilité dans la reconnaissance qui le rend probablement supérieur aux photographies

(résumé dans l'Annexe III) des « têtes nucléaires parvenant à destination » sur le théâtre européen. Pour les armées nucléaires lancées depuis des avions le pourcentage d'arrivée est de 29 % pour les Russes, 23,2 % pour l'OTAN (France comprise). Il dépend de la combinaison de facteurs comme la « survivabilité », « fiabilité » et « pénétration », qui condensent (surtout le dernier) l'action de plusieurs éléments relevant aussi bien des moyens d'attaque que des moyens de défense. Je n'aurais pas tellement insisté sur ces évidences, s'il n'était pas flagrant (et répétitivement reconnu par les experts américains) que l'intégration des divers éléments particuliers dans des conceptions tactiques et stratégiques cohérentes est de loin supérieure chez les Russes que chez les Américains.

par satellite... Les altitudes et les vitesses auxquelles le *Foxbat* performe le mieux lui permettent de distancer la plupart des appareils intercepteurs modernes[1]. » Un responsable de la U.S. Air Force en 1977 a qualifié les fonctions automatisées du Mig-25 comme « les plus sophistiquées jamais vues dans un avion moderne » ; et un autre a ajouté « il est unique *(unsurpassed)* à un autre égard – la facilité d'entretien et de service[2] ». On trouve le jugement général le plus récent des spécialistes dans la dernière édition (décembre 1980) de *Jane's All the Worlds Aircraft :* « La supériorité de l'Occident sur l'Union soviétique dans le domaine aérien a été érodée et certains éléments des forces aériennes alliées se trouvent aussi dans un mauvais état du point de vue de la préparation au combat [*combat readiness*]... Les forces du Pacte de Varsovie jouissent, depuis longtemps, d'une capacité de vol par tout temps... Cela ne représente qu'une seulement des manières dont l'avance occidentale dans le domaine de la qualité, qui compensait la supériorité quantitative de l'Est, a été érodée... Une inquiétude constamment grandissante [*a steadily mounting concern*] se fait jour du fait que l'équilibre strict de la puissance militaire dont dépendait la garantie de la continuation de la paix n'existe plus... Il est plus que jamais " illusoire " de continuer à croire en la supériorité qualitative des forces de l'OTAN par rapport à celles du Pacte de Varsovie[3]. »

La situation commence, peut-être, à devenir semblable pour ce qui est des sous-marins. « La guerre anti sous-marine cause aussi des préoccupations grandissantes, car la technologie soviétique est en train de nous rattraper et, dans plusieurs cas importants, de nous dépasser... Au moins deux types à propulsion nucléaire, les Alfa et les Victor, sont plus rapides que les nôtres... Soixante-seize sous-marins soviéti-

1. *Berman 1978,* p. 33.
2. *Collins 1980,* p. 104, note 131.
3. *IHT*; *Le Monde* 26.12.80, p. 6 « Les forces aériennes du Pacte de Varsovie disposent d'une capacité à opérer par tous temps supérieure à celle de l'OTAN... qui a investi une proportion croissante de ses ressources dans la production de matériel non utilisable dans les conditions (climatiques) qu'on rencontre le plus fréquemment en Europe... » D'après *Jane's* (qui cite les statistiques officielles américaines de 1979) : « 42 % environ des appareils tactiques de l'armée américaine ne sont pas en permanence opérationnels. »

ques... sont équipés avec des missiles Cruise anti navires. Le total des lanceurs est de 432... Vingt-six sous-marins américains possèdent 104 lanceurs Harpoon, d'une portée inférieure[1]. »

Ces informations et jugements, datant de l'été 1980, sont déjà dépassés. Deux nouveaux types de sous-marins viennent en effet d'être lancés par les Russes. L'*Oscar* (nom de code américain), sous-marin d'attaque à propulsion nucléaire de 10 000 tonnes, à coque de titane (ce qui accroît vitesse et profondeur de plongée), est armé de 20 ou plus missiles Cruise d'une portée d'au moins 320 km – dix fois plus que celle des missiles déployés jusqu'alors par les forces navales russes. Le Pentagone est « assommé » *(stunned)* écrit l'*IHT* par cette avance russe – qui risque de neutraliser les porte-avions américains ; les mesures de parade sont possibles, mais coûteront des milliards de dollars[2]. Le *Typhon,* de 30 000 tonnes (taille d'un porte-avions de la Seconde Guerre mondiale), à coque de titane également, emporte vingt fusées nucléaires stratégiques, de 6 500 km ou 7 200 km de portée. C'est le tonnage le plus lourd actuellement existant (les nouveaux sous-marins américains de la classe *Ohio,* dont le premier ne sera opérationnel qu'en été 1981, déplacent 18 750 tonnes).

Il est évident que les Russes ont décidé la construction de *Typhon* dès que le programme américain pour le missile Trident et les sous-marins de la classe *Ohio* a été approuvé. La réalisation de ceux-ci a pris cinq ans – et la réplique russe arrive pratiquement en même temps[3].

Dans le domaine des ordinateurs, pendant si longtemps monopole de fait des Américains – que l'on continue à se

1. *Collins 1980,* p. 257.

2. *IHT,* 9.1.81, p. 1. Cf. *Le Monde,* 21-22.12.80, p. 9. *(Le Monde,* donnait, d'après des sources de l'OTAN, 24 000 tonnes pour le déplacement de l'*Oscar.)* Cf. les déclarations de Melvin Laird dans l'*IHT* du 20.1.81, p. 3.

3. Cf. *Le Monde, ibid.* et 13.11.80, p. 16 ; aussi, *IHT,* 12.11.80. Au total, les Russes ont lancé en 1980 neuf nouveaux sous-marins nucléaires : *un toutes les six semaines : Le Monde,* 21-22.12.80, *ibid.* – La construction du *Typhon* était supposée depuis quelque temps : *NYTimes,* 29.10.79 ; *Le Monde,* 26.6.80. Mais on pensait qu'il serait de taille comparable à celle du *Trident : Collins 1980,* p. 143.

représenter comme tel, et dont on fait tellement de cas relativement aux restrictions à l'exportation vers la Russie – en 1973-1974 « les analystes américains calculaient que l'Union soviétique avait un retard de cinq à dix ans sur les États-Unis... L'écart est maintenant tellement plus petit, que les experts trouvent qu'il est difficile à quantifier[1]. » Ce constat datant de 1978, il en résulte qu'un « écart » de cinq à dix ans a été résorbé en cinq ans. Comme évidemment les Américains ont continué à progresser (à pas de géant) dans le domaine des ordinateurs pendant cette période, la naïveté arithmétique indique un rythme de progression russe deux fois plus rapide, au moins, que celui des Américains. Le domaine où, de l'avis des experts, les Russes semblent encore en retard c'est celui du *software* (grossièrement parlant, de l'écriture de programmes d'ordinateur). Comme il s'agit, essentiellement, d'un domaine de logique/mathématique appliquée qui n'a rien de transcendant (et sans parler de la surabondance de talent mathématique en Russie), on ne voit pas pourquoi ce retard persisterait longtemps.

***

Il n'y a aucune raison de poursuivre cette fastidieuse énumération. Les jugements de Collins apparaissent parfaitement justifiés :

« L'accent a été placé beaucoup trop sur la qualité supérieure de notre technologie... Les jours sont passés où les États-Unis pouvaient être certains avec arrogance de leur supériorité technique et scientifique indiscutée[2]... » Il ressort d'un tableau du même auteur qu'en 1980 les États-Unis avaient de l'avance dans 59 domaines de recherche fondamentale et appliquée, et la Russie dans 42. Une extrapolation linéaire des tendances présentes à 1985 donnerait une avance russe dans 65 domaines, et une avance américaine

1. *Collins 1980,* p. 109 note 147, où l'on trouvera d'autres citations. – Cf. *IHT,* 7.11.80, p. 9 : l'examen d'un microprocesseur russe a démontre que le retard des Russes dans ce domaine, que l'on pensait de 10 ans, est au plus de trois ans. « La technologie des Russes... est certainement très proche de la nôtre, sinon même à égalité avec elle », a déclaré Charles Lecht, Président de la *Advanced Computer Techniques Corp. (ib.)*

2. *Collins 1980,* p. 103-104, note 125 ; p. 111.

dans 36 seulement[1]. De telles extrapolations sont plus que contestables – de même que toutes les tentatives, intrinsèquement absurdes, de « prévoir » le progrès technologique. Cependant, on peut tirer des conclusions de ce qui s'est *déjà* passé : la liste que le même Collins dressait en 1977 sur les « avances » respectives des Américains et des Russes dans les différents domaines de la technologie militaire[2] semble bien aujourd'hui avoir besoin de revision, et toujours dans le même sens : les ordinateurs, l'aviation, l'élimination du bruit des sous-marins devraient passer de la classe « nette supériorité des États-Unis » à la classe « Soviétiques en train de combler l'écart » ; et les MIRV, la précision des missiles, les systèmes nucléaires tactiques et, peut-être, les instruments sur satellites, de la classe « Soviétiques en train de combler l'écart » à la classe « équivalence approximative ».

Un autre facteur qualitatif important ne devrait pas être sous-estimé : l'âge (technologique) des armements. Sur ce point, les choses sont on ne peut plus claires. Si le communisme n'est pas la jeunesse du monde, il est assurément celle des bombes et des fusées. L'essentiel de l'arsenal nucléaire russe date des cinq dernières années – et son renouvellement et perfectionnement continuent avec des signes d'accélération plutôt que de ralentissement (voir paragraphe suivant). Tenant compte de toutes les catégories d'armes, il semble probable que le « barycentre temporel » de la mise en service des équipements russes se situe vers 1975 sinon même après – cependant qu'il se situerait plutôt vers 1970 ou avant pour les équipements américains. Il est juste d'ajouter que les Américains modernisent fréquemment leurs équipements sans changer de « type » *(retrofitting)* et que ces équipements sont souvent – en particulier dans l'aviation – conçus pour pouvoir absorber pendant longtemps des innovations ; il semble que c'est moins le cas pour les équipements russes (cependant, de nombreuses informations font état de perfectionnements inportants apportés par exemple au Mig-21 et au SU-17 le long du temps[3]). Mais il est clair que cette possibilité n'est qu'un substitut incomplet d'un véritable renouvellement du matériel.

1. *Ibid.*, p. 105-106, 111-114. –2. *Collins 1978*, p. 36. – 3. *Berman 1978*, p. 45.

Ces considérations montrent encore le peu de signification qu'on peut attacher à une « avance technologique » des Américains dans l'abstrait. Si cette avance est, par exemple, de cinq ans en moyenne, ses effets sont annulés, si les matériels sont plus vieux de cinq ans ou plus, quant à la date de leur mise en service, que les matériels russes – comme cela semble bien être le cas.

Mais le plus important, encore une fois, c'est de se débarrasser, lorsqu'on considère ces questions, du fétichisme (pour ne pas dire crétinisme) technologique. Le choix, la combinaison, la mise en œuvre des technologies appropriées et efficaces ne sont pas affaires de technologie ; ils dépendent de l'organisation, de l'orientation, de la direction sociales et politiques. A ce niveau, pour ce qui est de la préparation à la guerre, la supériorité russe est écrasante. J'y reviendrai dans le Chapitre VI. Je me borne ici, pour conclure, à citer les jugements d'un expert américain particulièrement modéré et pondéré :

"L'Union soviétique semble posséder un avantage majeur sur les États-Unis pour ce qui est de la qualité et de la cohérence de ses stratégies visant à l'amélioration de ses forces. Indépendamment de la qualité comparative de sa technologie ou de ses tactiques, l'U.R.S.S. ne semble pas traverser les révisions politiques interminables de ses plans militaires qui déstabilisent une grande partie de la planification militaire des États-Unis...

"... Une partie beaucoup plus grande de la technologie américaine reflète une préoccupation concernant le confort et la survie des hommes que ce n'est le cas de la technologie soviétique [On est socialiste ou on ne l'est pas, C.C.] Cela oriente des ressources américaines vers des recherches et des productions qui ne sont pas toujours importantes pour l'efficacité au combat...

"... Une grande partie de l'équipement soviétique qui a été analysé après la Guerre d'Octobre [guerre arabo-israélienne de 1973-1974, C.C.] a montré que cet équipement était beaucoup mieux conçu pour une production rapide et à bas coûts que sa contrepartie américaine. Les experts israéliens ont été particulièrement frappés par la facilité avec laquelle même un char T-62 pouvait être produit, par rapport au M-60 américain...

"... Au moins une partie des experts soutiennent que la technologie militaire américaine éprouve des difficultés extrêmes lorsqu'il s'agit de déterminer où faut-il s'arrêter et quand faut-il commencer à produire, cependant que la technologie soviétique se montre capable de fournir seulement la technologie [sic] qui est requise[1]."

***

3. Le rapport dynamique des forces mortes

Le lecteur a déjà une certaine idée de l'évolution dans le temps des forces mortes à partir des pages qui précèdent. La situation actuelle est le résultat d'un accroissement rapide de l'armement russe, surtout pendant les dix dernières années, face à un armement occidental et américain à peu de choses près statique.

Depuis 1972, les États-Unis n'ont rien produit de nouveau dans le domaine nucléaire (et pratiquement, dans aucun autre), sauf, en 1980 le missile SLBM Trident C-4 (et les sous-marins type *Ohio* qui l'emportent[2]). Du côté russe il y a eu : les nouvelles fusées (mirvées) à longue portée SS-17, SS-18 et SS-19 déployées à partir de 1975 ; la fusée intermédiaire SS-20 (mirvée), à partir de 1977 ; les fusées à portée courte SS-21, SS-22 et SS-23 déployées respectivement à partir de 1978, 1979 et 1979-1980 ; les fusées SLBM à longue portée SS-NX-17 à partir de 1977 et SS-N-18 (mirvée) à partir de 1978 ; les missiles Cruise SS-N-12 (lancement maritime) à partir de 1978 et AS-6 (lancement aérien) à partir de 1977. Le plus récent des avions américains à capacité nucléaire, le FB-111 A, a été déployé en 1969. Le Backfire, le Su-17/-20 Fitter C/D et le Su-19/-24 Fencer russes ont été déployés à partir de 1974.

Il n'y a pas seulement, ici, accroissement des nombres bruts, ni simplement amélioration des qualités. Il y a aussi,

1. Cordesman, *in Collins 1978,* p. 37 à 40.
2. Minuteman III : 1970. *Poseidon :* 1971. SRAM (ALCM) : 1972. Comme les projets exigent *plusieurs années* pour parvenir au stade du déploiement opérationnel, il s'agit là d'armes conçues et étudiées vers le milieu des années 1960. *[Voir rectification p. 88.]*

très visiblement, *une conception raisonnée* – une stratégie – *du déploiement temporel des forces.* Les dates de premier déploiement (entrée en service opérationnel) des grandes catégories de nouveau matériel russe l'indiquent clairement. Sortie des nouveaux types d'avions (Mig-21, Mig-27, Su-17/-20, Su-19/-24, Tu-22M/-26 Backfire) de 1970 à 1974 ; sortie des nouveaux missiles mirvés (voir plus haut), de 1975 à 1979-80 ; déploiement, depuis deux ou trois ans, du nouveau char T/-72 (pendant qu'un encore plus nouveau, le T/-80 semble sur le point de sortir) ; lancement des nouveaux sous-marins *Oscar* et *Typhon* à partir de la fin 1980 ; et, maintenant, essais d'un satellite anti-satellites (qui pourrait bien être pour quelque temps, et à défaut de parade efficace, une sorte d'arme absolue : non seulement le renseignement, mais la mise en œuvre de beaucoup de matériels dépendent de plus en plus des relais par satellite)[1]. Tous ces matériels ont un temps de gestation (études, prototypes, essais, choix et décision, mise en place des chaînes de fabrication, production) de l'ordre de *cinq ans ou plus* (les Russes préparaient le SS-20 et le *Typhon* pendant que le malin Kissinger mangeait leur caviar et buvait leur vodka) ; leur déploiement continue ; la pente de l'expansion des armements russes restera certainement la même pendant les années à venir[2]. Cette pente est définie, de la manière la plus succincte et la plus claire, par ce fait : depuis 1975 (date à laquelle ils ont à peu près terminé le mirvage de leurs fusées), le nombre de têtes nucléaires américaines sur missiles balistiques a augmenté d'environ 300 ; celui de têtes nucléaires russes, de 3 000. A ce rythme, les Russes auront dépassé les Américains même pour ce qui est

1. Essais maintenant réussis : *Le Monde*, 20.3.81 ; *IHT*, 9.4.81.

2. « Des rapports persistants font état de quatre nouveaux ICBM en cours de développement. » *IISS 1980*, p. 3. Les Russes « sont en train de déployer des ICBM de première classe à un rythme rapide, ont une cinquième génération de quatre nouveaux modèles à différentes étapes de recherche et de développement, et sont en train d'en modifier quatre autres. » *Collins 1980*, p. 136. La production en cours de blindés dans les pays du Pacte (les producteurs sont, outre la Russie, la Tchécoslovaquie et la Pologne) est très supérieure à celle des pays de l'OTAN ; on prévoit qu'elle en sera le double pendant les six prochaines années, 22 520 unités contre 11 625 (produits par les États-Unis, l'Allemagne, la France, la Grande-Bretagne et l'Italie). *IHT* 22.12.80, p. 3.

du nombre des têtes dans moins de deux ans (si ce n'est pas déjà fait[1]).

La question la plus importante pour ce qui est de la dynamique des forces mortes est évidemment celle-ci : le rapport actuellement établi, et qui continue à se modifier constamment en faveur des Russes, est-il *réversible ?* Avant de discuter la question en termes généraux, considérons trois exemples réels.

Pendant les années 1960 les Américains deviennent capables de mirver leurs missiles et, pour des multiples raisons (vulnérabilité croissante de leurs bombardiers, réponse au déploiement des ABM russes *Galosh,* « économies » aussi sans doute au sens des *cost-effectiveness ratios* chères à Mac Namara[2]) développent et déploient, à partir de 1970, des missiles mirvés : le Minuteman III (1970, 3 têtes de 170-200 KT), et le *Poseidon* C 3 (10 têtes à 50 KT). La réponse russe ne tarde pas : prévu par la CIA et la DIA dans une fourchette temporelle allant de 1973 à 1976, le

1. En 1985, selon l'IISS : *IISS 1980,* p. 4. Je ne vois pas sur quoi se base cette date.

2. Voir Jan M. Lodal, « Dissuasion et stratégie nucléaire... » *in Lellouche 1980,* p. 145. Cf. Bernard T. Feld et Kosta Tsipis, « Land-based Intercontinental Ballistic Missiles », *Scientific American,* novembre 1979, p. 45-55 (cité désormais : *Feld-Tsipis 1979).* « En décidant de déployer les MIRV à la fin des années 1960, les États-Unis ont cédé à la tentation de ce que J. Robert Oppenheimer avait une fois appelé une solution "techniquement séduisante " [*technically sweet*] à un problème militaire. Les MIRV offraient aux États-Unis un avantage militaire sur l'U.R.S.S., peu coûteux mais, comme il apparaît maintenant, temporaire. » *(ibid.,* p. 48) Dans ce cas, comme dans celui de la précision des missiles, et sans doute beaucoup d'autres, on peut voir le trait le plus caractéristique de la politique (ou non politique) américaine en matière d'armements depuis quinze ans : le désir de s'assurer une supériorité militaire se manifestant périodiquement et spasmodiquement, se satisfaisant par l'introduction d'un gadget technologique, mais ne s'insérant pas dans une conception *dynamique* d'ensemble et n'animant pas un effort suivi. Schlesinger, alors Secrétaire à la Défense, déclarait en 1975 : « Notre objectif de planification devrait être d'assurer qu'aucun adversaire potentiel ne réalise un avantage unilatéral sur les États-Unis. » (Kosta Tsipis, « The accuracy of strategic missiles », *Scientific American,* juillet 1975, p. 23 ; cité désormais : *Tsipis 1975).* Il s'agissait alors d'introduire des techniques augmentant considérablement la précision des missiles balistiques. Le défaut n'était pas, comme le croit Tsipis, que de telles innovations « éperonneraient » les efforts compétitifs de l'adversaire ; ces efforts auraient eu lieu de toute façon. Le défaut est l'absence d'une conception et d'une politique cohérentes – que l'on essaie de masquer par le recours aux gadgets.

mirvage russe est réalisé et opérationnel dès 1974-75, produisant : les SS-17 (4 têtes à 900 KT), les SS-18 (8 têtes à 2 MT), les SS-19 (6 têtes à 550 KT) et les SS-N-18 (3 têtes à 1-2 MT).

J'ai déjà dit que la seule, à peu près, addition significative à l'arsenal américain depuis cinq ans est le missile Trident I C-4. Il doit être emporté par les sous-marins de la classe d'*Ohio* : 24 lanceurs Trident par sous-marin, chaque lanceur à 8 têtes de 100 KT chacune – *total, 19,2 MT par sous-marin.* En septembre 1980, l'IISS écrivait dans son rapport annuel (p. 4) : « La nouvelle classe (de sous-marins nucléaires russes porteurs de missiles) *Typhon* n'a pas encore été vue en service. » Le 12 novembre, on apprenait le lancement du premier *Typhon,* dont j'ai donné plus haut quelques caractéristiques, auxquelles il faut ajouter ses 24 missiles SS-N-18 mirvés à trois têtes de 1 à 2 MT ; *total : 72 à 144 MT par sous-marin.* Qui dit que le socialisme n'a pas rattrapé et dépassé le capitalisme américain ? (Les Américains doivent construire 8 *Ohio* ; on ne sait évidemment pas combien de *Typhon* les Russes sont en train de construire, mais il est certain qu'il s'agit du premier d'une série).

Enfin, devant l'avance croissante des Russes et la crainte d'une première frappe détruisant dans leurs silos leurs lanceurs terrestres, les Américains étudient le système MX de lanceurs mobiles[1]. On savait, *début 1980 au plus tard,* que, même si une décision à cet effet était immédiatement prise, le déploiement du MX commencerait vers 1985, et ne serait achevé que vers 1990. On est au printemps 1981, et aucune décision n'a encore été prise (outre les fortes réactions des habitants du Nevada et des environnementalistes, les militaires américains ne sont pas encore parvenus à choisir entre le MX et d'autres systèmes comparables, par exemple des navires mobiles). Mais cela n'est qu'un aspect secondaire de la question. En effet, il était clair dès 1977 au plus tard, que les Russes étaient en mesure de riposter par la simple augmentation du nombre de têtes nucléaires à tout accroisse-

1. Voir sur le système MX, chapitre I, p. 34. Cf. *Feld et Tsipis 1979,* qui considèrent que le système MX est une réponse inappropriée au problème posé par la vulnérabilité des Minuteman américains ; et Paul Antony, « Le missile MX, nouveau venu dans l'arsenal nucléaire », *La Recherche,* N° 110, avril 1980, p. 473-475.

ment du nombre de silos américains (le MX revient, en fait, à une augmentation du nombre de silos, et à l'incertitude pour l'attaquant sur la question de savoir lequel des silos est « plein » à un moment donné ; il y en a un sur vingt-trois). « L'installation d'un nombre plus grand d'ICBM américains serait peu efficace *(impratical),* car les Soviétiques pourraient ajouter, *pour une fraction du coût,* des têtes contre des objectifs durs beaucoup plus rapidement que nous ne pourrions construire des silos[1]. » Mais l'essentiel est ailleurs. Depuis le milieu des années 1970, les Russes possèdent *déjà* le lanceur SS-16, destiné à des missiles mobiles (on peut noter en passant leur énorme « retard » technologique), qu'ils ont accepté, pendant les négociations SALT II, de ne pas déployer (non pas par pacifisme, mais parce que la compatibilité de tels systèmes avec la « vérifiabilité », principe essentiel des SALT, n'est nullement évidente). Or, « des responsables haut placés du Pentagone craignent que si les États-Unis adoptent un programme comprenant des missiles balistiques inter-continentaux mobiles non-vérifiables, les Russes déploieront le SS-16 longtemps avant que nous ne soyons capables d'avoir en service un missile mobile à nous[2] ».

Il s'agissait de savoir si le rapport des forces était encore réversible. Tout laisse croire que, toutes choses égales d'ailleurs, il ne l'est plus. Attardons-nous un peu sur deux postulats proprement incroyables qui sous-tendent le plus souvent les discussions de l'évolution future de ce rapport sur l'hypothèse d'un réarmement américain.

Premièrement : si les États-Unis s'y décidaient vraiment, il leur suffirait de quelques mois pour rattraper la Russie, ou, du moins, redresser à un degré significatif le rapport des

1. *Collins 1978,* p. 51. Après discussion du problème d'une première frappe russe, Collins ajoutait : « En dernière analyse, cependant, la question n'est pas de savoir *si* les soviétiques pourront un jour détruire les ICBM américains, avec une première frappe, mais *quand* ils pourront atteindre cette capacité. » *(Ibid.,* p. 52). Cf. aussi *Feld et Tsipis* 1979.

2. *IHT,* 20.1.81, p. 3. Il existe déjà (depuis 1975) 60 missiles mobiles SS-16 russes produits, mais non déployés (« en magasin »), qui pourraient l'être si SALT II n'était pas ratifié. En outre, les IRBM SS-20, déjà déployés, sont mobiles ; ils peuvent être convertis en SS-16 intercontinentaux par addition d'un troisième étage. *Collins 1980,* p. 133.

forces. Cette idée est mise en avant par des gens qui mobilisent de vagues souvenirs, non réfléchis, de 1939-1941, sans voir que : 1°, même en 1939, il avait fallu à peu près deux ans aux États-Unis pour parvenir à un rythme vraiment important de production d'armements ; 2°, de tels délais avaient un sens dans la situation de l'époque, et n'en ont aucun aujourd'hui (confinée au niveau conventionnel ou même nucléaire limité aux armes de théâtre, une guerre en Europe ou dans la région du Golfe serait décidée en quelques jours ou en quelques semaines ; s'il y avait montée aux extrêmes nucléaires, l'unité significative de temps deviendrait l'heure). Dans une situation qui exclut même une mobilisation militaire, il est dérisoire de penser en termes d'une mobilisation industrielle étalée sur des mois et des années ; 3°, enfin, les délais pertinents pour la production de nouvelles armes tant soit peu importantes sont à présent de l'ordre de *cinq ans et plus.*

Deuxièmement : pendant que les Américains réarmeront, les Russes resteront les bras croisés. Il suffit d'énoncer l'idée pour en faire éclater l'absurdité. Absurdité qui n'est évidemment pas inconnue des dirigeants occidentaux – mais qui n'en continuent pas moins de faire l'impasse sur la question. Il faut dire qu'au point où ils en sont, on ne voit pas ce qu'ils pourraient faire d'autre[1].

La capacité matérielle, technique et économique des États-Unis de fabriquer des quantités énormes d'armes de toutes sortes ne fait pas de doute. Mais la question n'est pas là. Les armes ne servent à rien sans une politique et une stratégie – et c'est bien ce que les États-Unis semblent hors d'état de produire, pour des raisons profondes et durables. J'y reviendrai dans le Chapitre VI. Au niveau plus superficiel auquel nous discutons pour l'instant, les projets et les propositions de l'Administration Reagan ne changent pas grand-chose : ils ralentiront ou, au plus, arrêteront, la *modi-*

1. Un record a été battu à cet égard lors d'un Club de la Presse d'*Europe Nº 1,* le dimanche 19 octobre 1980, où M. Luns, Secrétaire général de l'OTAN, assurait les journalistes que son organisation fait ce qu'il faut pour répondre à la force russe *présente* en installant des armes nucléaires de théâtre *en 1984* ou plus, et où les journalistes se sont pieusement évertués à ne pas poser la question évidente : qu'est-ce qui vous fait croire que pendant ce temps les Russes ne feront rien pour conserver cette supériorité décisive déjà acquise ?

fication en cours du rapport des forces. Ils reviennent, en effet, à augmenter les dépenses militaires de 5 % par an environ, en « termes réels »[1]. C'est là, selon tout ce que l'on sait, ce que les Russes font *déjà*. Si, au départ, les Russes ont, comme tout le montre, une supériorité substantielle, une expansion de l'armement des deux super-puissances au même rythme les maintiendra dans le même rapport relatif, tout en creusant en faveur des Russes l'écart en termes absolus.

On pourrait certes dire – et on le dit souvent – que les Russes ne pourraient pas, pour des raisons « économiques », soutenir indéfiniment cette course, vu en particulier le ralentissement ou l'arrêt virtuel de la croissance de leur production pendant ces dernières années et ce qu'il laisse présager pour les années à venir. Au point de vue économique quantitatif, l'argument n'est pas convaincant. Si les dépenses militaires représentent 15 à 20 % du PNB, leur augmentation de 5 % par an peut être satisfaite par une croissance de 0,75 à 1 % par an du PNB, c'est-à-dire sans problème majeur. (Les objectifs officiels pour le XIe Plan russe, 1981-1985, comportent une croissance de 4,5 % environ par an – ce qui, bien entendu, ne veut rien dire). Certes, si ce ralentissement de la croissance russe s'avère durable (j'y reviendrai plus loin), le maintien du rythme actuel d'accroissement des dépenses militaires impliquerait une stagnation des autres utilisations du PNB, et en particulier du niveau de vie de la population. Celle-ci réagirait-elle, à la longue, autrement qu'elle ne l'a fait jusqu'ici – autrement que par l'apathie et le sabotage de la production ? Comment

1. Au moment où j'écris, les propositions de l'Administration Reagan ont l'air spectaculaires *(IHT*, 20.2.81). Les projets de l'ancienne Administration étaient de porter les dépenses militaires de quelque 143 milliards de dollars en 1980 à 293 milliards en 1986. Les propositions Reagan porteraient, si elles étaient adoptées par le Congrès (ce qui semble probable), les dépenses en 1986 à 356 milliards de dollars (je passe sur les années intermédiaires, pour lesquelles l'augmentation proposée est relativement moins forte). C'est une augmentation de 149 % en six ans – en termes *nominaux*. La hausse des prix est à présent aux États-Unis de quelque 11 % par an (10,7 % entre le quatrième trimestre 1979 et le quatrième trimestre 1980 ; *IHT*, 20.1.81, p. 7). A ce rythme, les prix auront augmenté de 87 % en six ans – et l'augmentation « réelle » des dépenses militaires aura été de 33 % – soit, 4,9 % par an. Certes, l'Administration Reagan prévoit que le taux d'inflation sera sensiblement réduit. C'est ce que prévoient aussi, depuis quatre ans en France, MM. Giscard et Barre. On verra bien.

les dirigeants se représentent-ils cette possibilité ? Quelles marges leur reste-t-il pour faire jouer la corde nationale et nationaliste, la menace du fauteur de guerre Reagan ? Visiblement, le problème n'est ni quantitatif ni économique.

*
**

On peut aller plus loin, et se demander ce qui se passerait si les États-Unis s'embarquaient dans un réarmement dépassant sensiblement le rythme envisagé actuellement. Trois points, étroitement liés du reste, semblent devoir être soulignés dans cette hypothèse. D'abord, une telle orientation américaine, avec tout ce qu'elle impliquerait par ailleurs (elle n'aurait guère de sens sans rétablissement de la conscription), semble politiquement et sociologiquement inconcevable dans les conditions présentes ; elle ne serait vraisemblable que dans le contexte d'une vague nationaliste et réactionnaire (et même autoritaire) dépassant de loin les homélies reaganesques et/ou dans le cas d'une action nouvelle et lourde des Russes (telle, peut-être, l'invasion de la Pologne). Ensuite, rien ne dit que les Russes seraient incapables d'y répondre en accélérant encore leur armement et en présentant à leur population l'éventuelle baisse du niveau de vie qui en résulterait comme la conséquence de l'attitude des fauteurs de guerre américains. Enfin, il est clair – comme n'importe quelle « colombe » le dirait, à juste titre, et comme cela ne manque pas d'être dit – qu'une telle politique américaine serait fortement « destabilisante », puisqu'elle placerait l'adversaire devant le dilemme : faire la guerre tout de suite – ou la faire plus tard, dans des conditions beaucoup moins favorables. Les « faucons » ont raison : vu les positions géo-stratégiques et socio-politiques des deux super-puissances, l'équilibre véritable exigerait une *supériorité* militaire américaine[1]. Mais les « colombes » ont

1. Ce n'est là qu'une autre manière d'exprimer ce que François de Rose a appelé l'« équilibre des déséquilibres », et qui se généralise immédiatement au plan mondial : étant donné qu'en aucun cas les Européens, ou l'OTAN en Europe, ne pourraient vraiment balancer les forces conventionnelles russes – pas plus que, maintenant ou jamais, les Américains ne pourraient contenir par des moyens conventionnels une éventuelle poussée russe vers le Golfe – le seul moyen d'« équilibrer » aurait été la suprématie nucléaire des Américains. Elle est, désormais, inaccessible.

aussi raison : toute tentative des États-Unis de retrouver maintenant cette supériorité perdue doit être vue par les Russes (sur les prémisses mêmes qui, d'après les « faucons », règlent le comportement de ceux-ci) comme un signal les invitant à surenchérir, sinon même à passer immédiatement à l'attaque. Telle est la situation dans laquelle la direction américaine s'est trouvée placée par une foule de facteurs, parmi lesquels les combines du génial tandem Nixon-Kissinger ne sont pas le moindre. Cette situation s'est en effet constituée, pour l'essentiel, entre 1968 et 1974 ; elle n'a fait que s'alourdir avec les incohérences de Carter. Mais il ne faut pas surestimer le rôle des non personnalités dans l'histoire. Nixon, Kissinger et Carter – comme Reagan, Giscard ou Mrs Thatcher – ne sont que des symptômes de la décomposition accélérée des sociétés occidentales.

⁂

4. Le rapport des forces vives

Les comptes de la quincaillerie militaire n'ont pas grande signification en eux-mêmes, et il n'est pas nécessaire d'expliquer longuement pourquoi. La comparaison terme à terme des différents matériels ne dit rien, non seulement parce qu'ils ne sont que rarement comparables de manière stricte, mais parce que seule leur utilisation combinée et intégrée fournit un test de la complémentarité nécessaire de leurs quantités et qualités, et surtout des capacités, des attitudes et des dispositions des hommes qui les utilisent. De test de ce genre, il n'y a jamais eu et il n'y aura jamais qu'un seul : le combat. Et un abîme sépare le combat réel des manœuvres en temps de paix, des *Kriegspiele* et des simulations sur ordinateur. Les experts essaient de construire des « indices globaux » : « puissance de feu », WEI/WUV *(weapons effectiveness index/weighted unit value,* indice d'efficacité des armes/valeur unitaire pondérée[1]), ICE (indices d'efficacité au combat), etc., ou de construire des analyses et des simulations « dynamiques ». C'est leur métier – mais ses résultats sont plus que douteux. Marathon et Platée, parmi

1. Voir *CBO 1977,* p. 53-63 et *Collins 1980,* p. 13 note 48.

mille autres exemples, avaient montré qu'une supériorité numérique écrasante n'est nullement décisive, comme la guerre du Vietnam a montré qu'une inimaginable différence des puissances de feu peut rester sans résultat stratégique. Pendant toutes les guerres arabo-israéliennes, la supériorité arabe en « puissance de feu » était de 4 à 1 ; et « avec la sorte d'estimations du rapport des forces qui ont été le plus en vue – qu'il s'agisse des comparaisons statiques des armes ou de simulations dynamiques de combat – les batailles historiques réelles seraient difficiles à expliquer. Sur la base de ces critères, la France et la Grande-Bretagne auraient dû vaincre facilement l'Allemagne en 1940[1]. »

Ce n'est pas seulement que les guerres sont faites par les hommes, non pas par les engins. Il est déjà assez frappant de voir les ravages de la mentalité technico-industrielle sur les discussions en cours : elles se déroulent la plupart du temps comme si les soldats n'étaient que des purs nombres[2]. Mais même cette critique est insuffisante. Les guerres ne se font pas entre hommes (pas plus qu'elles ne sont la confrontation de « deux volontés »). Les guerres se font entre sociétés globales. Elles dépassent le simple fait militaire même lorsqu'il s'agit de sociétés vivant sous le même type de régime social-historique ; infiniment plus, quand elles mettent aux prises des sociétés et des régimes différents. Lorsque l'Islam déferle sur l'Orient et la Méditerranée et qu'en l'espace d'un siècle quelques tribus arabes s'emparent des terres qui vont de l'Espagne aux confins de l'Inde et en assimilent les populations, le PNB des Arabes, leur technologie, leur « puissance de feu », leur nombre initial ou leur « degré de civilisation » sont sans rapport avec le résultat. C'est un autre – un nouveau – *type* de société, qui émerge, une nouvelle institution de la société, qui est créée, de nouvelles significations imaginaires sociales (religieuses) qui s'imposent, se traduisent et s'expriment historiquement par la guerre et la conquête et face auxquelles la société sassanide

1. *CBO 1977*, p. 50.

2. C'est le cas des discussions, par ailleurs excellentes, dans le document du *Congressional Budget Office* cité ici comme *CBO 1977.* Collins *(1980,* p. 97-101) aborde certains des facteurs relatifs au « personnel », mais sans dépasser les considérations habituelles sur les « capacités » et le « moral ».

comme la société wisigothe s'effondrent, la société byzantine recule et se maintient à grand-peine.

La confrontation entre la Russie et les États-Unis est une confrontation entre deux sociétés, entre deux régimes social-historiques. Cela, les deux régimes le proclament volontiers. Mais ces régimes ne sont pas ce pour quoi ils se donnent – pas plus qu'ils ne sont ce que les gens pensent, d'habitude, qu'ils sont. Impossible de comprendre quelque chose à cette confrontation, à ce qu'elle couve, à ce qu'elle met en jeu sans essayer de comprendre ce que ces deux régimes *sont,* et ce qu'ils *deviennent.*

Annexe I

Données numériques sur le rapport des forces mortes

TABLEAU A

Inventaire des forces mortes, 1980*

1. MISSILES STRATÉGIQUES

États-Unis

	Lanceurs	Têtes	Mégatonnage par tête[1]	Mégatonnage total
ICBM :				
Titan II (1962)	54	× 1 = 54	9	486
Minuteman II (1966)	450	× 1 = 450	1,5	675
Minuteman III (1970)	550	× 3 = 1 650	0,185	305,25
Total partiel	1 054	2 154		1 466,25
SLBM :				
Polaris A3 (1964)	160	× 1 = 160[2]	0,2	96
Poseidon C3 (1971)	448	× 10 = 4 480	0,05	224
Trident C4 (1980)	48	× 8 = 384	0,1	38,40
Total partiel	656	5 024		358,40
Total missiles stratégiques	1 710	7 178[3]		1 824,65

* Pour les sources, v. la note p. 88.

1. Le mégatonnage (rendement ou puissance, *yield*) par tête nucléaire n'est souvent connu que comme un intervalle de valeurs. Dans ces cas j'ai pris en compte la moyenne des valeurs extrêmes. Par exemple, le rendement des trois têtes du Minuteman III est donné par l'IISS comme « 170-200 KT » (et par Collins comme « 170 KT environ »). J'ai pris 0,185 MT (= 185 KT).

2. Les Polaris A 3 et les SS-11 Mod 3 russes possèdent trois têtes (200 KT chacune) non indépendantes (MRV). Ils sont comptés ici (suivant Collins, p. 445-446 et IISS,

Russie[4]

	Hypothèse (A)				Hypothèse (B)		
	Lanceurs	Têtes	MT/tête	MT total	Têtes	MT/tête	MT total
ICBM							
SS-11 (1966)	580	× 1 = 580	1,5	870	× 1 = 580[2]	0,6	348
SS-13 (1968)	60	× 1 = 60	1	60	× 1 = 60	1	60
SS-17 (1975)	150	× 1 = 150	5	750	× 4 = 600	0,9	540
SS-18 (1975)	308	× 1 = 308	21,5	6 622	× 8 = 2 464	2	4 928
SS-19 (1975)	300	× 1 = 300	5	1 500	× 6 = 1 800	0,55	990
Total partiel	1 398	1 398		9 802	5 504		6 856
SLBM							
SS-N-5 (1964)	60	× 1 = 60	1,5	90	× 1 = 60	1,5	90
SS-N-6 (1969)	469	× 1 = 469	1,5	703,5	× 2 = 938	0,1(?)	93,8
SS-N-8 (1972)	302	× 1 = 302	1,5	453	× 1 = 302	1,5	453
SS-NX-17 (1977)	12	× 1 = 12	1(?)	12	× 1 = 12	1(?)	12
SS-N-18 (1978)	160	× 3 = 480	1,5	720	× 3 = 480	1,5	720
Total partiel	1 003	1 323		1 978,5	1 792		1 368,8
Total missiles stratégiques	2 401[5]	2 721		11 780,5	7 296		8 226,8

p. 119) comme s'ils ne comportaient qu'une seule tête, à rendement égal à la somme de celui des trois têtes existantes. La question a peu d'importance, ces engins étant en train d'être retirés de part et d'autre.

3. Collins (p. 564 et 567) donne (pour 1979) 7 274 têtes. IISS donne (pour juillet 1980) un total de 7 301 têtes, *incluant les armes sur bombardiers stratégiques,* « 364 têtes de moins que l'année dernière » (p. 3). Il attribue la réduction par rapport à l'année dernière au retrait d'un certain nombre de Polaris et de B-52. Le chiffre implicitement donné pour 1979 est donc de 7 301 + 364 = 7 665 têtes. Si on y ajoute les 384 Trident, déployés pour la première fois en 1980, on arrive à un total de 7 665 + 384 = 8 049 têtes qui auraient existé en 1980, si aucun retrait n'avait eu lieu. Il en résulte qu'il y aurait eu, de 1979 à 1980, 8 049 – 7 301 = 748 retraits, chiffre qu'on ne peut pas faire correspondre à des retraits de Polaris (480 têtes au total) et de B–52 (dont la diminution a été de 27 unités de 1979 à 1980, IISS p. 90.). De toute façon, il semble bien que le nombre total de 7 301 « têtes » donné par l'IISS résulte de l'addition de têtes sur missiles et de bombardiers, ce qui n'a guère de sens. Collins (p. 455, note 4) prend comme charge moyenne deux bombes et deux SRAM par FB-111 et 1,6 bombe et 3,84 SRAM par B-52. Le SRAM est un missile air-sol de 160 km de portée et de 200 KT de rendement.

4. Les missiles russes existent souvent en plusieurs versions ; par exemple, le SS-17 existe en version mirvée (4 têtes de 900 KT) et non mirvée (1 × 1 MT). Dans le tableau, l'« Hypothèse A » correspond aux versions non mirvées (ce qui donne un mégatonnage maximal), et l'« Hypothèse B » aux versions mirvées (ce qui donne un mégatonnage moindre). Il m'a paru utile de faire les calculs séparément dans les deux cas : la conversion d'un type à l'autre est toujours possible ; et, plus important, le mirvage des ICBM est invérifiable.

5. Sauf distraction de ma part, je ne vois pas comment l'IISS arrive (p. 4) à un total de « vecteurs stratégiques de livraison nucléaire » de 2 488 ; ce chiffre ne correspond

Collins [1]

	Lanceurs	Têtes	Mégatonnage par tête	Mégatonnage total
ICBM :				
SS-11	580	× 1 = 580	0,75	445
SS-13	60	× 1 = 60	0,60	36
SS-17 Mod. 1	120	× 4 = 480	0,75	360
SS-17 Mod. 2	30	× 1 = 30	6,0	180
SS-18 Mod. (2 et 4)	308	× 8 = 2 464	0,70	1 724,8
SS-19 Mod. 1	210	× 6 = 1 260	0,55	693
SS-19 Mod. 2	90	× 1 = 90	10	900
Total	1 398	4 964		4 338,80
SLBM :				
SS-N-5	60	× 1 = 60	1,5	90
SS-N-6	469	× 1 = 469	2,25	1 055,25
SS-N-8	302	× 1 = 302	0,75	226,50
SS-NX-17	12	× 1 = 12	0,50	6
SS-N-18	160	× 3 = 480	1	480
Total	1 003	1 323		1 857,75
Total général	2 401	6 287		6 196,55

ni au détail des données pp. 9-10 et 88-91 sur lesquelles est basé ici le Tableau A ; ni avec le total de 2 582 lanceurs (comprenant les bombardiers) du Tableau « *Historical Changes in Launcher Strength* » (p. 91).

1. Collins, p. 443-453 : données de 1979, complétées par moi, à partir des chiffres de l'IISS, pour 1980. J'ai supposé, extrapolant la tendance depuis 1978 (Collins, p. 445, note 6) que les 10 SS-17 et les 60 SS-19 déployés en 1980 sont non mirvés, et que les 68 SS-18 déployés en 1980 sont non mirvés, de même que les 26 (sur 240) qui restaient encore non mirvés en 1979. – C'est le nombre de têtes ressortant de ce Tableau (6 287) que j'utilise, dans le texte et plus loin (Tableau B). L'IISS estime (p. 4) que « le remplacement des SS-11 par les SS-19 et l'accroissement du nombre des SS-18 pourrait *« Could potentially ? »)* aboutir à un accroissement d'environ 10 % du nombre de têtes des ICBM, portant le total général des têtes à environ 6 000, soit 1 500 de moins que le total des 7 500 têtes que l'on prévoit pour 1985 environ. « Dans la réalité, il y avait déjà en 1979 5 615 têtes (Collins, p. 444 et p. 449) et il y a bel et bien eu en 1980, d'après l'IISS lui-même, déploiement de 10 SS-17, 60 SS-19 et 68 SS-18 ; rien que ces derniers (à huit têtes par lanceur ; ils ont été testés avec 10) donnent 544 nouvelles têtes pour 1980, *actually* et non *potentially.*

2. AVIATION STRATÉGIQUE ET MOYENNE

	États-Unis			Russie	
Bombardiers lourds[1]	Nombre	Charge en armes[2] (milliers de livres)		Nombre	Charge en armes[2] (milliers de livres)
B-52D (1956)	75	9 500	Tu-95 Bear (1956)	113	4 520
B-52G (1959)	151	10 570	Myu-4 Bison (1956)	43	860
B-52H (1962)	90	6 300			
Total	316	21 370	Total	156	5 380
Bombardiers moyens					
FB-111A (1969)	65	2 437,5	Tu-16 (1959)	568	11 360
			Tu-22 (1962)	165	1 980
			Tu-22M/-26 Backfire (1972)	145	2 537,5
Total général	381	23 807,5	Total	878	15 877,5
			Total général	1 034	21 257,5
Capacité présumée en armes nucléaires (bombes et SAM)[3].		1 946			1 179 (?)
Missiles de défense stratégique (lanceurs)					
Néant			(SA-1, SA-2, SA-3, SA-5, SA-10)	9 300 à 10 000	

1. Service actif seulement. En juin 1979, les États-Unis possédaient au total 573 bombardiers lourds ; la plus grande partie de la différence était formée par 253 B-52 « au frigo ». Collins donne 140 bombardiers lourds pour les Russes en 1979 (p. 455). Ils en admettaient eux mêmes 156 – chiffre également donné par l'IISS.

2. Donnée à titre indicatif (vu la variété et l'hétérogénéité des assortiments de bombes et missiles air-sol que peut emporter un bombardier), d'après les caractéristiques fournies par l'IISS (p. 90-91).

3. Chiffres purement indicatifs, puisque les charges effectives peuvent varier selon la mission (cf. note précédante). Calculs d'après Collins (p. 455, note 4), supposant pour les bombardiers russes une bombe par appareil et deux missiles air-sol pour le Backfire.

3. MISSILES INTERMÉDIAIRES ET ARMES NUCLÉAIRES TACTIQUES

États-Unis		*Russie*				
Missiles intermédiaires			Lanceurs	Têtes	MT/tête	MT/total
Néant		SS-5 (1961)	60	× 1 = 60	1	60
		SS-20 (1977)	160	× 3 = 480	0,15	72
		Total	220	540		132

Missiles tactiques (SRBM)

Pershing (1962)	164	SS-1b, SS-1c, Frog-7, SS-12 (1957-1969), en cours de remplacement par les :	1 300
Lance (1972)	62	SS-21, SS-22, SS-23 (1978-1980)	
Total	226	GLCM : SS-N-3 (1962)	100

ALCM et ALBM

Hound Dog (1961)	400	AS-3 (1961)	n. d.
SRAM (1972)	1 250	AS-4 (1962)	800
		AS-6 (1977)	n. d.

Artillerie à capacité nucléaire

M-110, 203 mm (1962)	215	S-23, 180 mm (1950-1955)	n. d.
M-109, 155 mm (1964)	300		

4. AVIATION

Avions de combat (bombardiers stratégiques et moyens exclus)

États-Unis		*Russie*	
Interception NORAD	327	PVO-Strany	2 600
Armée de terre	550	Marine	775
Marine	1 200	Aviation	5 000
Marines	416		
Aviation	3 700		
Garde-côtes	50		
Total	6 243		8 375

Hélicoptères

Armée de terre	8 055	Marine	250
Marine	114 (?)	Aviation	3 200
Marines	456		3 450 ?[1]
Aviation	327		8 000 ?
Garde-côtes	120		
Total	9 072		

5. MARINE

	États-Unis	*Russie*
S/s marins porteurs de SLBM	41	71
S/s marins d'attaque		
nucléaires	74	91
diesel	5	166
Porte-avions		
nucléaires	3	2
conventionnels	11	
Porte-hélicoptères	12	2
Navires de combat (surface)	177[2]	285

6. ENGINS TERRESTRES

	États-Unis	*Russie*
chars, toutes catégories :	12 900	50 000 +
Véhicules de combat	22 950	62 000 +
Artillerie et mortiers	18 230 +	40 700 +
Lanceurs de missiles guidés anti-chars[3]	15 495	22 500
Défense tactique anti-aérienne :		
lanceurs SAM[3]	1 182	3 300
artillerie anti-aérienne[3]	(555?)	8 700

1. Il ne semble pas que les données fournies par l'IISS, qui aboutissent à un total de 3 450 appareils, ou celles de Collins (p. 562-589), qui donne 5 855 hélicoptères pour les forces américaines et 2 860 pour les forces russes, soient complètes. Le chiffre de 8 000 est donné par John Erickson, *in Lellouche 1980*, p. 91.

2. L'IISS indique un total de *« 173 major combat surface ships »*, mais le détail, *ib.*, fournit 14 porte-avions et 177 autres navires de combat de surface (sans compter les 12 porte-hélicoptères). Le compte est cohérent pour la marine russe (2 porte-avions + 2 porte-hélicoptères + 285 autres navires de combat de surface = 289, p. 11).

3. Collins, p. 473-475, p. 477, p. 481. Je ne comprends pas le chiffre donné par l'IISS (p. 6) de « quelque 20 000 canons anti-aériens Vulcan de 20 mm », venant après « 600 canons de 20 mm et 40 mm tirés et auto-tractés ». Collins donne 555 Vulcan tirés et auto-tractés, p. 475.

7. PERSONNELS

(Militaires, milliers ; femmes non comprises pour les États-Unis)

		États-Unis	*Russie*
Forces stratégiques nucléaires[1]		0	930[2]
Armée de terre		717	1 825
Marine		506	433
Marines		184	–
Aviation		502	475
Gardes-côtes		37	–
Forces para-militaires		0	460[3]
Total		1 946[4]	4 133[4]
Réserves	836		
Quasi-réserves[5]	1 627	2 463	9 221[6]

1. Les hommes affectés aux forces nucléaires stratégiques sont répartis entre les différentes armes dans le cas des États-Unis, mais forment des services à part dans le cas de la Russie (SFR, PVO-Strany et LRAF).

2. Non compris 50 000 « civils ».

3. Troupes frontières du KGB (200 000) et intérieures du MVD (260 000). Leur armement comprend des chars, des véhicules blindés de combat, des bateaux, des avions et des canons auto-tractés.

4. Non compris 137 000 femmes dans le cas des États-Unis. L'IISS donne, comme totaux, 2 050 000 pour les États-Unis dont 150 000 femmes, et 3 658 000 pour la Russie. Je trouve, dans le détail de ses chiffres, 2 046 000 dont 137 000 femmes + 1 909 000 pour les États-Unis, et 3 673 000 pour la Russie.

5. « Some reserve obligation », d'après le IISS.

6. D'après l'IISS « les réserves totales pourraient être de 25 000 000, dont quelque 5 000 000 ont fait leur service pendant les cinq dernières années ». (p. 12) Cela impliquerait, en gros, des classes d'âge mâles aptes pour le service à l'âge de l'appel de l'ordre de 1 000 000 (pour une population totale de 265 millions, soit quelque 130 millions de mâles) ce qui est tout à fait invraisemblable. Les données de Collins (p. 89) de 9 221 000 conscrits russes libérés entre 1975 et 1979 sont beaucoup plus plausibles. Il faut ajouter, évidemment, que cette limitation des « réserves » aux cinq dernières classes, tout à fait arbitraire, sous-estime considérablement le réservoir russe de personnel ayant subi un entraînement militaire. L'armée américaine est formée de volontaires depuis 1971.

Sources

Les données sont, pour l'essentiel, tirées de la dernière édition (septembre 1980) de la publication annuelle de l'*International Institute for Strategic Studies,* de Londres *Military Balance 1980-1981,* Arms and Armour Press, Londres, 1980, p. 3-12, p. 88-91, p. 116-119. Dans certains cas, indiqués en note, j'ai utilisé les données fournies par John M. Collins, *U.S.-Soviet Military Balance, Concepts and Capabilities 1960-1980,* McGraw-Hill, s. l., 1980, p. 425-589. Les données de l'IISS se rapportent à l'état des forces en juillet 1980. Collins s'arrête en 1979.

Le travail de l'IISS est réputé pour son objectivité et sa rigueur. J'ai cru y repérer quelques inconsistances mineures, inévitables s'agissant d'une matière à la fois si vaste et si fluide. Elles concernent surtout des différences entre les sommes des données partielles et les totaux généraux. Ce sont les premières, en général, qui sont utilisées ici. Dans quelques autres cas, rares, j'ai préféré les données de Collins – soit que celles de l'IISS m'aient semblé manifestement improbables (par exemple, le chiffre des réserves russes), soit que, se rapportant à des chiffres américains officiels (que Collins connaît littéralement par cœur), elles peuvent difficilement être contestées.

La question de la fiabilité de ces données, si importante autrefois (on se rappelle le *missile gap* mythique inventé par les services américains autour de 1960) a perdu beaucoup de son acuité. Pour la plupart des matériels, les photographies par satellite (qui repèrent des objets de quelques mètres de dimension) fournissent des informations quantitatives et, jusqu'à un certain point, qualitatives à peu près certaines. Pour la plupart des données nucléaires stratégiques, il y a la confirmation officielle russe (en fonction des discussions et des accords SALT). De nombreux autres matériels russes sont connus et ont été disséqués par les services américains à différentes occasions (guerre israelo-arabe de 1973-1974, défections russes, armes russes vendues à des pays tiers). Certes, ce que l'on possède finalement est un ensemble de données « préparées » par les services américains (avec les biais que l'on connait – mais qui, contrairement à ce que l'on pense d'habitude, ne sont nullement à sens unique), et qui exclut les informations « secrètes » *(classified).* L'âpreté et la continuité des discussions publiques sur ces questions aux États-Unis depuis de longues années et la richesse de la documentation contradictoire (rien que les nombreux volumes annuels de ses *hearings* publiés par le Congrès et ses différentes commissions fournissent une information sur les affaires publiques inimaginable dans l'Europe d'aujourd'hui) permettent à l'observateur qui veut s'en donner la peine de former son opinion sans être prisonnier des biais des différentes sources. Pour le reste, ici comme partout, il n'y a pas de substitut au jugement.

Note ajoutée sur épreuves (cf. p. 69 *supra*).

Le lanceur *Trident* I *C*-4 a été installé sur les sous-marins américains de la classe *Lafayette* (16 lanceurs par sous-marin, à 8 têtes par lanceur). Mais il est destiné aux nouveaux sous-marins de la classe *Ohio,* qui devaient en emporter 24 chacun. Or ceux-ci ont plus de 32 mois de retard (à cause, sans doute, de l'avance technologique des États-Unis) et il est sérieusement question de renoncer à leur fabrication. V. *IHT* 26.11.80, démenti le 27.11.80, démenti du démenti le 4.12.80, nouveaux retards le 30.12.80, le 14-15.3.81, risques d'annulation de toute la fabrication le 20.3.81.

TABLEAU B

Rapports quantitatifs bruts

RUSSIE/ÉTATS-UNIS

1. Lanceurs stratégiques (2 401/1 701)	1,412
2. Têtes nucléaires sur missiles[1] (6 287/7 178)	0,876
3. Mégatonnes sur missiles[1] (6 197/1 824)	3,395
4. Bombardiers lourds (156/316)	0,494
5. Bombardiers moyens (878/65)	13,508
6. Capacité de charge en armes des bombardiers (poids) (21 258/23 808)	0,893
7. Capacité des bombardiers en têtes nucléaires (1 179/1 946)	0,606
8. Missiles défensifs stratégiques[2]	R
9. Missiles intermédiaires	R
10. Missiles à courte portée (SRBM) (1 400/226)	6,195
11. ALCM et ALBM[3]	..
12. Artillerie à capacité nucléaire	..
13. Avions de combat (8 375/6 243)	1,342
14. Hélicoptères (8 000/9 072)	0,882 (?)
15. Sous-marins à SLBM (71/41)	1,732
16. Sous-marins d'attaque nucléaires (91/74)	1,230
17. Sous-marins d'attaque diesel	R
18. Porte-avions nucléaires (2/3)	0,667
19. Porte-avions conventionnels	EU
20. Porte-hélicoptères (2/12)	0,167
21. Navires de combat, surface[4] (285 × 1 960/177 × 8 434)	0,374
22. Chars (50 000 +/12 900)	3,876 +
23. Véhicules de combat (62 000 +/22 950)	2,702 +
24. Artillerie et mortiers (40 700 +/18 230)	2,233 +
25. Lanceurs de missiles guidés anti-chars (22 500/15 495)	1,452
26. Lanceurs SAM (3 300/1 182)	2,792
27. Satellites artificiels lancés 1975-1979 (451-91)	4,956
28. Personnel actif (4 133 000/1 946 000)	2.124
29. Réserves (9 221 000 +/2 453 000)	3,759 +

1. Données du Tableau A, Collins.

2. Le sigle R ou EU indique qu'un seul des pays (la Russie, ou les États-Unis) possède le type d'équipement considéré, sans équivalent chez l'autre.

3. Le signe .. signifie : données inconnues, incertaines ou apparemment beaucoup plus incomparables que les autres.

4. Nombre de navires de combat d'après le Tableau A, pondéré par le tonnage moyen des constructions respectives de navires de guerre pendant la période 1966-1976 (8 434 tonnes pour les États-Unis, 1 960 tonnes pour la Russie : Cordesman in *Collins 1978,* p. 183). Le tonnage russe, qui a probablement augmenté en moyenne ces quatre dernières années, est peut-être sous-estimé.

Commentaire du tableau B

Je rappelle les réserves de tous ordres qui doivent être faites sur ce genre de comparaison, et qui sont abondamment formulées dans le texte du Chapitre II. Ces réserves étant élevées à la nième puissance, et à titre purement illustratif, on peut toujours calculer une moyenne géométrique de ces rapports. (La moyenne géométrique est préférable à la moyenne arithmétique, car elle modère l'influence des valeurs extrêmes sur le résultat.) Pour les 23 composantes du Tableau B (sur 29) pour lesquelles j'ai cru pouvoir chiffrer un rapport, cette moyenne géométrique est de $(37\,108)^{1/23}$, soit de 1,58. Cet indice de « supériorité quantitative globale brute » du stock russe d'armements et équipements sur le stock américain ne signifie presque rien du point de vue militaire. Par contre, il fournit un point de repère quant aux implications « économiques » et productives de l'armement russe. Je considère cet indice plus fiable et plus solide que les divers calculs du « PNB russe », des « dépenses militaires », etc. A cet égard, l'inclusion du nombre de soldats, etc., correspond, évidemment, aux équipements et matériels de tous ordres proportionnels à ce nombre. Il se peut que l'entretien d'un soldat russe coûte un cinquième de l'entretien d'un soldat américain ; mais un fusil russe n'est pas un cinquième d'un fusil américain.

Annexe II

Théâtre européen : armes nucléaires (vecteurs de longue et moyenne portée)

	Vecteurs	Têtes disponibles	Têtes parvenant à destination
Russie			
Missiles balistiques	1 319	1026	533
Missiles délivrés à partir d'avions	3 993	955	279
Total	5 312	1 981	812
OTAN			
Missiles balistiques	342	242	145
Missiles délivrés à partir d'avions	1 170	526	122
Total	1 512	768	267
Poseidon C-3 à la disposition de SACEUR	–	400	288
Total avec les Poseidon C-3	–	1 168	555

Source : IISS 1980, pp. 116-119.

En plus des systèmes russes énumérés ci-dessus, l'IISS compte à l'actif du Pacte de Varsovie 18 missiles à courte portée (300 km) *Scud B* opérés par la R.D.A. Je les ai omis.

Dans les systèmes OTAN sont inclus tous les systèmes français (terrestres et sous-marins). Les pays qui les opèrent comprennent, outre les États-Unis, la Grande-Bretagne, la R.F.A., l'Italie, les Pays-Bas, la Belgique, la Grèce et la Turquie. Il est permis de penser que la coordination de tirs nucléaires de la part de ces pays ne serait pas, le cas échéant, rigoureusement automatique et que, dans cette mesure, et face au monopole de décision, de commandement, et des armes vraiment importantes qui est celui des Russes dans le Pacte de Varsovie, le Tableau de l'IISS présente une image quelque peu fictive du vrai rapport des armes nucléaires « de théâtre » en Europe.

Les vecteurs « stratégiques » russes et américains ne sont pas compris dans ce compte, – à l'exception des 60 SLBM russes SS-N-5 *Serb,* et d'un nombre de Poseidon C-3 américains (comptés dans les accords SALT), supposés être à la disposition du SACEUR (*Supreme Allied Commander Europe).*

On constatera que même avec l'inclusion des *Poseidon C-3,* les Russes surclassent l'OTAN dans la proportion de 1,696 : 1 pour les têtes disponibles, et de 1,463 : 1 pour les têtes parvenant à destination. (Le calcul de ces dernières par l'IISS vise à tenir compte de la « survivabilité », « fiabilité » et « capacité de pénétration » des différents systèmes.) De telles proportions peuvent être critiques, quel que soit le scénario que l'on veut imaginer. En tout cas, elles donnent aux Russes la possibilité d'une première frappe, et l'interdisent, sous peine de suicide, à l'OTAN (au niveau de *ces* forces, certes, c'est-à-dire compte non tenu des forces « stratégiques »).

On constatera aussi qu'à suivre l'IISS, il n'y a pas de différence « qualitative » significative entre les deux camps – ou, s'il y en a une, elle est plutôt en faveur des Russes. En effet, les têtes parvenant à destination représentent 52 % des têtes disponibles sur missiles balistiques et 29 % de celles délivrées à partir d'avions dans le cas des Russes, contre 60 % et 23 % respectivement dans le cas de l'OTAN. Encore le premier chiffre est en train de changer rapidement, au fur et à mesure que les Russes remplacent par le SS-20 (pour lequel cette proportion atteint 72 %) des systèmes plus anciens encore en service.

On constatera enfin, à partir de ces mêmes pourcentages, l'infériorité considérable de l'aviation en matière de pénétration – et les doutes que soulève l'inclusion habituelle parmi les forces stratégiques américaines des vénérables B-52.

L'IISS fait abstraction, dans ce calcul, des systèmes russes estimés être déployés contre la Chine, qui donc ne sont pas inclus dans ces chiffres (un tiers des SS-20, un autre tiers étant situés dans une *swing zone* et pouvant être utilisés soit contre l'Europe soit contre la Chine, et 25 % des avions).

Note ajoutée sur épreuves. Les chiffres de l'IISS (sept. 80) sont déjà dépassés. Les Russes ont maintenant 220 SS-20 déployés (*Le Monde,* 10.4.81, p. 3) et non 160. Cela augmente d'une centaine leurs « têtes parvenant à destination ».

Annexe III

Mégatonnage, précision et léthalité

Si une puissance nucléaire, dans un mouvement d'humeur, voulait détruire Paris en y expédiant 10 ou 25 MT (un Titan II ou un SS-19 Mod 1), elle devrait évidemment viser l'Obélisque de la place de la Concorde. Mais si, pour des raisons quelconques, le missile tombait à 3 km de là, à Montrouge ou à Saint-Denis, Paris serait quand même détruit et une bonne partie (en fait, la totalité) de la région parisienne aussi.

Il en va autrement si une puissance nucléaire veut détruire les silos de lancement d'une autre (frappe antiforces). Ceux-ci sont enfouis sous terre et construits en matériaux renforcés. Leur destruction dépend de trois facteurs : la résistance (solidité) du silo lui même ; la précision du tir ; la puissance (rendement, *yield*) de la tête nucléaire. Celle-ci agit par le souffle de l'explosion (onde de choc de l'air créée par la température de plusieurs millions de degrés centigrade au voisinage immédiat de l'explosion, engendrant, à ce voisinage, des pressions de l'ordre de 7 tonnes par cm carré), par l'effet thermique et par l'effet radio-actif. Seul le premier effet importe pour ce qui est de la destruction des silos.

Aucun silo construit à ce jour ne peut résister à des pressions de 7 tonnes par cm^2. Mais ces pressions décroissent très rapidement avec la distance du centre de l'explosion. Les techniciens définissent la *léthalité* K (capacité de destruction d'un objectif « renforcé ») comme proportionnelle à la puissance 2/3 du rendement (soit du mégatonnage) et inversement proportionnelle au carré de l'écart circulaire probable. L'écart circulaire probable est le rayon du cercle à l'intérieur duquel atterrissent la moitié des missiles de la catégorie considérée. Autrement dit,

$$K = \frac{(MT)^{2/3}}{(ECP)^2}$$

On voit sur la formule que K est beaucoup plus sensible à une augmentation de la précision (diminution de l'ECP) qu'à une augmentation du mégatonnage. La multiplication du mégatonnage par 8 augmente K de 4 fois. L'augmentation de la précision (réduction de l'ECP) par le même facteur augmente K de 64 fois. (*Collins 1978*, p. 50). Mais une différence d'une autre nature – de celles qui conduisent si souvent les polytechniciens à la ruine – existe entre les deux. Sur le papier, deux symboles dans une formule ont « même valeur » : le carré de l'un est « homogène » à la puissance (2/3) de l'autre. Dans la réalité, il y a un grain de sable : on connaît le mégatonnage avec précision, et les conditions dans lesquelles on le mesure « expérimentalement » (essais) ne diffèrent pas appréciablement de celles dans lesquelles il développera effectivement, le moment venu, sa puissance explosive. Mais les conditions « expérimentales » dans lesquelles on mesure la « précision » d'un missile diffèrent nécessairement de beaucoup de celles de son utilisation effective.

Cette utilisation aura lieu sur des trajectoires qui, par hypothèse, ne sont pas expérimentalement testables. (Les Américains testent leurs missiles sur le parcours de la Californie du Sud aux Iles Marshall ; les Russes, du nord de la Russie au Kamchatka ou au Pacifique nord. Curieusement, il n'a pas été proposé dans les accords SALT de permettre les tests sur le parcours Washington-Moscou et retour). Or une foule de facteurs imprévisibles et/ou incontrôlables (petites variations locales du champ gravitationnel de la terre, vents dans la haute atmosphère et autres) peuvent facilement provoquer des déviations du missile par rapport à sa trajectoire prévue. Ces déviations seraient sans importance, consolons-nous, s'il s'agissait de détruire un objectif étendu, comme une ville ou même un terrain d'aviation, mais peuvent être décisives lorsqu'il s'agit de détruire une cible ponctuelle. (Voir *Tsipis 1975,* en particulier p. 19 ; *Feld et Tsipis 1979,* p. 48-49 ; Andrew Cockburn et Alexander Cockburn, « The Myth of Missile Accuracy », *NYR of B,* 20-11-80 ; Alain Dupas, *La Recherche,* n° 120, mars 1981, p. 382-383). Des dispositifs visant à doter les missiles de mécanismes de correction de trajectoire et d'auto-guidage après leur détachement de la fusée porteuse sont étudiés et développés depuis des années (voir *Tsipis 1975).* Des contre-dispositifs plus faciles à réaliser et beaucoup moins chers sont également réalisables. Cependant l'exaltation (le délire ?) technologique continue : les Américains espèrent (assurent) que les têtes Mark 12 A de 335 KT, montées sur le MX, avec une ECP de 90 mètres, auront 99,9 % de chances de détruire le silo russe visé. (*Collins 1980,* p. 136, note 28). On crédite les SS-18 et SS-19 russes avec des ECP de 180 mètres – mais selon d'autres sources, ces rapports sont « prématurés » (*ibid.,* note 30).

Il se trouve que les subtils Américains ont préféré, depuis

longtemps, mettre l'accent sur la précision – cependant que les Russes, grossiers comme toujours, ont commencé par se doter de mégatonnages considérables. Ainsi, les trois têtes du Minuteman III avec leurs 170 KT chacune et un ECP de 360 mètres (à l'époque) avaient une léthalité légèrement supérieure à celle du SS-9 russe, de 20 MT de rendement mais de 1 800 mètres d'ECP. Il se trouve aussi, cependant, comme le remarquent les Cockburn dans l'article cité, que prétendre à une précision de 180 mètres à une distance de 10 000 km équivaut à exiger d'un canon qu'à son premier tir il plante son obus à un mètre de distance d'une cible située à 50 km.

Il se trouve surtout que les Russes, après avoir accumulé un mégatonnage plusieurs fois supérieur à celui des Américains, ont commencé aussi à viser des précisions de plus en plus poussées. Les SS-18 Mod 4 et SS-19 Mod 2 russes ont des ECP de 250 mètres, très proches des 215 mètres du Minuteman III ; mais, avec des rendements totaux de 5 et 10 MT respectivement, des léthalités considérablement supérieures. (Basé sur les données de *Collins 1980,* p. 446). En fait, la léthalité d'un SS-19 Mod 4 doit être d'environ 4 fois supérieure à celle d'un Minuteman III.

Tout indique que les Russes atteindront très bientôt des précisions équivalentes à celles des Américains (voir les tableaux dans *Collins 1980,* p. 446, 452, 461). Il restera la différence des mégatonnages, dont le rapport est (Annexe I, Tableau B) de l'ordre de 3,4 à 1. A ECP égal, cela confère aux Russes une léthalité supérieure à celle des Américains de $(3{,}4)^{2/3} = 2{,}25$. Certes, lorsque les Américains et les Russes atteindront la précision absolue (ECP = 0) la léthalité de leurs missiles sera, théoriquement, infinie pour les deux, donc égale. Il restera toujours l'incertitude affectant la précision, et la certitude du mégatonnage.

Il faut enfin noter que la proportion des têtes sur ICBM (basées à terre) sur le total des têtes russes est de loin supérieure (79 %) à celle des américaines (30 %). Les SLBM, pour lesquels les précisions de tir sont jusqu'ici inférieures, représentent 70 % des têtes américaines, et seulement 21 % des têtes russes.

longtemps, mettre l'accent sur la précision – considérant que les Russes, eux, comme toujours, ont commencé par se doter de mégatonnages considérables. Ainsi, les trois têtes du Minuteman III avec leurs 170 KT chacune et un ECP de 350 mètres (à l'époque) avaient une létalité légèrement supérieure à celle du SS-9 russe, de 20 MT de rendement mais de 1 800 mètres d'ECP. Il se trouve pourtant cependant, comme le remarquent les Cockburn dans l'article cité, que prétendre à une précision de 180 mètres à une distance de 10 000 km équivaut à exiger d'un canon qu'à son premier tir il place son obus à un mètre de distance d'une cible située à 38 cm.

Il se trouve surtout que les Russes, après avoir accumulé un mégatonnage plusieurs fois supérieur à celui des Américains, ont commencé aussi à viser des précisions de plus en plus poussées. Les SS-18 Mod. 4 et SS-19 Mod. 2 russes ont des ECP de 270 mètres, au lieu des 335 mètres du Minuteman III, mais avec des rendements unitaires de 1 et 10 MT respectivement, des létalités considérablement supérieures. (Basé sur les données de Collins 1980, p. 450). En fait, la létalité d'un SS-19 Mod. 4 doit être d'environ 6 fois supérieure à celle d'un Minuteman III.

Tout indique que les Russes atteindront bientôt des précisions équivalentes à celles des Américains (voir les tableaux dans Collins 1980, p. 449, 452, 453). Il restera la différence des mégatonnages, dont le rapport est (Annexe 1, Tableau 10) de l'ordre de 3,4 à 1. À ECP égal, cela confère aux Russes une létalité supérieure à celle des Américains de $(3,4)^{2/3} = 2,25$. Certes, lorsque les Américains et les Russes atteindront la précision absolue (ECP = 0) la létalité de leurs missiles sera, théoriquement, infinie pour les deux, donc égale. Il restera toujours l'incertitude affectant la précision, et la certitude du mégatonnage.

Il faut enfin noter que la proportion des têtes sur ICBM (basées à terre) sur le total des têtes russes est de loin supérieure (75 %) à celle des américaines (20 %). Les SLBM, pour lesquels les précisions de tir sont beaucoup inférieures, représentent 70 % des têtes américaines et seulement 21 % des têtes russes.

CHAPITRE III

Derrière les phénomènes : la stratocratie russe

Il existe une opposition essentielle entre le régime russe et les régimes occidentaux. Ceux-ci se trouvent à une étape de leur évolution où leur fonctionnement n'exige plus une extension territoriale de la domination – et encore moins, une domination territoriale directe – mais peut se satisfaire du maintien du *statu quo*. Si tel est le cas, c'est qu'au total ce *statu quo* est satisfaisant, pragmatiquement parlant, tant pour les couches dominantes que pour la majorité des populations des pays occidentaux. Que pour ces dernières il s'agisse, ou non, d'une acceptation fondée sur des illusions traduisant leur aliénation, ou imposée par la manipulation, n'est pas la question discutée ici.

A cela s'ajoute une deuxième considération : toute politique d'extension territoriale de la domination est devenue, politiquement et socialement, pratiquement impossible pour ces régimes, essentiellement à cause de l'attitude des populations. Cette attitude a du reste, comme on le sait, rendu souvent impossible même le maintien des formes de domination ou du *statu quo* antérieurement existants. Il suffit de rappeler le cas du contingent français en Algérie en 1960-1961 et, encore plus, des conscrits américains au Vietnam et des jeunes aux États-Unis de 1967 à 1972. Le Mozambique, l'Angola, l'Iran et le Nicaragua ont suivi, tantôt sans aucune réaction occidentale (Andrew Young allant jusqu'à louer le rôle constructif des Cubains en Angola), tantôt provoquant la combinaison de gesticulation parkinsonienne et de logorrhée confuse et contradictoire typique, depuis des années, du personnel politique occidental[1].

Tout autre est la situation du régime russe. Ici, les forces et les inerties conduisent, irrésistiblement, à une politique d'expansion. A l'horizon de cette expansion, il y a la domination mondiale. Cette situation est, dans une très grande mesure, indépendante des souhaits, de la volonté et des décisions des personnes qui, nominalement, « dirigent » la Russie.

La question de savoir si un objectif comme la domination mondiale est ou non réalisable, et si son caractère réalisable ou non est pris en considération dans la politique russe, est secondaire. L'histoire n'est pas Raison ; et on n'a pas ici affaire à une stratégie de part en part « rationnelle ». Toutefois, pour autant que ces interrogations ont un intérêt capital pour elles-mêmes, et aussi pour autant que ces perspectives exercent de l'influence sur les évolutions en cours, j'en parlerai plus loin.

⁂

On a pu voir, pendant longtemps, cette expansion comme se réalisant essentiellement par des moyens « politiques » : guerres civiles ou de libération nationale, pendant lesquelles les insurgés reçoivent l'appui et l'aide de la Russie – de qui d'autre ? –, et installent, après leur victoire, des régimes pro-russes. Cette composante est toujours là, toujours décisive – et devant elle, les États-Unis restent toujours sans moyens effectifs et efficaces de réaction (voir les *deux* défaites des États-Unis au Vietnam). Mais, bien entendu, elle s'est toujours adossée depuis 1945 sur la puissance militaire de l'État russe. *Or cette puissance militaire, qui n'a cessé de se développer, devient à présent à la fois l'ingrédient essentiel de toute expansion future, et, aussi et surtout, le seul garant, pour le Kremlin, du maintien de sa domination là*

1. La question est discutée dans le chapitre VI, en général et en particulier sur l'exemple présent du Salvador. Pour éviter tout malentendu : la différence entre l'impérialisme américain et l'impérialisme russe est homologue à celle entre un brigand vieux, repu et aux réflexes de plus en plus lents, et un brigand nouveau venu, affamé, uniquement préoccupé par les casses à faire.

où elle est déjà établie. Hongrie 1956, Tchécoslovaquie 1968, Afghanistan 1979, Pologne déjà virtuellement à la fin 1980 en témoignent abondamment. Qui donc, depuis longtemps mais surtout depuis août 1980, « a le pouvoir » à Varsovie ? Est-ce M. Kania et le P.O.U.P. – ou bien les trente divisions russes qui se tiennent à la frontière du pays prêtes à l'envahir si ce qui s'y passe est jugé inacceptable par le Kremlin ? La faillite « interne » du régime communiste, son incapacité de trouver à la crise de la société russe une solution quelconque autre que la répression, la *compression* de cette société, trouve son écho amplifié dans sa faillite « externe » – la faillite des régimes qu'il a installés ou qu'il soutient au-delà de ses frontières juridiques, où la haine des populations contre leurs oppresseurs communistes locaux et le mépris contre ceux qui, depuis longtemps, sont perçus comme les Quisling d'une puissance occupante, se doublent d'une haine nationale contre les Russes qui les maintiennent au pouvoir. Encore plus forte qu'en Russie même est la faillite du « Parti » dans les protectorats. Encore plus impérieuse et vitale est donc aussi la poursuite de l'occupation *militaire* de ces pays, directe ou indirecte – encore plus décisif devient le rôle de l'Armée russe comme moyen *unique*, désormais, de maintien de la domination. Et, là où le régime se maintient à distance de la Russie, c'est au prix d'une militarisation de la société, d'un monstrueux gonflement de l'Armée à laquelle tout est sacrifié et qui, dans ces cas aussi, est le seul secteur de la société à *fonctionner* efficacement. Cuba et le Vietnam, comme sociétés militaires, sont des reproductions en miniature de la société militaire russe. Dans une moindre mesure, tel est aussi le cas des deux seuls protectorats européens à peu près fiables pour le Kremlin : la R.D.A. et la Bulgarie.

Cette substitution croissante du militaire au politique et à l'idéologique oblige, évidemment, à reconsidérer radicalement la question et la notion du totalitarisme. J'y reviendrai plus loin.

***

Point n'est besoin de longues recherches pour voir ce que le régime russe « veut » et « fait ». Les analyses détaillées sont dans ce cas plutôt les arbres qui cachent la forêt – ou la description minutieuse d'une foule de petites vallées alpines par un géographe qui voudrait surtout éviter de parler du Mont-Blanc et de la Jungfrau. Les faits massifs sont là : depuis 1945, et sans discontinuer, la Russie s'est dotée d'un armement gigantesque, qu'elle ne cesse d'accroître et de perfectionner, sacrifiant à cela l'essentiel des objectifs « civils ». Cet armement, d'ores et déjà sensiblement supérieur à celui des États-Unis, n'a de sens qu'« offensif ». Parallèlement, elle n'a jamais cessé de poursuivre une politique internationale active, expansive et agressive partout où elle en avait la possibilité et chaque fois que l'occasion lui en a été offerte. Les deux lignes – « militaire » et « politique » – ont été suivies avec une constance imperturbable, quel que soit le « climat » international ou les « négociations » avec les États-Unis. (C'est *après* SALT I que les Russes ont graduellement acquis ce qui est, en fait, une supériorité nucléaire stratégique et tactique.)

Pour reprendre une expression mémorable, le bilan du régime russe est globalement positif – amplement, et uniquement dans ces secteurs. On entend parfois dire : mais les Russes ont échoué à tel endroit, tel pays leur a échappé, dans tel domaine ils ont encore du retard technologique. On se demande quelle proportion d'aveuglement et de projection naïve de phantasme de toute-puissance « rationnelle » se trouve derrière ce genre de remarques. Comment donc un pays pourrait-il poursuivre une politique mondiale pendant trente-cinq ans sans connaître, ici et là, des échecs – et parfois majeurs ? Dans quel monde vivent ceux qui « raisonnent » ainsi ? Qu'ont-ils appris de l'histoire universelle ? Et quelle est la pertinence de ces remarques ? Tautologie : un rapport des forces n'a de sens que relatif, de même que le succès ou l'échec de deux politiques opposées lorsqu'il s'agit de politiques de puissance. Celui qui dit : mais les Russes ont subi des échecs, a dans sa tête, sans le savoir, la représentation d'un État infaillible et omnipotent, et c'est d'après ce phantasme qui le domine qu'il juge la réalité. Ce qui importe, c'est la comparaison des échecs des Russes et de ceux des Américains – et de leur portée relative. De même, cela n'a aucun intérêt de discuter de la « qualité » de l'Armée et de l'armement russes dans l'absolu. Sans aucune enquête empirique, on peut être a priori certain que leurs défauts doivent être innombrables. Et alors ? L'Armée russe n'aura pas à se battre contre l'Armée Parfaite. Elle aura à se battre contre l'Armée américaine. Et que sait-on de celle-ci ? Par exemple, ceci : que lorsque, après des mois de réflexion et de préparation tranquille, il s'agit de prélever, sur neuf mille hélicoptères, huit pour mener à bien une opération délicate, trois appareils sur ces huit tombent en panne en fonction de facteurs prévisibles et banals. On ne doit pas en tirer la conclusion que les trois huitièmes (à peu près 40 %) de la *crème* de l'équipement américain sont de la camelote ; mais on peut se demander si les huit huitièmes (soit exactement 100 %) des responsables américains ne feraient pas mieux de vendre des cacahuètes plutôt que de s'occuper de « politique » et de guerre. Les guerres – et les simples confrontations – ne se décident pas sur la sophistication et l'excellence technologique des inputs d'équipement, ni même sur leur nombre ; elles se décident sur l'effectivité et l'efficacité de l'output global et combiné de la totalité organisée des moyens mis en œuvre – matériels, hommes, organisations, tactiques, stratégies, politiques.

Tout aussi étonnant est de voir de bons connaisseurs du régime russe, tel Adam Ulam, participer à ces exercices de psychanalyse de bistrot qui détectent la peur, l'insécurité et un « complexe d'encerclement » chez les dirigeants du Kremlin[1]. Étranges effets de l'insécurité : plus ils conquièrent des pays, plus ils accumulent des armements – plus leur insécurité augmente, les poussant à accumuler d'autres armements encore, de s'emparer d'autres pays encore. Les États-Unis subissent la déconfiture du Vietnam ? L'insécurité des Russes augmente. Nixon et Kissinger leur offrent-ils sur un plateau la supériorité nucléaire de fait (SALT I) ?

1. Cf. le compte rendu des vues les plus récentes d'Ulam par Marc Ferro dans *Le Monde diplomatique* de septembre 1980, p. 4. Cf. aussi, Institut International d'Études Stratégiques, *Situation stratégique mondiale 1979* (cité désormais : *IISS SSM 1979),* trad. française Paris Berger-Levrault, 1980, p. 13 et *passim ;* des appréciations tout à fait opposées se trouvent à d'autres endroits de cette étude – p. ex. pp. 56, 72, etc. – caractérisée par une complète confusion pour ce qui est de l'orientation de la politique et de la stratégie russes et des intentions qui y sont clairement lisibles.

Nouvel accès d'angoisse chez Brejnev conduisant à une nouvelle vague de fabrications militaires. Ainsi aussi, semble-t-il, Staline souffrait d'un sentiment fondamental d'insécurité[1], ce qui le poussait à exterminer les gens. Plus il en exterminait, plus son insécurité augmentait. Que peut-on faire donc pour guérir ces pauvres gens de cette horrible torture psychique qu'ils doivent éprouver ? Les inviter à venir occuper l'autre moitié de l'Europe ? Hélas, le remède risquerait d'être inopérant : visiblement, l'occupation de la première moitié du continent n'a fait qu'aggraver leurs affres.

Que de telles inepties – dont les effets et les implications politiques ne sont nullement innocents – puissent être, à longueur de journée, discutées sérieusement par les analystes et les publicistes occidentaux n'est qu'un, parmi tant d'autres, des signes de la décomposition et de la régression mentales qui sévissent en Occident. Un autre en est l'interprétation du comportement des dirigeants russes en termes de leur « croyance en le sens de l'Histoire ». Un autre encore, l'idée – Kissinger et Pisar – que l'« enrichissement » de la Russie en amènerait l'« apaisement », que l'accroissement des échanges économiques « lierait » la Russie à la coexistence pacifique ; comme on le verra dans le Chapitre VI il n'a fait – c'était amplement prévisible – que lier un nombre croissant de lobbies occidentaux – patrons *et* syndicats – à la politique de l'apaisement à tout prix.

Le « désarroi de la soviétologie occidentale[2] » est flagrant. Conséquence inévitable du caractère inadéquat et périmé des catégories et des cadres conceptuels par quoi on essaie de saisir la réalité russe, il conduit à la méconnaissance et au recouvrement de deux groupes de faits massifs, aveuglants, incontournables : la politique extérieure russe depuis 1945, le surarmement russe. L'amoncellement d'explications

1. Alexander Dalline, « Staline », *Survey* Vol. 21, n° 1/2 (hiver-printemps 1975), p. 12. Il n'y a dans mon commentaire aucune ironie à l'égard de la thèse de Dalline, probablement correcte au plan psychologique, mais qui évidemment ne prétend nullement « expliquer » (et encore moins justifier, comme le font la plupart des pleureuses de l'« encerclement » russe), le stalinisme à partir de cette considération.

2. L'expression est de Marie Lavigne, *Le Monde diplomatique*, novembre 1980, pp. 8-9.

superficielles, éclectiques, incohérentes – et toujours tranquillisantes et lénifiantes – est le résultat de l'incapacité (et de la peur) de comprendre ce que ces faits disent de la nature profonde du régime et du pouvoir dont ils émanent, de ses virtualités et de ses tendances.

La politique extérieure de la Russie, 1945-1980

Il est indispensable, vu l'aveuglement volontaire à peu près universel, de faire ressortir plus nettement la spécificité de l'évolution réelle de la politique extérieure russe depuis 1945, en la comparant à d'autres possibles. Après la Seconde Guerre mondiale, la Russie aurait pu se replier sur elle-même – ou entrer dans la pratique « normale » de la rivalité et du jeu des influences dans ce qui aurait pu succéder au prétendu « concert des puissances » d'autrefois et qui était, très explicitement voulu comme tel par les Américains et Roosevelt, un condominium mondial russo-américain. Inattaquable et inconquérable ; ayant acquis en Europe un large glacis stratégique ; possédant dès le début des années 1950 les armes nucléaires, elle aurait pu se replier sur elle-même, se contenter de ses conquêtes considérables depuis 1939, s'orienter vers une amélioration de sa situation économique interne. Ce n'est absolument pas ce qui s'est passé. Les gouvernements largement pro-russes des pays satellites (comme aucun tsar n'en aurait rêvé) ne lui suffisaient pas ; la mise au pas intégrale lui était nécessaire, culminant dans le coup de Prague en 1948. Le « partage de Yalta » ne lui suffisait pas : la deuxième guerre civile grecque était déclenchée en 1947 ; le premier blocus de Berlin, puis l'attaque en Corée ont suivi. Je rappelle ces faits car non seulement pour les jeunes, mais pour tous ceux qui ont aujourd'hui moins de quarante ou quarante cinq ans ils doivent appartenir au mieux à une histoire poussiéreuse et ambiguë. Or cette histoire c'est le présent, c'est elle qui continue – et elle est éclairée par tout ce qui a suivi.

Malgré quelques apparences, cette ligne internationale n'a jamais subi d'inflexion essentielle. Il est massivement faux de parler d'« alternance » des *méthodes* de la politique internationale russe derrière laquelle se cacherait la permanence du but poursuivi. Il n'y a jamais eu d'alternance que *rhétorique.* (Même à ce niveau, du reste, ce n'est jamais que la moitié de la rhétorique qui change : à aucun moment, les proclamations sur l'inéluctable « victoire finale du communisme », c'est-à-dire de la Russie, n'ont cessé.) A peine la guerre de Corée et la première guerre d'Indochine terminées, les Russes commencent à pénétrer au Proche et au Moyen Orient (l'aventure franco-anglaise de Suez en 1956 leur en fournissant une merveilleuse occasion). Au début des années 1960, c'est la deuxième crise de Berlin et l'installation de fusées à Cuba. Et, presque simultanément, commence la deuxième guerre d'Indochine, impossible sans le soutien logistique et politique russe. Fidèle à sa mission révolutionnaire et socialiste, prête à se sacrifier pour le bonheur de l'humanité – bonheur tellement étouffant que les habitants du Vietnam préfèrent se faire bouffer par les requins que continuer à le vivre – la Russie s'y battra jusqu'au dernier paysan vietnamien, cependant que les États-Unis s'enfoncent, crime inutile, dans un guêpier sanglant où ils perdront leur prestige, leur équilibre économique, leur moral, leur cohésion nationale et finalement, quoique de façon indirecte, leur suprématie et même leur équivalence militaire au plan mondial pour rien. (Lorsque, pendant la même période, les Russes envahissent la Tchécoslovaquie, les Américains s'empressent de leur faire savoir qu'ils n'y voient aucune objection[1], cependant qu'un « homme d'État » français, Michel Debré, qualifie l'occupation de la Tchécoslovaquie d'« incident de parcours ».)

A la démonstration faite aux yeux du monde, de 1964 à

1. Zdenek Mlynar, *Nightfrost in Prague : The End of Humane Socialism,* New York, Karz Publishers, 1980. Extraits publiés dans *Telos,* n° 42 (hiver 1979-80, p. 31-55) et dans *Le Débat,* n° 9 (p. 35-41). Membre de la « nouvelle » direction tchécoslovaque, participant direct aux « négociations » de la fin août 1968 – il parte à ce propos d'« otages entre les mains de gangsters » – Mlynar résume ainsi le discours de Brejnev lors de la sinistre (et terminale) séance du 26 août : « Brejnev, lui, a demandé au président Johnson si le gouvernement américain reconnaissait encore pleinement les accords de Yalta et de Potsdam. Le 18 août, il a reçu la réponse suivante : "La reconnaissance vaut sans réserve pour la Tchécoslovaquie et la Roumanie, mais, pour ce qui concerne la Yougoslavie, il faut encore négocier" » ! (*Telos,* l.c., p. 50 ; *Le Débat,* l.c., p. 40).

1972, que les États-Unis ne peuvent pas gagner une guerre terrestre contre une nation de va-nu-pieds, fera suite une autre démonstration tout aussi intéressante : que la signature des États-Unis au bas d'un traité international ne vaut pas le papier sur lequel elle est écrite (conquête par le Vietnam du Nord du Vietnam du Sud, dont l'existence était « garantie » par les États-Unis). La chute de Saïgon montrait que désormais les États-Unis non seulement n'étaient plus « crédibles », comme on le dit superficiellement ; mais qu'ils n'étaient plus *fiables (reliable, zuverlässig).* La démonstration a été amplifiée, jusqu'au grotesque, quelques années plus tard avec ce qui a précédé comme avec ce qui a suivi la chute du Shah en Iran ; il est juste d'ajouter que dans ce cas aucun concours des Russes n'a été nécessaire, les Américains s'y étant admirablement débrouillés tout seuls.

La majeure partie des années 1970, après les « accords de Paris », et jusqu'à l'invasion de l'Afghanistan, est couverte en surface par la « détente » : rencontre de Vladivostock, SALT I, pitreries redoublées de Kissinger, doctrine Sonnenfeldt, accords d'Helsinki, discussions et accord au niveau gouvernemental sur SALT II. Or c'est pendant cette période que les Russes s'installent solidement en Afrique (Mozambique, Angola, Somalie – rationnellement échangée peu après contre l'Éthiopie) et au Yémen du Sud ; qu'ils donnent le feu vert aux Nord-vietnamiens pour envahir le Sud-Vietnam ; qu'à peine signés les accords d'Helsinki – et, à défaut de « traité de paix », leur installation en Europe centrale officiellement reconnue et ratifiée – ils donnent libre cours à une répression redoublée contre les dissidents ; qu'ils poursuivent, face à une Amérique à tous égards décomposée et dont l'armement stagne ou régresse, un effort militaire gigantesque qui leur procure, dès la fin de la décennie, une supériorité militaire tous domaines nette et, selon toute probabilité, désormais *irréversible.* La décennie se termine avec l'invasion de l'Afghanistan, qui montre combien de cas les Russes font de SALT II et de la « détente » (ce qui n'exclut nullement, bien entendu, dès que les circonstances l'exigeront ou s'y prêteront, une nouvelle phase de rhétorique tranquillisante).

Voilà la forêt. Le soin de détailler le feuillage des arbres qui la composent peut être laissé aux historiens, aux spécialistes, aux imbéciles et aux sycophantes du Kremlin – quatre classes certes distinctes, mais dont l'intersection n'est pas nécessairement vide.

Bien évidemment, cette politique d'expansion et d'accroissement de puissance internationale est allée de pair avec une politique intérieure tout aussi constante et, finalement, si on y réfléchit, si on tient compte des presque quatre décennies écoulées depuis la mort de Staline, des « possibilités théoriques » qu'elles offraient, des changements matériels incontestables qu'entraînaient l'urbanisation et l'industrialisation relative du pays, *étonnamment inaltérée.* Ici encore, cessons de fignoler la description des arbres et regardons la forêt : qu'est-ce qui a *vraiment* changé en Russie depuis la mort de Staline, pour ce qui est des orientations et des méthodes de gestion du régime, de ce qui *dépend de lui ?* (Je ne parle évidemment pas de choses infiniment importantes mais qui lui échappent, comme l'évolution des mentalités par exemple.) Une seule chose : la terreur. Encore faut-il voir ce que cela signifie : la consolidation et la protection des couches bureaucratiques (désormais on peut perdre son poste, mais non sa tête ou sa liberté, ni même la totalité de ses privilèges), et surtout : *la rationalisation de la répression.* Accompagnée d'une des rares contributions de la Russie à la technologie appliquée du monde contemporain : l'utilisation de la psychiatrie à des fins policières, la répression est la seule industrie russe qui a marqué des fantastiques progrès dans l'efficience. On peut fabriquer maintenant en Russie le degré suffisant de soumission sociale en consommant un nombre presque négligeable de cadavres. (Bien entendu, la terreur stalinienne n'avait rien à voir avec une « logique de la répression », ni avec une autre, et ne peut pas être jugée sur des critères d'efficience, ni répressive ni « économique ».) A part cela, rien. Le régime aurait pu s'orienter vers une véritable amélioration de la situation économique interne. C'est ce qu'on aurait pu penser – c'est ce que l'on a effectivement pensé – en 1953-1954, avec les mesures de Malenkov, puis aussi quelque temps avec Khrouchtchev. Il ne l'a pas fait. Une orientation différente aurait impliqué soit des mesures de réorganisation et de réforme très poussées, soit une affectation différente des ressources (entre le secteur militaire et le secteur non-militaire), soit, très certainement, les deux à la fois. Mais le « choix » du régime, confirmé année après année depuis au moins un quart de siècle, et quel que soit le « climat » international, a constamment été : priorité absolue à l'expansion quantitative et qualitative de la société militaire ; maintien de la production, de l'économie et de la société non-militaire dans le même état de croupissement et de pénurie, à peine perturbé périodiquement par des « réformes » et des bricolages incohérents et inefficaces.

Tel est le fait fondamental : une politique internationale constamment agressive et expansive ; une politique intérieure qui subordonne tout le reste à l'expansion de l'Appareil militaire et s'accommode parfaitement d'un état chroniquement lamentable de tout ce qui n'est pas militaire. Ce sont deux volets de *la même réalité*, même si celle-ci est loin d'être simple. Impossible de les comprendre sans les considérer ensemble.

Ce fait fondamental demande explication du point de vue de ses *conditions de possibilité*. Nous découvrons celles-ci dans la relative autonomisation de la société militaire russe, son poids et son pouvoir effectif croissant, bref, l'évolution du régime russe vers une *stratocratie* totalitaire. Si tel est le cas ; si ce facteur existe et joue le rôle qu'exige la nécessité de « sauver les phénomènes », il y a des conséquences à en tirer. Ces conséquences rejoignent l'autre exigence qui découle de la reconnaissance du fait fondamental : celui-ci demande explicitation de ses implications pour l'avenir, de sa dynamique propre, de ses potentialités. Le surarmement de ce pays, devenu première puissance militaire mondiale en même temps que sa production et son économie non-militaires demeurent dans un état pitoyable, est à la fois clé de l'analyse de la société russe contemporaine et boussole indiquant les lignes de force de son avenir. Ses conditions de possibilité embrassent la totalité du fonctionnement de la société russe. Ses implications potentielles engagent toute la dynamique historique de cette société et, par conséquence, du monde contemporain.

Implications de la qualité de l'armement russe

Le surarmement russe fait surgir immédiatement deux questions fondamentales. Toute « conception » de la société russe qui n'en a pas conscience et n'est pas capable d'y répondre est dérisoire et à écarter d'emblée.

Première question : comment une société comparativement si pauvre au total peut-elle déployer des moyens de guerre aussi massifs ? Si cette question était la seule, on pourrait certes répondre, du moins dans un premier temps : en y consacrant des ressources considérables, disproportionnées avec celles qu'une société plus riche aurait à y consacrer pour le même résultat. Certes, une autre question surgirait alors (comme elle surgit de toute façon), tout aussi capitale : *et pourquoi donc fait-elle ce choix ?* J'y reviendrai.

Deuxième question : comment une société où la quasi-totalité des produits offerts à la population civile sont d'une qualité médiocre ou déplorable, et qui doit continuer d'importer des produits, et des usines clés en main, relevant de technologies élémentaires – comment cette société peut-elle fabriquer un matériel militaire d'une *si haute qualité* en *si grandes quantités ?* (Les grandes quantités sont évidemment décisives : le problème ne se poserait pas, ou serait beaucoup moins important s'il s'agissait de quelques prototypes.)

Je commencerai par cette deuxième question. Mais, avant d'aller plus loin, je demande au lecteur de faire un effort pour se représenter l'énorme *diversification, universalité, interdépendance* et *intégration* de l'industrie militaire moderne. Celle-ci ne fabrique pas quelques armes – des sabres, des fusils et des canons –, elle fabrique des milliers, sinon des dizaines de milliers d'articles différents – avec des dizaines ou des centaines de milliers de composantes différentes. Ces produits couvrent pratiquement la totalité des secteurs de la production industrielle moderne. Si un seul de ces secteurs fait défaut, le reste ne sert pour ainsi dire à rien. Si un seul fonctionne mal, le produit final ne vaut rien. Il ne vaut rien non plus, si les affluents de production ne sont pas bien coordonnés et intégrés. Vous pouvez prendre la moitié ou les trois quarts du P.N.B. de l'Inde ou de l'Amérique latine tout entière : vous disposerez de l'équivalent des « dépenses militaires » russes, mais vous ne pourrez pas mettre sur pied une usine qui fabrique en série des Mig-25, des SS-20 ou des satellites artificiels. Une telle usine implique, en amont et latéralement, tout un *univers* industriel, technologique *et* sociologique, qui fonctionne convenablement.

La production militaire contemporaine, telle qu'elle est abondamment réalisée en Russie, exige d'abord une technologie extrêmement avancée des inventions et des applications : à savoir, la capacité de concevoir, spécifier et produire en état de marche un exemplaire d'un produit final, par exemple le prototype d'un engin quelconque. Elle exige, en deuxième lieu, une technologie également avancée de la production en série de ces applications et une organisation/contrôle satisfaisants de cette production. Dans la presque totalité des cas, il est techniquement et physiquement impossible de produire des produits finals avancés avec des moyens de production arriérés (Archimède, en possession complète de la théorie du laser, ne pourrait pas en fabriquer un seul) ; et cela devient totalement impossible, quel que soit le gaspillage de travail qu'on est disposé d'accepter, s'il s'agit de production en série. Elle exige enfin, en troisième lieu, des approvisionnements en inputs bruts et semi-bruts en quantité suffisante mais aussi (pour certains produits semi-bruts) de *qualité* satisfaisante. Même ce troisième aspect ne peut être négligé : certes, plus on remonte vers les inputs primaires (charbon, minerais métalliques etc.), plus les qualités sont, par nature, moins différenciées et/ou le contrôle qualitatif des matériaux devient simple ; mais les problèmes qualitatifs que pose la fabrication des aciers spéciaux ou celle de certains métaux non ferreux ne sont ni triviaux ni simples (les sous-marins russes sont de plus en plus construits avec des coques en titane, qui leur permettent des plongées plus profondes, et la métallurgie du titane n'est pas spécialement banale[1]).

La réponse à notre deuxième question, la seule possible, est : il n'y a pas *une* société, *une* industrie, *une* économie

1. Déjà en 1978, on considérait que les Russes possédaient une avance importante sur les Américains pour la métallurgie du titane (*Collins 1978*, p. 36). Cela a été amplement confirmé depuis, avec les monstrueux nouveaux sous-marins russes du type *Oscar* et surtout *Typhon* (30 000 tonnes en plongée).

russes – il y en a deux. Il y a la société, l'industrie, l'économie non-militaires – et l'autre. La première produit, en quantités généralement insuffisantes et en qualités médiocres ou déplorables, de quoi assurer péniblement un niveau de vie qui maintient la grande majorité de la population dans la gêne matérielle constante, et ne s'améliore que très lentement[1]. Elle est dominée par l'anarchie, le gaspillage, l'absurdité de la « planification » et du super-contrôle bureaucratiques – et sujette à la résistance passive plus qu'efficace (mais évidemment, à effets économiques « négatifs ») des producteurs[2]. Elle subit périodiquement des « réformes » sans effet. Rappelons fortement qu'il s'agit de l'économie non-militaire en tant qu'elle s'oppose à l'économie militaire ; *non pas,* comme des commentateurs l'ont dit

1. Voir les Annexes IV et V. Ici je rappelle rapidement : au plan quantitatif, soixante ans après la fin de la Guerre civile, le régime n'arrive toujours pas à assurer à la population un gîte décent et un approvisionnement alimentaire ininterrompu. La situation du logement reste toujours lamentable, et la Russie doit importer des céréales (alors qu'elle en était autrefois un des principaux exportateurs). Tantôt la viande, tantôt d'autres produits alimentaires disparaissent des magasins des villes pendant des semaines, parfois pendant des mois. Richard Pipes affirmait récemment (*IHT,* 29.1.81) que le niveau de vie de la population russe n'est pas actuellement supérieur à celui de 1913, si même il n'est pas inférieur à celui-ci. Ce genre de comparaisons est, à strictement parler, privé de sens sur une période aussi longue (la « composition » de la consommation est tout à fait différente) ; mais, en tant que jugement « ordinal » large, l'estimation de Pipes est probablement correcte. – Au plan qualitatif : le lecteur trouvera facilement dans les extraits de la presse russe reproduits par la presse occidentale – comme aussi dans les discours des dirigeants eux-mêmes, et encore pendant le XXVIe Congrès du P.C.U.S. – les aveux de la situation incroyable faite aux consommateurs. (*Le Monde* en a publié régulièrement dans les extraits de la presse étrangère de ses numéros de samedi-dimanche pendant de longues années ; il en publie plus rarement depuis quelque temps). Voir aussi les éléments fournis dans *Le Courrier des Pays de l'Est, Panorama de l'U.R.S.S.,* n° 226-227, février-mars 1979, 2e édition mise à jour 1980 (cité désormais : *CPE 1980*), *La Documentation française,* Paris, 1980, p. 105-110, p. 116-118, p. 151-164, 204-205. Sur 266 modèles de biens de consommation durables recensés en 1976, 33 seulement bénéficiaient du prétendu « label de qualité ». *Ib.* p. 117.

2. J'ai analysé depuis très longtemps ces phénomènes, et leur caractère nécessaire sous le capitalisme bureaucratique total. Voir en particulier « Les rapports de production en Russie » (1949), « L'exploitation de la paysannerie sous le capitalisme bureaucratique » (1949), « La révolution prolétarienne contre la bureaucratie » (1956), repris maintenant dans *La Société bureaucratique,* Vol. 1 et 2, Éditions 10/18, Paris, 1973.

légèrement, de l'économie destinée à la satisfaction des besoins « privés » (qui seraient sacrifiés, délibérément ou pas), par opposition à celle destinée à la satisfaction des « besoins publics », qui serait favorisée. La satisfaction des « besoins publics » *non-militaires* – transports publics, hôpitaux, urbanisme, environnement – est tout aussi lamentable que celle des « besoins privés[1] ». Cette prétendue opposition a été en fait inventée par les commentateurs occidentaux sous l'emprise *idéologique* du besoin d'imputer une raison *idéologique* à la situation de l'économie russe : il serait évidemment conforme à la « nature du communisme » qu'il sacrifie le privé en général au public en général. Il ne s'agit nullement de cela.

L'autre, l'économie militaire, n'a jamais présenté de « crise », aiguë ou chronique et n'a jamais eu besoin de grandes réformes. Depuis vingt cinq ans – cela au moins est sûr – elle produit, en grande série et en qualité élevée, tout ce qui existe comme armements modernes : toute la gamme nucléaire ; celle des satellites artificiels ; celle des fusées interplanétaires comme terrestres ; toute l'industrie aéronautique ; toute la construction navale, depuis les grands croiseurs type *Kiev* et les porte-avions à propulsion nucléaire type *Kirov* jusqu'à des centaines de bâtiments légers et de vedettes, en passant par des dizaines de sous-marins nucléaires, les uns armés de fusées stratégiques à tête nucléaire, les autres de missiles *Cruise,* et aboutissant au lancement du monstrueux *Oscar* (sous-marin de 30 000 tonnes) ; la production de dizaines de milliers de blindés de divers types, de véhicules militaires de combat, de dizaines de milliers de pièces d'artillerie auto-tractées, des millions de fusils et de fusils-mitrailleurs ; des armes auto-guidées anti-chars et anti-avions ; des fusées air-sol, sol-sol, sol-air par dizaines de milliers ; le matériel électronique correspondant ; les radars requis, y compris miniaturisés ; les installations de

1. Voir, par exemple, sur la santé publique, Nick Eberstadt, « The Health Crisis in the U.S.S.R. », *NYR of B*, 19.2.81, p. 23-31. Sur la situation de plus en plus catastrophique de l'environnement, voir Marie Samatan, *Droits de l'homme et répression en U.R.S.S.*, Le Seuil, Paris, 1980, p. 137-143 ; Boris Komarov, *Le Rouge et le Vert : la destruction de la nature en U.R.S.S.* avec une postface de L. Pliouchtch, Le Seuil, Paris, 1981.

lancement, d'opération, d'entretien et réparation correspondantes à tout cela, etc.

*
**

La quantité aussi bien que (et peut-être surtout) la qualité de la production d'armements russe a des implications extrêmement vastes. Elle exige des chaînes de production fantastiquement importantes. Ces chaînes doivent être équipées de machines-outils à peu près parfaites (les tolérances des pièces de la métallurgie moderne, celles qui entrent par millions dans les chars, les avions, les armes etc., sont de l'ordre du dixième de millimètre, parfois moins). Les armes nucléaires, les fusées, les satellites ne peuvent ni être fabriqués, ni fonctionner sans le secours d'ordinateurs très puissants. (Si de tels ordinateurs ne sont pas disponibles, on peut les remplacer pour le même travail par un nombre plus grand d'ordinateurs moins puissants, dans la grande majorité des cas ; mais *non pas* par un million d'additionneuses de Pascal.) Tous ces moyens de production doivent à leur tour avoir été produits par des moyens de production fiables.

Cet immense ensemble ne peut pas fonctionner sans ingénieurs, techniciens, etc., très qualifiés ; ni sans « agents techniques » et ouvriers de toutes les branches – depuis les analystes-programmeurs jusqu'aux fraiseurs, ajusteurs, tourneurs, etc. Et tous ces travaux, et étapes de fabrication, doivent être organisés et coordonnés selon des chaînes de production et de montage indépendantes au départ mais parallèles, convergentes, synchronisées et ajustées les unes aux autres et toutes ensemble.

Mais aussi, comme dans toute l'industrie moderne, pour que cela fonctionne, il faut un certain degré de participation et de coopération des travailleurs à tous les niveaux : d'*adhésion,* fût-elle à 50 %, à la production. Cette adhésion, il est exclu qu'elle soit obtenue par la seule *contrainte,* et même la contrainte économique : la contrainte économique, aussi longtemps que le niveau des rémunérations reste bas ou est perçu comme tel, conduit au sabotage de la production et à la fabrication d'objets défectueux.

Le fait important n'est pas (seulement) qu'une quantité énorme de ressources est consacrée à l'armement – pendant que le pays manque presque de tout. Le fait important est le *clivage qualitatif* entre la production militaire et l'autre – qui renvoie à un clivage qualitatif des *ressources humaines,* de l'*organisation* de la production et finalement des *attitudes* de ceux qui sont engagés dans la production. Nous sommes renvoyés, autrement dit, à des faits humains et sociaux. C'est encore du crétinisme (ou fétichisme) économique que de croire que la « quantité des ressources » explique tout. Pas plus que la guerre n'est faite par les engins, la production n'est faite par les machines : l'une et l'autre sont faites par les hommes. Il y a visiblement, en Russie, des hommes qui, du sommet au bas de l'échelle, sont passionnés par la production des Mig – cependant que depuis les manœuvres jusqu'à Brejnev tout le monde se fiche de la production de chaussures. Le clivage de la société militaire et de l'autre n'est ni ne peut être ni simplement « économique », ni simplement « technologique ». Il est, nécessairement, sociologique, au sens le plus profond et le plus fort de ce terme.

Il n'y a pas de barrière technologique (ou économique) *intrinsèque* entre la production non militaire et la production militaire moderne. De même qu'un pays industriellement avancé sans industrie d'armements pourrait, en l'espace de quelques années, mettre sur pied une industrie d'armements formidable (comme les États-Unis l'ont fait en deux ans, de 1939 à 1941), de même, un pays qui posséderait une industrie d'armements importante et complète pourrait, en l'espace de quelques années, moderniser l'ensemble de son industrie – du moins, commencer, par morceaux, cette modernisation. Depuis un quart de siècle, ce n'est absolument pas ce qui se passe en Russie. Une telle modernisation, s'il s'agissait seulement des machines, des investissements, des « coûts de production », aurait précisément pour résultat d'abaisser ces coûts de production partout ; elle ferait boule de neige et, après une période de gestation initiale, « se financerait elle-même ».

Et, s'il s'agissait seulement de « coûts », la question subsisterait toujours : et pourquoi donc le régime – qui n'a à craindre aucune attaque extérieure, mais « devrait » tout craindre de l'intérieur – n'a-t-il pas « opté » pour une répartition différente des ressources – un développement militaire plus lent, un développement non-militaire plus rapide ?

On doit répondre, évidemment, que ceux qui décident s'intéressent au développement militaire, et non au développement civil, auquel ne sont faites que les concessions absolument et minimalement indispensables. Cela, à son tour, soulève une nouvelle question : *qui* décide ? *pourquoi* décide-t-il ainsi ? et surtout : comment se fait-il que, dans ce cas *et dans ce cas seulement*, sa décision est suivie d'effet (tandis qu'elle ne l'est jamais, par exemple, avec les « réformes » interminablement répétées de l'économie non militaire) ?

Il faut conclure, lorsque l'on considère toutes ces questions et leur inter-relation, que ce développement a été rendu *possible* et *effectif* dans le secteur militaire pour des raisons autres que celles auxquelles on est habitué à penser dans ces cas (simples « quantités de ressources ») et selon un processus qui n'était pas et n'est toujours pas extensible au secteur non-militaire. Ce processus a été la constitution (l'auto-constitution) d'une société militaire (non seulement l'Armée proprement dite, mais l'ensemble des industries, services, etc. qui lui sont liés), qui a été *organisée* d'une autre manière, qui *vit économiquement et productivement* d'une autre manière et qui est autrement *motivée.* Comment le processus de constitution de ce corps social et de son autonomisation par rapport au Parti s'est déroulé, à partir de quel « moment », sur l'initiative de quels noyaux, c'est une question discutée plus loin (v. Chapitre IV), et assurément fort obscure. En tout cas tout incline à penser qu'à partir d'un moment (sans doute pas très antérieur à la mort de Staline, ou à la suite de celle-ci, peut-être en liaison avec le développement des armes nucléaires), l'Armée a commencé à s'organiser, non seulement comme Armée, mais comme sous-société industrielle, de manière différente ; qu'elle a commencé à absorber la crème parmi les jeunes qui sortaient des Universités et des Écoles techniques ; et, surtout, qu'elle a dû commencer à absorber du personnel ouvrier soumis à des conditions spéciales, à des niveaux de rémunération fortement supérieurs à ceux du reste, et avec des attitudes devant le travail tout à fait différentes de celles que l'ouvrier russe a été forcé, depuis des décennies maintenant, à développer. Cela – qui était une simple déduction logique de ma part, lorsque j'écrivais l'article paru dans le n° 8 de *Libre* – est en fait matériellement et directement attesté depuis quelque temps : les ouvriers qui travaillent dans des entreprises dites « fermées » signent un engagement renonçant au droit de changer d'employeur, et bénéficient de salaires très élevés et de multiples autres avantages. (V. plus loin le paragraphe : « Les entreprises "fermées" ».)

***

Lorsque – très rarement – la question de la capacité de la Russie de fabriquer de telles quantités d'armements a été posée, les réponses ont été soit tautologiques, soit inconsistantes. Une première réponse consiste à dire que la direction russe accorde une haute priorité au secteur militaire et spatial. Cela est à la fois tautologique *et* insuffisant : comme déjà dit, la seule *quantité* des ressources ne peut pas expliquer la différence *qualitative* entre production militaire et le reste, *et* la question reste toujours ouverte : pourquoi donc cette priorité et non pas une autre ?

Un autre type de réponse – de style « économiste » et « marxiste » – est fourni par Antonio Carlo, un des rares auteurs à s'être aperçu de l'existence ici d'une question[1]. Carlo se demande pourquoi les Russes ont pu soutenir la course technologique avec l'Occident dans le domaine des armes et des missiles (il ne s'aperçoit pas qu'ils sont en train de la gagner), et pourquoi cette technologie est restée confinée dans les industries militaires et spatiales. Il remarque qu'en Occident les découvertes en matière de technologie militaire ont rapidement des retombées civiles (mais semble oublier qu'elles y sont d'abord basées sur une technologie civile extrêmement développée) et s'interroge : qu'est-ce qui empêche les découvertes technologiques du secteur militaire en Russie de pénétrer le secteur civil ? Et pourquoi ce dernier s'avère-t-il incapable de développer sa propre technologie avancée, indépendamment du secteur militaire ?

Carlo affirme que « la solution de l'énigme est à la fois extrêmement simple et extrêmement complexe. La partie

1. Antonio Carlo, « The Crisis of Bureaucratic Collectivism », *Telos* n° 43, printemps 1980, p. 11 et suivantes.

insoluble du problème ce sont les coûts... Les industries militaires et spatiales russes ne diffèrent pas des industries civiles, au sens qu'elles sont sujettes au même gaspillage et dysfonctionnement – sauf que, pour des raisons politiques, une quantité exorbitante de ressources par unité de produit sont assignées à ce secteur. Ainsi celui-ci peut-il se développer, par un processus d'essais et d'erreurs, à l'intérieur de marges plus amples que l'industrie civile, et cela permet au complexe militaire-spatial russe d'obtenir des résultats qualitatifs considérables, mais avec des coûts de production énormes, qui ne pourraient pas être supportées par l'industrie dans son ensemble. » Et il cite un exemple hypothétique. En réponse à un expert en ordinateurs qui, ayant visité un centre de recherches scientifiques en Russie, s'étonnait de le trouver équipé d'ordinateurs comparables aux meilleurs ordinateurs occidentaux, il lui avait proposé l'explication suivante : pour tout ordinateur de haute qualité russe, il y en a neuf qui ne marchent pas à cause des défauts d'assemblage – et c'est pourquoi, pour « limiter leurs coûts », les Russes continuent de vouloir acheter des ordinateurs occidentaux[1].

La question de ce type d'achats n'est pas difficile à résoudre : brièvement parlant, ces « achats » sont en fait presque gratuits – des cadeaux, ou peu s'en faut. Mais il est clair que la « réponse » de Carlo ne tient pas une seconde. Qui pourrait croire que, pour les deux *Kiev* en mer, les Russes ont produit dix-huit autres qui ne marchaient pas ? Que, pour les 160 sous-marins à propulsion nucléaire lancés dans les océans, il y a eu 1 440 qui n'ont jamais fonctionné ? Que, pour les 9 000 avions de combat et les 50 000 chars déployés, ils ont produit 81 000 avions et 450 000 chars mis au rebut ? Certes, la proportion de 9 à 1 est une façon de parler. Mais quelle que soit la proportion supposée – serait elle-même de 2 à 1 – on aboutit (voir les calculs plus loin) à des proportions de ressources et de main-d'œuvre engagées dans la production militaire incroyables et, incompatibles avec une image tant soit peu cohérente de la comptabilité globale de la bureaucratie. La « réponse » imaginée par Carlo – et qui vient, évidemment, à l'esprit de chacun – pourrait tenir dans un nombre très restreint de cas

1. *Id.*, p. 12, note 39.

particuliers (et celui des ordinateurs de haut de gamme pourrait en être effectivement un, à cause du nombre relativement petit d'exemplaires nécessaire). Elle ne peut certainement pas tenir pour des articles fabriqués en quantités énormes.

En outre, rien ne montre que les industries militaires « sont sujettes au même gaspillage et dysfonctionnement » que les industries civiles. Carlo cite, d'après Halloway, un exemple de non-réalisation du plan de production d'obus... en 1940 ! Il mentionne – sans précision de source et de date – des plans de construction de sous-marins nucléaires « plus récents » devenus obsolètes à cause de délais de production trop longs. Le fait est que la production russe de sous-marins nucléaires se porte admirablement bien, d'après aussi bien le nombre que les caractéristiques techniques des sous-marins déployés (voir plus haut). Avec le même raisonnement, il faudrait conclure que les Américains (ainsi que les Français, Allemands, etc.) n'ont pas d'industrie d'armements qui vaille un sou (voir la série d'exemples donnée dans l'Annexe VI). Il cite enfin – et avec cela se terminent ses « preuves » – une boutade de Khrouchtchev, déclarant (en public) en 1963 que les éloges adressés au développement technologique de l'industrie des armements russe étaient dus au fait que les coûts de production restaient secrets et que l'enthousiasme serait beaucoup plus modéré si ces coûts étaient révélés. Mais cela renvoie à des *coûts* d'une production *efficace ;* personne ne conteste qu'un véhicule militaire *qui marche* doit *coûter* davantage qu'un véhicule, militaire ou civil, qui ne marche pas. La boutade de Khrouchtchev (à le supposer « candide ») est parfaitement compatible avec l'explication que je propose.

Certes, dans les informations dont nous disposons il y a un biais incorporé qui, si l'on n'y prenait pas garde, ferait apparaître l'industrie militaire russe comme plus efficace que l'industrie militaire américaine ou occidentale. Dans la plupart des cas, la presse américaine étale avec complaisance, pourrait-on dire, les retards de la production d'armements relativement aux programmes, les défauts du matériel etc. Par contre, nous ne sommes pas, en général, informés sur les ratés de la production militaire russe, sauf quelques cas, comme les catastrophes nucléaires et chimiques qui ont probablement eu lieu[1]. Clausewitz disait, à juste titre, que l'on tend à sous-estimer ses propres forces, dont on connaît les défauts, et à surestimer celles de l'adversaire, dont les défauts sont ignorés. En fait, dans le cas présent, c'est plutôt l'avertissement opposé qui serait de mise. En tout cas, je ne dis ni que l'industrie russe des armements est « parfaite », ni qu'elle est, dans l'absolu, plus « efficiente » que l'américaine. Je suppose explicitement (voir paragraphe suivant) qu'elle est beaucoup moins « efficiente » – puisque j'admets que, pour parvenir au même résultat que l'industrie militaire américaine, elle dépense au moins quatre fois plus de travail. Mais elle est *efficace* : avec ce travail, elle produit des engins qualitativement comparables aux produits américains, fiables, qui fonctionnent – tandis que l'industrie non-militaire russe consomme, elle aussi, des quantités de travail considérablement supérieures à celles de l'industrie non-militaire américaine mais pour produire des produits de qualité très inférieure et/ou souvent inutilisables.

Carlo poursuit son argumentation en mettant en avant, à quelques lignes de distance, deux considérations difficilement compatibles. Il dit d'abord qu'une quantité exorbitante de ressources est assignée au secteur militaire-spatial « pour des raisons politiques ». Il affirme ensuite, retrouvant son économisme marxiste, que « les coûts énormes de production, qui ne pourraient pas être supportés par la totalité de l'industrie... forcent les leaders soviétiques à assigner la priorité à l'industrie des armements – choix qui n'est pas libre, mais rendu nécessaire par les contradictions du système. Les dirigeants soviétiques ont un intérêt objectif à étendre la technologie militaire au reste de l'économie, mais ils se heurtent au problème des coûts, qui les force à être sélectifs et à privilégier le secteur militaire. Cette priorité n'est pas le résultat d'un choix, mais d'une contrainte contradictoire que la classe dirigeante soviétique voudrait surmonter mais ne peut pas » ![2] Bref : pour un peu, on apprendrait que la bureaucratie russe investit dans les armements parce que le « taux de profit » y est plus élevé.

Il faudrait d'abord se décider : est-ce que la priorité accor-

1. Voir Marie Samatan, *op. cit.*, p. 140-143.
2. Carlo, *loc. cit., p. 12.*

dée aux industries militaires résulte de « raisons politiques » (lesquelles ? et découlant de quoi ?) ; ou bien les dirigeants russes y sont-ils contraints, à leur corps défendant, par des raisons économiques, « les coûts énormes » de l'extension de la technologie militaire au reste de la production ? Encore une fois, des « raisons politiques » pourraient « expliquer » la répartition quantitative des ressources, non pas la qualité du produit. Une décision politique peut affecter cent millions de personnes à la production militaire ; cent millions de décisions politiques ne sauraient leur faire produire un seul char qui marche (Staline, Khrouchtchev et Brejnev en ont, répétitivement, fait l'expérience avec leurs « décisions » portant « réforme » du système économique). Et Carlo ne voit pas que cette affectation quantitative des ressources, confirmée année après année pendant des décennies, est allée de pair avec la création d'une situation *sociologique* autre – qui, seule, explique à la fois la répétition de cette affectation *et* la qualité du produit.

L'autre argument de Carlo résulte d'une confusion. Une technologie n'est pas seulement relative au produit final ; elle est aussi et surtout une technologie de *production.* La « technologie militaire » avancée ne consiste pas seulement à concevoir des prototypes et à en fabriquer quelques-uns par des méthodes artisanales (fabrication qui, encore une fois, serait *matériellement* impossible pour la quasi-totalité des produits militaires). Elle est nécessairement aussi – et c'est le fait, en Russie – technologie appliquée de la production en série.

Le caractère « avancé » du produit est *inséparable* du caractère « avancé » de ses méthodes de fabrication. Et ici, la séparation entre « efficacité » et « efficience » devient beaucoup moins tranchée. La production militaire russe ne pourrait pas marcher, si elle ne se fabriquait pas, pour elle-même, des machines-outils, sans doute coûteuses, mais qui fonctionnent bien – et par là tendent, toutes choses égales d'ailleurs, à rendre aussi plus « efficiente » (moins coûteuse) la production qui les utilise. La technologie de production en série de moyens militaires est, dans la presque totalité des cas, applicable directement ou au prix de modifications minimes de ses spécifications, à la production non-militaire (constructions navales et aéronautiques, moyens de transport terrestre et matériel agricole, matériel électrique et électronique, chimie, fabrication de machines et de machines-outils, constructions et travaux publics, etc.). Et cette application étendue à la production non-militaire serait rapidement « auto-remboursante », se financerait graduellement elle-même. Si elle ne se fait pas, si elle ne *peut* pas se faire, c'est que des facteurs d'un autre ordre s'y opposent, sur lesquels on reviendra (voir plus loin « L'impossibilité de réformes »).

La prétendue « contrainte contradictoire » de Carlo ne peut absolument pas expliquer pourquoi, avec les mêmes « coûts exorbitants », on ne produit pas moins d'armements et plus de biens non-militaires de meilleure qualité. Il y a ici visiblement un clivage qui n'est ni d'ordre technologique ni d'ordre économique. (Sur l'ensemble de la question de l'« efficience » de la production militaire russe, voir la discussion plus détaillée dans l'Annexe IV.)

Finalement, il y a quelque chose de dérisoire et de sinistre à la fois dans ce genre de rationalisations – et dans l'aliénation mentale que produisent ces résidus de marxisme. On sait que la Russie fabrique en grandes quantités – en quantités opérationnelles – des armes chimiques et biologiques[1]. (Qu'elle ait l'intention de s'en servir est probable vu l'équipement en protection anti-ABC de ses chars.) Il y a engagées là des ressources non négligeables de l'industrie chimique. C'est aussi l'industrie qui produit des engrais chimiques, pour les champs, pour les céréales que la Russie est obligée d'importer. Or, « la moitié environ des champs de céréales de l'U.R.S.S. ne reçoivent actuellement aucun produit fertilisant » (citation *textuelle* du discours de Messiats, ministre de l'Agriculture, au XXVIe Congrès du P.C.U.S., *Le Monde,* 3.3.81, p. 6). Au dilemme bien connu : du pain ou des gaz asphyxiants ? le socialisme à la Brejnev et à la Marchais n'a aucune peine de répondre : des gaz asphyxiants. Et Carlo voudrait faire croire (et croit visiblement lui-même) qu'on produit des gaz asphyxiants, parce qu'il serait trop coûteux de produire du pain.

1. D'après le général Grigorenko, la Russie a en stock 350 000 tonnes d'armes chimiques. Interview dans *Le Figaro Magazine,* 15.3.80, p. 56-59, citée par Maria Samatan, *op. cit.*, p. 141 et 329. Voir aussi plus haut, Chapitre I, p. 30.

Une autre explication de la différence qualitative entre la production militaire et la production non-militaire en Russie, doit être brièvement mentionnée. Cette différence serait due au fait que la première est soumise à la « compétition » (avec l'Occident) et la deuxième non. Cette explication reste verbale. Que l'*antagonisme* avec l'Occident est une *condition* du développement de la société militaire en Russie est après tout une tautologie : un appareil militaire par définition s'organise, se développe et s'équipe par rapport à ses adversaires et en essayant, quand c'est possible, de les surclasser. Cela est loin de lui fournir les *moyens* pour y parvenir. La « compétition » comme telle n'a aucune vertu magique. Passant sur le fait que la représentation habituelle surestime jusqu'à la mythification son rôle dans le développement du capitalisme (Schumpeter voyait beaucoup plus clair dans cette question – et insistait sur l'exemple de l'*Alcoa,* le quasi-monopole américain de production d'aluminium, qui a connu un développement gigantesque malgré l'absence de toute « compétition » importante), rappelons que la compétition est supposée agir moyennant la médiation essentielle du *marché,* où l'efficience relative des firmes serait constamment et continuellement comparée et *sanctionnée* (par l'élimination des firmes moins efficientes). Rien de cela n'est transposable au plan militaire : l'efficience relative des Armées russe et américaine sera comparée et sanctionnée, au bout de trente-cinq ou cinquante ans, *une fois pour toutes.*

IMPLICATIONS DE LA QUANTITÉ DE L'ARMEMENT RUSSE : LE NOMBRE D'HOMMES DANS LA SOCIÉTÉ MILITAIRE

En quoi la *production* (non pas les « dépenses ») militaire de la Russie intéresse-t-elle ?

C'est que d'une part, elle est signe décisif de l'*orientation* de cette société et d'autre part, elle est révélatrice de sa *structure.*

La production courante d'armements (et tout ce qui va avec elle) fournit des indications sur l'articulation de la production totale, de l'économie *et* de la population russe. Ce ne sont pas les « dollars » ou les « roubles » qui importent ici, mais les hommes et les femmes engagés dans cette production ; et cela, non pas tellement en tant que phénomène « économique », mais en tant que phénomène et *facteur* social.

La surpuissance militaire russe comporte, comme une composante essentielle, un surarmement (bien qu'elle ne se réduise pas à cela). Ces armes sont le produit de la société russe – plus précisément, d'une *partie* de cette société. *Quelle* partie ? La question est importante, puisque la *qualité* connue de l'armement russe, sans comparaison possible avec la qualité de la production non-militaire, renvoie indubitablement à une sous-économie, et même à une sous-société militaire, qui est organisée, produit et fonctionne d'une manière *qualitativement* différente du reste. Cela conduit à l'hypothèse *a priori* que la société militaire russe doit être d'une certaine façon « séparée » du reste de la société – hypothèse qui se vérifie *a posteriori,* lorsque l'on apprend l'existence et le régime spécial des « entreprises fermées ». Ces hommes ont un statut spécial. Mais il faut également, aussi difficile que cela soit, se faire une idée de leur *nombre.* Il est clair que les implications sociales et politiques sont tout à fait différentes si ce nombre est de 200 000 ou s'il est de 20 000 000. C'est la « population » de cette société militaire, le nombre de personnes actives directement et indirectement requises pour la production d'armements en Russie, que l'on va essayer d'estimer ici – en ordre de grandeur, bien sûr.

Sur ce nombre (à l'exception de l'Armée au sens étroit, du personnel militaire professionnel proprement dit et des conscrits) il n'existe aucune information directe, et pour cause. Il n'existe pas davantage d'information directe sur la quantité des « dépenses militaires » russes (à partir de quoi on aurait pu essayer d'inférer le nombre de personnes nécessaires à la production d'armements – bien que cela pose un problème de première grandeur, comme on le verra). Le budget officiel russe ne présente qu'un seul chiffre sous le titre « défense », sans aucune décomposition, et qui reste depuis de longues années constant au niveau irréel de 17 milliards de roubles (25 milliards de dollars ou 125 milliards de francs au taux officiel de change, soit un sixième du budget militaire américain et le même niveau que le budget militaire de la France ou de l'Allemagne fédérale). Il ne faut pas s'interroger sur les motivations de ce grossier mensonge, qui ne trompe personne, ni en Russie, ni à l'étranger. Pour la bureaucratie russe, la pratique du mensonge relève, depuis longtemps, de l'art pour l'art. Un des meilleurs spécimens non seulement de son cynisme, mais du mépris auquel elle tient les dirigeants et l'opinion publique des autres pays a été fourni, il y a quelques années, avec la proposition de Brejnev aux Nations-Unies, demandant que les États membres permanents du Conseil de Sécurité réduisent de 10 % leurs budgets militaires[1]. Les dépenses militaires sont cachées dans différents postes du budget russe (qui se monte à 285 MR pour l'année 1980), et peuvent l'être *n'importe où* dans ce budget (y compris et surtout dans les énormes crédits destinés à l'« investissement »). Cela a pour effet de brouiller les cartes, non seulement pour ce qui est des dépenses militaires, mais pour ce qui est de l'*ensemble* des comptes nationaux russes (déjà intrinsèquement privés de sens, vu le système absurde des prix régnant en Russie ; au surplus cuisinés, incontrôlables, et rendus inintelligibles de

1. Voir par exemple Robert E. Legget et Sheldon T. Rabin, « A note on the Meaning of the Soviet Defence Budget », *Soviet Studies* Vol. XXX, n° 4, oct. 1978 p. 557-566 (coté désormais : *Sheldon-Rabin 1978*), où l'on trouvera aussi des indications sur la discussion concernant le « budget militaire » officiel russe. – Les membres permanents du Conseil de Sécurité de l'O.N.U. sont l'Angleterre, la Chine, les États-Unis, la France – et la Russie. La proposition russe, adressée à l'O.N.U. à l'automne 1973, a été adoptée par la Résolution 3093 A de l'Assemblée générale de l'O.N.U. L'Assemblée générale, dans sa sagesse, a donc demandé que la Russie réduise de 10 % un budget fictif, et les autres réduisent de 10 % un budget réel : réductions équivalant, à l'époque et au taux officiel de change, à moins de 2 M.D. (milliars de dollars) pour la Russie, et à quelque 8 M.D. pour les États-Unis. – J'ai parlé de mépris : on serait tenté de dire que dans l'optique cynique du Kremlin il est justifié. Pour s'en convaincre il n'est que de voir les réactions occidentales (y compris américaines officielles) aux « propositions » formulées par Brejnev au XXVIe Congrès du P.C.U.S. ; ou bien, le fait que l'on continue à prendre sérieusement en considération les propositions russes d'arrêter le déploiement des ANT en Europe – ce qui consacrerait l'impuissance actuelle de l'O.T.A.N., tout en laissant intacte la supériorité écrasante que les Russes possèdent déjà dans ce domaine (cf. Chapitre II plus haut) et qui va constamment croissant : aux dernières nouvelles, le rythme d'installation des SS-20, qui était déjà passé d'un par semaine à un tous les cinq jours en 1980, est actuellement de deux par semaine (*IHT*, 12.2.80, p. 2). Ces gens-là sont vraiment pressés.

mille et une autre manières). Le socialisme, c'est bien connu, c'est la transparence.

⁂

Depuis un quart de siècle, une littérature occidentale considérable s'est accumulée sur le sujet. Certains de ses aspects, et surtout le fond des problèmes, sont discutés dans les Annexes IV et V ; je prie instamment le lecteur de s'y reporter. Ici, je résume les conclusions principales, soulignant encore une fois que cet exercice n'est nullement académique, mais vise à une estimation quantitative de ce qu'il faut bien appeler les bases sociales de la stratocratie russe.

Il y a eu quelques tentatives de saisir presque directement, par des méthodes « démographiques », le nombre de personnes engagées dans la production militaire russe. Elles n'ont guère donné des résultats solides.

L'essentiel de la littérature, qu'il soit motivé par les besoins de la recherche sur l'économie russe ou par ceux de l'« intelligence » militaire – comme la C.I.A. – ne s'est guère préoccupé de cet aspect de la question ; il s'est surtout attaqué à la détermination des « dépenses militaires » russes. Même si cette question était résolue de manière parfaitement satisfaisante – ce qui est loin d'être le cas – notre problème subsisterait entièrement. En effet, pour répondre à celui-ci, il faudrait connaître :

– les quantités d'armement produites en Russie,
– les inputs de travail requis, *dans les conditions russes,* pour les produire.

Or ce n'est pas la première, mais la deuxième partie du problème qui fait difficulté. En effet, les quantités déployées de matériel militaire de diverses espèces sont connues, avec des marges d'incertitude qui la plupart du temps ne doivent pas dépasser 5 à 10 %, ce qui est amplement suffisant pour ce que nous visons. De la même manière est connue leur évolution dans le temps – ce qui permet d'inférer les productions, les outputs, annuels. Ce que nous ne savons pas, au départ, c'est la quantité de travail qu'il faut, directement ou indirectement, pour les produire ; autrement dit, la productivité du travail dans le secteur militaire russe (estimée directement, ou indirectement par comparaison avec la productivité du même type de travail supposée connue dans un autre pays, par exemple les États-Unis).

Cette difficulté, aucune des méthodes utilisées pour l'estimation des « dépenses militaires » russes ne permet de la surmonter.

Les estimations de ces dépenses en « dollars » – comme celles que produit la C.I.A. – n'indiquent, même dans leur partie la moins critiquable, celle afférente aux dépenses en « matériel », que ce qu'aurait coûté aux États-Unis la reproduction à l'identique de l'armement russe. Hors les besoins du *lobbying* budgétaire américain, on n'en voit guère l'utilité. Lorsqu'elles sont retraduites en roubles, à l'aide d'hypothèses plus ou moins contestables, elles font surgir les problèmes que l'on discutera brièvement plus loin.

Les estimations en « roubles » peuvent se faire, principalement, selon deux méthodes : une méthode des « résidus », ou une méthode « d'identification » (ou un mélange des deux). Dans le premier cas, on fait la somme, à partir de la comptabilité nationale russe, des utilisations finales dont on considère la grandeur comme à peu près certaine et le caractère comme plus ou moins indubitable (et non militaire). Confrontées au total des ressources disponibles, ces utilisations laissent apparaître des résidus « inexpliqués » généralement considérables, que l'on considère alors comme représentant les dépenses militaires ou du moins comme fournissant une limite supérieure de celles-ci. Dans le deuxième cas, on essaie de détecter des postes de la comptabilité nationale (ou publique) russe que l'on pense pouvoir identifier, plus ou moins plausiblement, comme des dépenses militaires. W.T. Lee – dont les estimations me semblent les plus vraisemblables de celles que j'ai pu voir – s'appuie pour l'essentiel sur cette méthode, avec des adjonctions assez importantes de la première (ainsi, le poste le plus important, le *procurement,* achats de matériel militaire proprement dit, est estimé par lui par différence entre la production totale de « construction de machines » et une estimation des *producer's durables,* biens d'investissement supposés être utilisés par l'industrie).

Dans les deux cas, on aboutit ainsi à un chiffre en roubles, et à un pourcentage du P.N.B. (ou P.I.B.) russe consacré aux dépenses militaires.

Mais qu'elle est la valeur de ces chiffres ? Il y a les incertitudes affectant les estimations elles-mêmes ; celles – considérables – relatives au P.N.B. russe, tant pour sa grandeur que, surtout, pour la véritable signification des évaluations à partir desquelles sont formées ses composantes ; enfin, on ne sait absolument pas ce que c'est un « rouble ». Le « rouble », au taux officiel vaut actuellement 1,52 dollars (environ 7,6 francs). Mais, en 1976, lorsque le rouble officiel valait 1,3245 dollars, le rouble « alimentaire » (prix de détail) à Moscou valait 1,3 dollar ; le rouble-aspirine valait dix *cents* (l'homme socialiste n'a pas la migraine qui est, on le sait, un mal capitaliste), le rouble-rasoir électrique 63 *cents,* le rouble-serviette de toilette 34 *cents* et le rouble-chaussures d'homme 85 *cents*[1]. Combien vaut le rouble SS-20, ou le rouble *Typhon ?* Combien d'hommes/années faut-il pour produire « un milliard de roubles » d'objets *officiellement facturés* à « un milliard de roubles » dans tel secteur et dans le secteur militaire en particulier ?

⁂

Un résumé des points essentiels du raisonnement est utile ici, car certains d'entre eux ont une valeur plus générale.

1. On ne connaît pas, et l'on ne pourrait pas connaître avec un certitude raisonnable, le chiffre des dépenses militaires en « roubles » – à savoir, ce que le Kremlin comptabilise comme ses « dépenses militaires ».

2. Le saurait-on, cela n'aurait pas grande signification comme représentation des dépenses militaires *réelles.*

3. De toute façon – que l'on connaisse ou non ces dépenses réelles – subsisterait le problème, le seul qui nous importe et *le seul qui ait un sens,* du passage de ces dépenses

1. Au taux officiel du rouble, le P.N.B. russe en 1980 était de l'ordre de 900 M.D. (celui des États-Unis, de 2 650 M.D.). Les chiffres donnés plus haut signifient que, mesuré en cachets d'aspirine, il est de 65 M.D., en chaussures d'homme de 570 M.D. et en « paniers alimentaires » de 900 M.D.

au nombre d'hommes engagés dans la production militaire ; à savoir, de la productivité du travail (produit par homme/année, désormais P/H/A) en Russie, en général et dans la production militaire.

Le point 1 n'a pas besoin de longs commentaires. Si la bureaucratie russe est capable de prétendre que ses « dépenses militaires » sont depuis dix ans stables et même légèrement décroissantes autour de 17 M.R., elle est tout autant capable d'enfouir des dépenses militaires dans les « transferts sociaux »[1], et, à la limite, de tenir une deuxième comptabilité (pratique courante déjà des firmes capitalistes) laquelle, si elle était correctement faite, lui permettrait de « planifier » et organiser (tant bien que mal) ce qu'elle considère comme ses « dépenses militaires » sans les faire apparaître. On aurait pu, peut-être, contrôler cela si l'on possédait des données de comptabilité nationale à la fois complètes, détaillées et cohérentes, ce qui est loin d'être le cas.

Le point 2 est d'une importance capitale. Il se décompose en plusieurs autres. L'essentiel revient à ceci : dans une économie : a) peu « développée » au départ ; b) totalement centralisée et c) où l'essentiel du « développement » est dirigé vers le développement de la production des moyens de destruction, la séparation de l'« investissement » et des « dépenses militaires » est pratiquement privée de signification.

Il faut détailler et distinguer les niveaux du raisonnement. Il y a d'abord un niveau policier : les « investissements » sont-ils des investissements, ou de la fabrication d'armes ? (Ainsi, Lee affirme que plus de la moitié de la « construction de machines » – dont le produit, dans un autre pays, aurait correspondu sans problème à de l'investissement chez les utilisateurs – représente dans le cas russe de l'équipement militaire.) Il y a ensuite un niveau attributif ou intégratif : des dépenses d'investissement qui sont « vraiment » des dépenses d'investissement, sont aussi, et, encore plus, *vrai-*

1. Elle le fait d'après Lee (W. T. Lee « Soviet Defence Expenditures in the 10th PYP », *Osteuropa Wirschaft* 1977, n° 4, p. 222-292, cité désormais : *Lee 1977.* Voir p. 284) selon qui certains services militaires sont inclus dans les postes « santé » et « éducation » du budget russe.

ment, des dépenses militaires, car il s'agit d'investissements exclusivement requis pour les fabrications militaires et qui n'auraient pas été faits autrement. Par exemple : les biens de production durables requis pour la construction navale en général, et qui ne sont *en fait* utilisés que pour la construction de navires de guerre, sous-marins etc. (Ainsi, inversement, Lee considère l'autre moitié presque de la « construction de machines » comme des *producer durables* – biens de production durables, mais laisse de côté la question : production *de quoi* ?) Sur l'hypothèse que ces investissements n'auraient pas eu lieu sans le surarmement russe, et qu'ils en sont la condition nécessaire, ils doivent bel et bien être caractérisés comme dépenses militaires. C'est ce qui se passe, et que nous faisons, avec les armements des pays occidentaux : les 10, 15 ou 20 *cents* ou centimes par dollar ou franc des dépenses militaires représentant les investissements corrélatifs des firmes qui les fabriquent sont *inclus* dans les dépenses militaires *via* leur inclusion dans les prix cotés par la firme.

Ces deux niveaux appartiennent en fait au point 1. Par contre, trois autres niveaux sont spécifiques ici et exigent commentaire.

2 a. Le niveau conceptuel, théoriquement le plus important. Je ne peux pas m'étendre ici là-dessus[1]. Toute comptabilité nationale, comme toute la théorie économique – classique, marxiste, néo-classique et néo-néo-classique – se base sur un postulat de *séparabilité,* ou d'*imputation déterminée* : si tel produit sort de telle firme qui travaille dans telles conditions, *il existe* un « coût » (ou une « valeur ») déterminé du produit, imputable à *quelques aspects* de ce qui s'est passé dans cette firme et *uniquement à cela.* Le postulat est intenable et infirme à la racine les prétentions de la « théorie économique » d'avoir un rapport quelconque à la réalité. Il représente évidemment, pour par-

1. Ce qui est dit dans le texte s'appuie sur de longs travaux inédits relatifs à l'économie et à la critique de la théorie économique que j'espère pouvoir publier un jour. Pour un résumé très schématique de certains résultats, voir « Réflexions sur le "développement" et la "rationalité" », rapport fait à l'automne 1974 à un colloque à Figline-Valdarno et publié in *Le Mythe du développement,* Le Seuil, Paris, 1977, p. 205-240, en particulier p. 217-222.

ler vite, la transformation des *faits* (institués) de la propriété et de l'appropriation privées en catégories théoriques. L'institution qui *attribue* au propriétaire d'une usine (ou même au paysan qui laboure « son » champ avec « ses » instruments et « son » travail) la propriété sur ce qui en sort devient construction pseudo-théorique qui *impute* la « valeur » du produit à cette usine. L'attribution de propriété se transforme en imputation de valeur et détermination de la « cause ». (Marx lui-même, malgré quelques énoncés sur le « producteur collectif », travaille avec cette fallace qu'il essaie de raffiner théoriquement le plus possible.) Mais le produit est en réalité produit du fonctionnement social total (y compris l'histoire antérieure de la société). Il ne s'agit pas là d'une généralité tautologique : même en tant que produit *« économique »,* le produit est produit de l'*« économie » totale.* La théorie économique existante ne reconnaît que des parties du problème ainsi créé, sous le titre d'« économies externes » ou externalités (positives ou négatives) ; ou bien lorsqu'elle admet – ce qui est loin d'être toujours le cas – le caractère totalement nébuleux de la « valeur présente des éléments du capital fixe ». Mais prises sérieusement, rien que ces deux limitations détruisent centralement tout calcul des « coûts » ou des « valeurs » qui se voudrait « rationnel ».

Théoriquement indéfendable, le postulat de séparabilité ou d'imputation déterminée garde quelque plausibilité et surtout *instrumentalité* dans la mesure où, précisément, l'institution économique de la société incorpore plus ou moins son présupposé tacite : la propriété et appropriation privées, la fragmentation du corps productif social en unités « indépendantes » qui ne communiquent que par des échanges[1]. Dans cette mesure, l'on peut dire que les prix d'une

1. Même pour une imputation approximative et inexacte, mais infiniment plus pour passer à des affirmations d'« optimalité » et de « rationalité », il faut accepter une série de postulats proprement délirants : concurrence « parfaitement parfaite », fluidité totale et instantanée de toutes les ressources productives, information instantanée et parfaite de tous les participants, comportements de « maximisation » rigoureusement rationnels, divisibilités à l'infini des moyens de production, etc. *Cf.* mon texte « Valeur, égalité, justice, politique : de Marx à Aristote et d'Aristote à nous », *Textures,* n° 12-12, 1975, repris maintenant dans *Les Carrefours du Labyrinthe,* p. 249-316, en particulier p. 254-263.

firme (qui sont des coûts pour les autres) doivent garder un certain rapport avec cette partie des « coûts de production » que la comptabilité nationale et l'économie politique savent et peuvent définir, recenser et plus ou moins comptabiliser[1].

Mais dans le cas d'une économie capitaliste bureaucratique totalement centralisée – dans le cas de la concentration totale du capital, telle qu'elle est réalisée en Russie – le postulat n'a plus aucun sens[2]. Il n'aurait pu avoir un sens que si la bureaucratie se livrait à la tâche – de toute façon impossible et irréalisable – de reproduire, moyennant des calculs, des ordinateurs etc., les « coûts de production » tels qu'ils auraient existé dans cette fiction incohérente (incohérente *comme* fiction) qu'est le « marché concurrentiel idéal ». N'aspirant pas au prix Nobel d'économie, elle n'a aucune raison de le faire. La fixation des prix en Russie – que les considérations formulées ci-dessus n'empêchent nullement de qualifier comme amplement irrationnelle du point de vue économique – obéit à des facteurs qui n'ont pas et ne sont pas obligés d'avoir une base « économique ». Or, dans un système économique, il suffit que le prix d'*un seul* produit de base (et il y en a des dizaines de milliers) présente une distorsion significative par rapport à son « coût de production » pour que tous les autres en présentent aussi. Mais dire que les prix n'ont pas de rapport (ou seulement un rapport très lointain, et très différent selon les cas) avec les « coûts de production », c'est dire que les dépenses comptabilisées dans ces prix ne représentent pas les « coûts réels » (économiques) encourus par la société. Dans les faits, on sait amplement que les prix russes sont parfaitement fous – ou, si l'on préfère un terme plus respectable, erratiques. Et ce caractère ne provient ni d'une erreur ni d'un accident : il est résultat sociologiquement nécessaire de la structure bureaucratique. Que dans cette folie, il y a probablement

1. Même ainsi, la composante « profit » de ces prix, déjà sous des conditions de concurrence mais infiniment plus sous les conditions de collusion/compétition oligopolistique, qui sont les conditions dominantes dans *tous* les secteurs de l'économie capitaliste moderne, introduit une marge d'indétermination énorme.

2. Je soulignai cet aspect de la question dès 1947, dans « La concentration des forces productives », publié maintenant dans *La Société bureaucratique,* Vol. 1, Éditions 10/18, Paris, 1973, p. 101-113.

une certaine méthode, on le verra plus bas. Mais cette méthode aggrave encore le problème ; elle empêche de considérer que les prix de toute catégorie suffisamment large d'objets, et par exemple des objets militaires, sont distribués aléatoirement autour des prix « normaux » ou des « coûts de production ».

2 b. La combinaison de la centralisation totale de l'économie russe, de son état au départ peu développé et du rôle important qu'y joue la production d'armements confèrent une acuité spéciale à cet aspect de la non-séparabilité reconnu par les économistes sous le titre d'économies externes ou externalités. Pour parler brièvement, le développement de l'industrie de l'armement devient dans ces conditions inséparable du développement de l'industrie tout court. Abstraitement : la priorité accordée à la production de moyens de destruction se traduit nécessairement par la priorité accordée à la « production de moyens de production » (ou inversement : la fameuse « priorité de la production de moyens de production », ou Secteur A, n'est et ne peut être, à partir d'un certain moment, que la priorité accordée à la production de moyens de destruction). Concrètement : lorsque l'État russe a besoin de plus d'acier pour ses blindés ou de plus d'uranium pour ses bombes H, et qu'il ouvre une nouvelle mine de fer ou de pechblende, les routes, voies de chemin de fer, camions, locomotives, wagons, etc., requis pour l'exploitation de ces mines n'apparaîtront pas comme des « dépenses militaires » mais comme des « investissements dans le Secteur A ». N'apparaîtront pas : le *seront*-elles ? La formation des ingénieurs, payée par l'État, est-elle ou non une dépense militaire ? A la limite, laissant de côté les misérables calculs économiques : si dans une société la conduite de la production, de l'éducation, de la « politique régionale » etc. sont essentiellement sous la coupe des impératifs militaires, comment y séparer le « militaire » et le reste ? On peut dire quelle partie du PNB d'Athènes était absorbé par les « dépenses militaires » – parce que Athènes *ne vivait pas pour la guerre ;* mais qu'est-ce qui, à Sparte, n'était pas « dépense militaire », à part la construction de quelques temples (et encore : il n'y a pas d'armée sans aumôniers) ?

2 c. Le caractère arbitraire des prix russes fausse toute la « comptabilité nationale » : celle-ci ne fournit une image tant soit peu fiable ni de l'allocation des ressources – ni de la répartition *réelle* du produit social. Mais en outre il y a tout lieu de croire (voir Annexe IV) que, à travers cet arbitraire des prix, domine un *biais systématique* : les « prix » des produits du Secteur A (« moyens de production » et armements) semblent considérablement plus bas (relativement) que les « prix » des produits du Secteur B (objets de consommation). Ce jugement s'appuie sur la comparaison avec les prix occidentaux, et en particulier américains. Il serait plus que naïf de croire que cela reflète une « productivité » intrinsèque plus grande dans le Secteur A (comme cela a été presque toujours implicitement postulé dans les discussions sur les « dépenses militaires » russes). Les prix sont fixés par la bureaucratie. Le processus de leur fixation est, au total, plus qu'irrationnel. Mais les prix relatifs des deux secteurs n'en perdent pas pour autant leur caractère d'instrument de la bureaucratie. Instrument non pas certes d'une allocation « rationnelle » des ressources, mais instrument de répartition du produit social. Les prix du Secteur B (et par voie de conséquence, les prix relatifs Secteur A/Secteur B) sont un des instruments principaux dont dispose la bureaucratie pour fixer, autant que cela dépend d'elle, le taux de surplus (taux d'exploitation des travailleurs[1]). La fixation de prix relativement élevés, au total,

1. L'autre facteur central de détermination du taux de surplus est le déroulement du processus effectif de production dans l'usine (ou les champs), à savoir la lutte permanente entre producteurs et bureaucratie autour du rendement, dont le résultat est ce que j'appelle le taux effectif rémunération/rendement (ou T.E.R.R.), quotient du salaire payé par le rendement effectivement fourni. Voir mes textes « Les rapports de production en Russie » (1949), « L'exploitation des paysans sous le capitalisme bureaucratique » (1945), « La révolution prolétarienne contre la bureaucratie » (1956), déjà cités, et, « Sur le contenu du socialisme, III » (1958) ; maintenant : dans *L'Expérience du mouvement ouvrier*, Vol. 2, p. 9-88, éditions 10/18, Paris, 1974. La nature du régime en Russie, et en particulier l'absence de droits des travailleurs, font que ceux-ci ne peuvent pas améliorer le taux effectif rémunération/rendement (à savoir, ce que leur coûte ce qu'ils gagnent) qu'en diminuant le rendement (absentéisme, indifférence, sabotage de la production) – phénomènes qui existent certes aussi dans les usines du capitalisme occidental, mais qui prennent en Russie (et dans les pays similaires) des proportions inconnues auparavant et ailleurs.

pour les objets de consommation, et relativement bas, au total, pour les moyens de production et les armements, fait apparaître une répartition du produit social moins « lourde » que celle qui prévaut réellement. Cela exclut que l'on puisse passer directement des « dépenses militaires » en roubles (supposées connues) aux hommes/années correspondants ; comme aussi d'estimer le taux de surplus (taux de l'exploitation) à partir des quantités apparentes des salaires (ou des dépenses de consommation des travailleurs) rapportées au revenu (ou produit) social.

Les seules données qui aient un sens, ne sont pas les « roubles » – qui ne signifient rien pour mille raisons – mais le nombre d'hommes/années engagés dans les productions militaires. De même, le taux de surplus ne peut pas être estimé directement à partir des données apparentes (en prix officiels), mais moyennant l'évaluation du nombre d'hommes/années engagés, respectivement, dans la production d'objets destinés à la bureaucratie et d'objets destinés à la population travailleuse.

Comment estimer ces nombres d'hommes ? Les seules données relativement solides dont on dispose sont, d'une part, la population active russe, avec sa répartition par (grands) secteurs productifs ; d'autre part, les quantités d'armements existantes et couramment produites. Les données de la « comptabilité nationale » russe peuvent être utilisées, à condition d'être ré-interprétées ; et la productivité du travail (le produit par homme/année, désormais P/H/A) doit être estimée à nouveaux frais. C'est là un travail considérable, qui devra être fait, et dont j'espère que les Annexes IV et V fournissent quelques éléments. En attendant, il faut comprendre qu'il n'y a pas de solution idéale au problème que nous nous sommes posé, et en particulier, que toutes les solutions achoppent sur la question de l'estimation de la productivité du travail en Russie, notamment dans le secteur de la production militaire.

***

Les incertitudes des différentes estimations des « dépenses militaires » russes m'ont incité à essayer une méthode « directe », primitive ou sauvage (on trouvera plus de détails dans l'Annexe IV). Comme déjà dit, ce qui est connu avec plus de certitude que les « dépenses militaires » ce sont les stocks respectifs d'armements russe et américain. Le caractère hétérogène de leurs composantes exclut évidemment que l'on puisse en donner une mesure – ou en exprimer le rapport par un nombre. Mais on peut essayer, en pleine connaissance de cause, de répéter une abstraction héroïque des économistes classiques – ou une absurdité médiocre des économistes néo-néo-classiques – et inventer une entité fictive : l'objet homogène militaire, O.H.M. pour la brièveté, en unités duquel nous prétendrons que l'on peut estimer le stock (et l'output courant, annuel par exemple) d'objets militaires réels et hétérogènes[1]. On peut se représenter, si l'on veut, cet O.H.M. comme un assortiment, en proportions stables, des différents engins et armes (x têtes nucléaires, y lanceurs, z porte-avions, u chars, v sous-marins et w fusils, par exemple) de qualité comparable dans les deux pays ; ou aussi bien comme tel poids d'acier de tel degré d'élaboration plus telle quantité d'appareillages électroniques plus tant de grammes de matière fissile plus telle quantité d'ypérite. Ces stocks (considérés comme utilisables, bien entretenus, non obsolètes) peuvent être considérés comme la cumulation des outputs annuels de chacun des deux pays (*moins* les objets à la fois produits et retirés pendant la période considérée ; nous supposerons que cet élément peut être négligé, ou com-

1. Les économistes classiques parlaient de « blé », représentant avec cela *le* bien de consommation ouvrière ; par la suite on a parlé de « panier » *(basket of wage-goods).* La fiction ici est tout à fait justifiée, dans la mesure où la composition de la consommation ouvrière, par exemple, peut être supposée fixe et stable pendant la période considérée. La fiction devient ridicule (et sert surtout à escamoter les problèmes réels) lorsqu'on parle, comme les héros de l'économie néo-néo-classique, de *homogeneous capital good.* Joan Robinson s'en est moquée à juste titre, en le dénommant *sleet,* anagramme de *steel.* Dans notre cas, la fiction fait violence aux faits dans la mesure où : *a)* les compositions des deux stocks que l'on compare ne sont pas identiques et les proportions des différents articles n'y sont pas les mêmes. (Mathématiquement, il s'agit de deux vecteurs non homothétiques.) *b)* Cette composition change avec le temps, de sorte que la comparaison des flux temporels (des outputs par période) n'a pas, à rigoureusement parler, de sens. Que le lecteur soit bien convaincu que ces crimes contre la logique sont rigoureusement identiques à ceux que commettent les économistes (pour ne pas parler des politiciens) lorsqu'ils affirment que « le P.N.B. de la France a augmenté de x % depuis 5 ans », ou qu'il est « de y % supérieur à celui de l'Italie ». La différence est qu'ici on le sait et on le dit.

pensé par les objets produits *avant* le début de cette période et non encore retirés).

Si maintenant nous pensons pouvoir dire que le stock russe, mesuré en O.H.M.s., est de *k* fois le stock des États-Unis ; et que la production d'armements russes a augmenté uniformément de *g* % par ans pendant les dernières *T* années – *T* définissant la période au-delà de laquelle les objets militaires sont, en moyenne, retirés – alors, nous pouvons dire quel est le rapport de la production courante russe d'armements à celle des États-Unis (supposée connue). Inversement, si nous pensons pouvoir estimer ce dernier rapport, nous pouvons inférer le rapport des stocks (avec les mêmes hypothèses sur *g* et *T*).

Je suppose que *k* est 1,6 (cf. le Tableau B de l'Annexe I) et que *T* = 20 (la période prise en compte est 1961-1980). Supposons que la production russe d'armements a augmenté de 5 % par an pendant cette période. Il en résulte qu'elle devait être en 1980 de 0, 128 fois le stock américain d'armements en cette année. Si celui-ci était (voir Annexe IV, « Les nouveaux calculs de la C.I.A. ») égal à 18 fois la production américaine d'armements en 1980, alors la production russe d'armements pendant cette même année était de 2, 3 fois la production américaine. Cette dernière (il s'agit du *hardware :* équipement et construction) était de 33,3 M.D. (milliards de dollars). La production russe aurait été donc en 1980 l'« équivalent » de 76,6 M.D. (Le chiffre de la C.I.A. est de 58,2 M.D. ; le chiffre de W.T. Lee de 73 à 84 M.R. – milliards de *roubles* – aux prix de 1976 ; au taux de change officiel de l'époque cela donne 96 à 111 M.D.).

Les dépenses en *hardware* ne sont qu'une partie des dépenses en matériel ; celles-ci incluent en outre une bonne partie des dépenses d'« opération et entretien », et il faudrait y comprendre aussi les dépenses de R et D militaire (dans une vue intégrée de la production militaire, exclure ces dernières n'aurait pas plus de sens qu'exclure du coût d'une voiture les dépenses des bureaux d'études de l'usine). Le total des dépenses en matériel (impliquant *production* de ce matériel) est supérieur aux dépenses en *hardware* seul de quelque 36 % d'après les données de Lee, de quelque 87 % au moins d'après les données de la C.I.A. En prenant le premier chiffre, on arrive à un total de dépenses en matériel de 104 M.D. pour 1980 (le chiffre que l'on peut déduire de la C.I.A. est de 108,6 M.D. ; le chiffre que l'on peut inférer de Lee est de 97 à 114 M.R.).

Comment passer de ces chiffres au nombre d'hommes dans la production militaire russe ? Pour la production militaire *américaine,* une estimation en ordre de grandeur est possible. Les dépenses en matériel (toujours au sens large indiqué plus haut) étaient, en 1980 (chiffres de la C.I.A.) de 69 M.D. environ. Si la productivité (P/H/A) dans l'industrie américaine des armements est supposée égale à la productivité dans l'industrie en général (P/H/A = 28 800 dollars en 1980), la production américaine d'armements a utilisé en 1980 directement et indirectement, quelque 2 400 000 hommes/année. (Les dépenses incluent, dans le prix des produits finals, tous les inputs directs et indirects, courants et en capital, qui sont entrés dans la fabrication des produits.) Que peut-on dire du rapport entre la productivité russe et la productivité américaine ?

Le P.N.B. russe (définition « occidentale ») a été en 1980 de l'ordre de 600 M.R. (570 M.R. selon les calculs de l'Annexe V), pour un input d'environ 150 000 000 d'hommes/années (146 427 000) : soit, 3 883 roubles produits par personne employée et par an. Le P.N.B. américain a été de 2 627 M.D. pour un input de 97 720 000 hommes/années ; soit, 27 011 dollars par personne employée et par an. Posons : 1 homme/année russe = 1 homme/année américain. Alors, passant sur une foule de subtilités secondaires, 1 rouble = 27 011 : 3 883 = 6,956 dollars.

Or, le taux officiel (1 rouble = 1,522 dollars) est de 4,57 fois inférieur – ou n'est que 0,2188 de ce qu'il aurait du être si les productivités « moyennes » étaient égales entre les deux pays. Comme les autorités russes étant socialistes ne sauraient mentir et étant marxistes-léninistes ne pourraient pas se tromper, on peut en conclure qu'elles considèrent la productivité russe comme égale à 0,2188 (un peu plus d'un cinquième) de la productivité américaine.

Plaisanteries à part, le taux officiel du rouble est sans doute sensiblement surévalué (pour autant que l'on compare des « parités de pouvoir d'achat », *whatever that may mean),* et un taux de 1 rouble = 1 dollar en moyenne semblerait beaucoup plus réaliste. (Le rouble-objets de consommation manufacturés doit valoir environ 70 *cents,* le rouble « alimentaire » environ 1 dollar, le rouble-machine ou rouble-Kalashnikov peut-être 1,25 dollar – mais ici intervient tout le problème de l'artificialité des prix russes, discuté plus haut. Voir Annexe IV.) Ce taux impliquerait une productivité (P/H/A) égale à 1/6,956, soit 14 % de la productivité américaine. (Pour ceux que cela pourrait choquer, je rappelle que 3,5 millions de paysans américains nourrissent beaucoup trop bien 227 millions de population et fournissent en plus une grosse partie des exportations américaines, cependant que 35 millions de paysans russes, travaillant sans doute plus dur, n'arrivent pas à nourrir 267 millions de population et le pays doit importer du blé. Dans ce cas, le rapport des P/H/A doit être de 10 à 1 sinon davantage).

Concluons. L'équivalent en « dollars » des dépenses russes en matériel, comme on l'a vu, est de l'ordre de 105-110 MD. Avec la productivité industrielle américaine, sa production exigerait environ 3 700 000 hommes/années. Si l'on acceptait le chiffre plus ou moins officiel (et plus que visiblement faux) d'une productivité russe dans l'industrie égale à 50 ou 55 % de la productivité américaine, on arriverait à un chiffre de quelque 7 400 000 hommes/années. Si l'on accorde une signification réelle à un taux de « rouble-machine » égal à 1,25 dollar, et un rapport corrélatif des productivités dans le secteur considéré de 5,56 à 1, la population requise pour la production militaire russe serait de 20 570 000. Si le rapport des productivités était celui indiqué par le taux officiel du change, (soit de 4,57 à 1), cette population serait de 16 910 000 personnes. Seuls ces deux derniers chiffres me semblent mériter d'être retenus. Il faudrait leur ajouter le nombre de personnes (non-militaires) engagées dans l'« opération et entretien » des équipements militaires. Aux États-Unis, celui-ci est de l'ordre de 1 million de personnes. Comme il dépend plus ou moins directement du stock existant d'équipements, il aurait été en Russie de 1,6 million si la productivité y était égale à celle des États-Unis. Supposant, dans ce domaine, un rapport de productivité moins défavorable à la Russie, de 2 à 1, il y aurait encore 3 200 000 personnes à ce titre. Au total entre 20 000 000 et 24 000 000 de personnes dans la société militaire, sans compter le personnel militaire permanent proprement dit. Je retiendrai le premier chiffre pour la suite de la discussion.

On peut comparer ce chiffre, pour finir, avec ceux que l'on peut tirer de Lee, moyennant des hypothèses additionnelles. Les estimations en roubles (prix de 1976) publiées par Lee en 1977 pour les dépenses militaires russes en 1980 se situaient dans un intervalle de 108 à 126 M.R., pour un P.N.B. russe qu'il estimait implicitement devoir atteindre 540-548 M.R. (cette dernière estimation correspond en gros avec les réalisations ; cf. Annexe V). Dans ce total, la part correspondant au « matériel » au sens large défini plus haut, doit être de l'ordre de 97-114 M.R. La valeur moyenne de cette fourchette, 106 M.R., correspond à quelque 20 % du P.N.B. russe de 1980. Si l'on supposait que la productivité dans la production militaire est égale à la productivité moyenne en Russie, cela donnerait 20 % de la population active dans la production militaire – soit 29 millions de personnes, à quoi il faudrait encore ajouter quelque 3 millions de personnel non-militaire pour l'« opération et entretien ». (L'hypothèse : productivité dans la production militaire = productivité moyenne dans l'économie, est loin d'être aussi déraisonnable qu'on pourrait le penser. Certes, la productivité moyenne dans l'économie est grevée par la situation catastrophique de l'agriculture mais celle-ci n'a pas beaucoup de poids ; enlever la population agricole et la production agricole des totaux respectifs n'augmente le P/H/A en roubles que de 13% environ. Et, d'autre part, beaucoup d'auteurs, dont Lee lui-même, pensent, à mon avis à tort, que la productivité dans la production militaire est *inférieure* à celle de l'industrie en général : *Lee, 1977,* p. 280.) Même en supposant que le P/H/A dans la production militaire est de 20 % supérieur à la moyenne de l'économie, cela donnerait encore 22 750 000 personnes dans la production militaire, plus 3 200 000 pour l'« opération et entretien » – quelque 26 000 000 au total.

Ces chiffres pourront paraître à certains incroyables. Incroyables paraissaient aussi, en 1949, les nombres des hôtes du Goulag, ou ceux des exterminés par Staline. Au pays du grand mensonge, le mensonge n'est si grand que parce que les réalités qu'il masque sont symétriquement grandes – dans l'autre sens.

LES ENTREPRISES « FERMÉES »

Le sujet des entreprises « fermées » en Russie exigerait, à lui tout seul, une longue étude. Je me limiterai ici à trois points : un résumé des principales informations factuelles ; une discussion de la question de la « séparation » entre ces entreprises et le reste de l'économie ; une évaluation des arguments contradictoires mis en avant quant à leur efficience ou productivité spécifique.

Khrouchtchev avait mentionné les « entreprises fermées » dans un discours d'avril 1963, ajoutant aussi – phrase caractéristique – qu'elles étaient « fermées aux critiques ». Un article de *Fortune* en 1969 affirmait l'existence en Russie d'une « économie dans l'économie », bénéficiant de privilèges et priorités.[1].

En 1972, paraissaient deux textes de Vernon Apaturian et de W.T. Lee qui présentaient déjà l'essentiel des faits[2]. Apaturian estimait à cette époque que les industries militaires représentaient 50 % de la production russe de biens durables. Quant à leur statut : « Ces industries [militaires] ont la priorité absolue en matière d'équipement, de matières premières et de personnel, y compris le premier choix dans le recrutement du personnel scientifique et technique, de talent managérial et d'ouvriers qualifiés, qui tous reçoivent des payes plus élevées que leurs homologues dans les parties moins favorisées de l'économie... Les dirigeants des industries militaires jouissent aussi d'une liberté administrative plus grande et, pourvu qu'ils remplissent les quotas [de production] et que la haute qualité des produits soit maintenue, ils subissent un minimum d'interférences bureaucratiques dans leur travail. La grande différence qualitative entre les produits soviétiques militaires et spatiaux, d'une part, et les

1. *Pravda* du 26.4.63, cité par R. Kolkowicz, *The Soviet Military and the Communist Party,* Princeton U.P. 1967, p. 292-293. Richard Armstrong, « Military-Industrial Complex-Russian Style », *Fortune,* août 1969. Cité par W. T. Lee, « The Politico-Military-Industrial Complex of the U.S.S.R. », *Journal of International Affairs,* vol 26, n° 1 (1972), p. 73-86 (cité désormais : *Lee 1972*).

2. Vernon Apaturian, « The Soviet Military-Industrial Complex – Does It Exist ? », *Journal of International Affairs,* Vol. 26, no 1 (1972) p. 1-28 ; (cité désormais : *Apaturian 1972*). *Lee, 1972.*

biens de consommation d'autre part, est un témoignage éloquent de l'efficacité de cette partialité[1]. »

A la même époque, Lee (qui estimait lui aussi, de son côté, que les utilisations militaires et spatiales avaient absorbé pendant la décennie précédente, 1960-1970, la moitié de la production de biens durables) écrivait : « En 1962, il y avait 170 instituts de recherche spécialisés et presque 1 500 bureaux de *design,* étude de projets, conception et développement de l'industrie de construction de machines où a lieu l'essentiel des activités R.D.T.E. [recherche, développement, test et évaluation]. En 1967, ces instituts employaient deux millions de personnes, sur un total de 2,85 millions travaillant dans la R et D. Le développement de systèmes d'armes militaires et d'engins spatiaux occupe probablement au moins deux tiers de cette main-d'œuvre. Supposant que l'emploi est, en gros, proportionnel au volume de la quincaillerie *(hardware)* militaire et spatiale produite, quelque 4 à 5 millions d'ouvriers, ingénieurs, techniciens et managers sont probablement engagés dans la production de modèles opérationnels de quincaillerie militaire et spatiale. 3,3 à 4 autres millions sont dans le service militaire actif. Ainsi, le nombre total de Russes *directement* [souligné par moi, C.C.] engagés à faire fonctionner et soutenir le complexe militaro-industriel soviétique est probablement de l'ordre de 10 millions[2]. »

Je note en passant que le chiffre de Lee pour 1967, 4 à 5 millions de personnes, ne couvre pas les constructions militaires, l'« opération et entretien », ou le travail *indirectement* contenu dans les fabrications militaires. Cela dit, au bout de 14 ans, une quantité qui croît de 5 % par an est multipliée par 2 ; à 10 % par an, elle est multipliée par quatre.

Le premier trait distinctif des entreprises « fermées » est le secret absolu qui entoure leurs activités et leur existence même[3]. Elles n'ont ni adresse ni nom connus, et sont offi-

1. *l.c.,* p. 13-18.
2. *Lee, 1972,* p. 85 et 75.
3. Viktor Zaslavsky, « The Regime and the Working Class in the U.S.S.R. », *Telos,* n° 42, hiver 1979-1980, p. 5 à 20 (version révisée d'un article initialement paru dans *Mondoperaio,* n° 6, 1978, p. 74-83 ; cité désormais *Zaslavsky 1980 a*). Mikhail Agursky et Hannes Adomeit, « The

ciellement désignées par un nombre de boîte postale. Zaslavsky note : « Le résultat en est que l'expression "travailler dans une boîte" est largement utilisée dans la langue russe contemporaine [dans laquelle évidemment elle n'était pas, autrefois, utilisée familièrement, comme en français, C.C.]. Le terme devient plus savoureux lorsqu'on tient compte du fait que "boîte" signifie aussi, dans le langage familier, "cercueil" ou "tombeau". » Les ouvriers qui y sont recrutés – et le personnel en général – sont soumis à une enquête spéciale de sécurité – *zasekrechivanie*, « admission au secret » – et souscrivent à l'obligation de « ne pas divulguer des secrets d'État » et de « ne pas entrer en contact avec des étrangers ». (Les « étrangers » comprennent aussi les citoyens des pays satellites.) Ils sont soumis à un contrôle policier continu et sévère, et sont considérés comme responsables du comportement de leurs proches parents aussi bien : si ceux-ci s'avèrent être des éléments « idéologiquement instables », le travailleur sera licencié. Inutile d'ajouter que non seulement les spécifications des produits finals qui pourraient avoir un intérêt militaire, mais la totalité des informations concernant n'importe quel aspect de l'activité de ces entreprises est considéré comme secret militaire placé sous la surveillance permanente et détaillée du K.G.B.[1].

Un deuxième trait distinctif des entreprises « fermées » est l'ensemble des privilèges dont bénéficie leur personnel. Les salaires y sont substantiellement plus élevés qu'ailleurs (de 20 à 25 % d'après Agursky, la différence pouvant aller jus-

Soviet Military-Industrial Complex », *Survey*, vol. 24, no 2, printemps 1979, p. 106-124 (cité désormais : *Agursky 1979*). Zaslavsky, ingénieur des mines et enseignant universitaire en Russie, a émigré il y a quelques années ; il enseigne maintenant à la *Memorial University* à Newfoundland (Canada). Agursky, lui aussi émigré récent, a travaillé à l'Institut des problèmes de contrôle de l'Académie des sciences de l'U.R.S.S., l'Institut de Recherche sur les machines-outils (civil) et l'Institut de Recherche sur la technologie de la construction de machines (militaire). Il enseigne actuellement au Centre de Recherches sur l'U.R.S.S. et l'Est européen de l'Université hébraïque de Jérusalem. J'ai puisé largement dans ces deux textes, provenant d'auteurs qui ont eu une expérience de première main sur le sujet discuté – ce qui ne les empêche pas, comme on le verra, d'avoir des jugements divergents sur le problème de l'efficience des entreprises « fermés ».

1. *Zaslavsky 1980 a, p. 16 ; Agursky 1979*, p. 110-114, qui fournit une description frappante des activités du K.G.B. protégeant les « secrets » (souvent de Polichinelle).

qu'à 40, ou à la limite, selon lui, 50 % des salaires payés par les entreprises ordinaires), les vacances sont meilleures et souvent les entreprises fournissent à leurs ouvriers des logements avec des petits terrains de culture. Sans doute – comme toujours en Russie – d'autres avantages non monétaires, mais extrêmement précieux, doivent former la partie *essentielle* des privilèges[1]. En échange, les ouvriers renoncent à leur droit (le seul qu'ils aient) de changer librement d'entreprise. Ils renoncent aussi, en fait, à la « discipline » plus lâche des entreprises civiles et à la possibilité de faire de la « perruque[2] ».

Les effets de cette situation sur les attitudes ouvrières sont faciles à deviner. La classe ouvrière est clivée entre une partie relativement « privilégiée » et une autre sur-défavorisée. Et cela ne résulte pas seulement des avantages « matériels », mais, comme le note Zaslavsky, du fait que les entreprises « fermées » emploient « des techniques et des machines très modernes qui exigent un type de travail plus créatif et mieux qualifié ». Le même auteur constate que le

1. Sur ce point aussi, les appréciations de Zaslavsky et d'Agursky divergent sensiblement. Pour le premier, « les avantages de travailler dans une entreprise "spéciale" sont, clairement, plus grands que les désavantages ; de ce fait, la concurrence [pour y entrer] est très forte. Beaucoup de travailleurs qualifiés acceptent d'y occuper des postes au-dessous de leurs capacités et qualifications afin de pouvoir y travailler, et cette situation aboutit à une sur-concentration de main-d'œuvre hautement qualifiée dans les entreprises "fermées" (*ib.,* p. 16-17). Pour Agursky, par contre, l'« emploi dans l'industrie militaire est plus tentant pour les ouvriers que pour les scientifiques, puisque les limitations imposées à la créativité des premiers jouent un rôle moins grand. Cependant, lorsqu'ils ont la liberté de choisir, même les ouvriers qualifiés montrent une préférence pour l'industrie civile. » (*ib.,* p. 117 ; l'argumentation est développée pour le personnel scientifique p. 114-117 et pour le personnel ouvrier p. 117-119). J'incline à penser, peut-être injustement, que les appréciations d'Agursky traduisent en partie un biais relié à son expérience personnelle et catégorielle : pour un scientifique d'esprit libéral et critique, l'existence dans une entreprise « fermée » doit être au-delà de l'intolérable. Je crois que ses jugements sont colorés de ce fait – comme aussi par sa polémique contre l'idée d'une hyper-efficience des entreprises militaires. Dans les deux cas, il faut appliquer la règle générale : lorsque deux témoins directs se contredisent, on ne peut qu'exercer son propre jugement.

2. *Agursky 1979,* p. 118. « Cette pratique [de la "perruque"] est très répandue en U.R.S.S., et les gains des ouvriers provenant de ce travail souvent dépassent leurs salaires nominaux. » La question est : *combien* souvent ? La bonne volonté doit être là chez tout le monde ; les possibilités de réalisation sont sans doute beaucoup plus restreintes.

développement des entreprises « fermées » entraîne « la prolifération des statuts et une subdivision effective de la classe ouvrière en catégories plus ou moins privilégiées. En entrant dans les entreprises privilégiées, les ouvriers qualifiés bénéficient d'une certaine marge de mobilité sociale, pendant qu'ils tombent en même temps sous le contrôle détaillé de l'Appareil de sécurité. Ces ouvriers ne peuvent contribuer à aucune sorte d'action concertée et sont pratiquement exclus de l'appartenance potentielle à un mouvement organisé des ouvriers ». Enfin, et peut-être surtout, quelles qu'aient pu être leurs motivations au départ, la combinaison des privilèges, du relatif intérêt du travail, et de la valorisation de celui-ci comme « nationalement important », doit en faire un terrain des plus fertiles pour l'épanouissement du nationalisme et du chauvinisme. Cela est fortement encouragé par les mass media russes qui « présentent l'U.R.S.S. comme un pays assiégé, spéculent sur le danger chinois et chantent le travail pour la défense nationale comme le plus élevé des honneurs pour un citoyen soviétique[1] ». Pour des raisons à la fois matérielles et idéologiques, cette couche de travailleurs forme, sans doute, le pilier le plus solide du régime, après le K.G.B. Elle est la base, quantitativement importante, de la pyramide stratocratique.

Il est inutile de s'étendre sur la question des priorités dont bénéficient les entreprises « fermées » : elles s'appliquent à tout, toujours et partout.

⁂

La « séparation » entre les entreprises « fermées » et le reste de l'économie n'est évidemment pas une séparation « matérielle » au sens de la clôture technique d'une production tout à fait intégrée verticalement (qui produirait elle-même tous ses inputs, à part la force de travail, les utiliserait intégralement, et ne fournirait que des outputs militaires). Une telle « séparation » (qu'Agursky appelle « économi-

1. *Zaslavsky, 1980 a,* p. 17. Voir aussi, du même auteur, « The Rebirth of the Stalin Cult in the U.S.S.R. », *Telos,* n° 40 (été 1979), p. 5-18 (cité désormais : *Zaslavsky 1979*) et « The Ethnic Question in the U.S.S.R. », *Telos,* n° 45, (automne 1980), p. 45-76 (cité désormais : *Zaslavsky 1980 b).* Cet aspect de la question, visiblement, échappe tout à fait à Agursky.

que ») n'est ni nécessaire ni possible. Parlant, non pas de ces entreprises, mais de l'« industrie militaire », Agursky cite (sans référence) une phrase de Brejnev disant que 42 % du volume total de la production de l'« industrie militaire » était destiné à des usages civils. Il est superflu de commenter cette affirmation (ne serait-ce que parce que, dans le meilleur des cas, Brejnev lui-même n'en sait rien). Inversement, selon le même auteur, « des économistes soviétiques ayant accès à des statistiques secrètes estiment que 60 % des entreprises soviétiques sont, à un degré plus ou moins grand, engagées dans des productions destinées aux forces armées (*l.c.*, p. 123) ». Ici encore on se demande ce que cela signifie. (Agursky lui-même rappelle ces faits évidents que l'acier ou l'essence fabriqués dans les aciéries ou les raffineries russes sont utilisés aussi bien par l'industrie militaire que par l'industrie civile.) D'autre part on connaît l'existence de sovkhoz spécialement sélectionnés pour l'alimentation des forces armées et contrôlés par l'administration militaire[1].

La question importante est celle de la séparation organisationnelle et administrative[2] – et, encore plus, de la séparation *sociologique,* dont la précédente est une des conditions, et qui se traduit dans un *fonctionnement* différent, qui présuppose à son tour des *attitudes* différentes. A cet égard, les prémisses connues forcent la conclusion, qui ne peut être qu'affirmative.

Cette séparation ne coïncide pas *rigoureusement* avec la séparation entre production militaire et non militaire. Sans aucun doute, les entreprises produisant exclusivement du matériel militaire, sont « fermées ». Mais le sont aussi d'autres, dont une partie seulement de la production est militaire. « La distinction entre entreprises normales et "fermées"... en Union soviétique est devenue un clivage fondamental qui correspond, en gros, à la division entre secteurs industriels avancés et traditionnels. Les entreprises

1. H. F. Scott et F. William, *The Armed Forces of the U.S.S.R.,* Boulder, Colorado, Westview Press, p. 239, 240, 247-49. Cité par *Collins 1980,* p. 74.

2. Sur ce point, Agursky est clair : « Tandis qu'il est vrai de dire que le complexe militaro-industriel soviétique est organisationnellement et administrativement séparé, il n'est pas et ne pourrait pas être économiquement séparé (l.c., p. 123). »

"fermées" sont essentiellement liées à l'industrie militaire et liées par les règles du secret d'État. Cependant, le concept de secret d'État a subi une dilution considérable et se trouve appliqué aujourd'hui non seulement aux industries d'armement et spatiales, mais aussi à des industries qui utilisent simplement des installations plus modernes et une technologie avancée... Le progrès dans la mécanisation et l'automatisation est beaucoup plus lent dans les entreprises "ouvertes" traditionnelles, qui continuent à employer un grand nombre d'ouvriers manuels non qualifiés[1]. »

En bref : les entreprises « fermées » comprennent sans doute toutes celles qui, pour une part *quelconque* de leur production, fabriquent des produits militaires au sens propre, plus, peut-être, un certain nombre d'autres. Il est raisonnable de penser que ces dernières n'ont pas été classées dans cette catégorie « gratuitement » par la bureaucratie : elles doivent avoir été considérées comme des producteurs potentiels, ou occasionnels, d'objets militaires.

***

Cela nous oblige à revenir sur la question du nombre de personnes (ou d'hommes/années) employées dans la produc-

1. *Zaslavsky 1980 a,* p. 16 et 17. – Agursky de son côté écrit, sans s'apercevoir apparemment de l'incompatibilité entre les faits qu'il rapporte et sa thèse centrale d'une « infériorité » de l'industrie militaire : « Le système des priorités [dans l'obtention de matériaux, machines, pièces, crédits, etc.] se reflète dans le procès de production. Il n'est pas du tout rare que des usines produisent trois catégories différentes de produit, avec des chaînes d'assemblage différentes et des équipes de travail différents, gagnant des payes différentes mais produisant fondamentalement des articles identiques ou similaires. La première catégorie, avec les spécifications de qualité les plus élevées, est la catégorie militaire ; la deuxième catégorie de produits est destinée à l'exportation ; la troisième et dernière catégorie de produits est pour l'usage intérieur "commun". » (*ib.*, p. 110). Puisque dans les entreprises qu'il a en vue des objets militaires sont produits, elles doivent être – d'après ce qu'il a lui-même exposé – « fermées ». Le personnel y est donc soumis au régime déjà décrit.

Qui ne voit pas que les ouvriers, tant qu'à faire, doivent rechercher d'être postés dans les équipes de la première ou deuxième catégorie, plutôt que de la troisième ? Et n'est-il pas clairement affirmé dans cette phrase que les produits militaires sont d'une qualité plus élevée que ceux destinés à la consommation intérieure « courante » ? De quelle qualité ces derniers doivent-ils alors être dans les entreprises qui ne bénéficient d'aucune de ces priorités ?

tion militaire. Il est bien évident que l'estimation fournie plus haut, qui couvre le travail direct *et* indirect consommé par l'industrie militaire (celui des tourneurs employés dans la fabrication d'engins autant que celui des mineurs de fer ayant extrait le minerai nécessaire pour *ces* engins), est plus large que celle du nombre de personnes engagées dans la fabrication d'engins militaires proprement dits. Elle serait donc plus grande que celui du nombre de personnes travaillant dans des entreprises fermées, *si* ces dernières étaient consacrées *exclusivement* aux fabrications militaires. Mais tel n'est pas le cas. Pour autant que celles-ci sont aussi engagées dans la production d'objets non militaires, une partie seulement des hommes/années qu'elles consomment entre dans le total du travail absorbé par la production d'armements. En somme, on a :

1. Hommes/années dans la production ordinaire produisant des inputs utilisés par les « entreprises fermées » pour leurs fabrications militaires.

2. Hommes/années produisant des objets militaires dans les entreprises « fermées ».

3. Hommes/années produisant des objets non militaires dans les entreprises « fermées ».

4 = 2 + 3. Hommes/années consommés par les entreprises « fermées ».

5 = 1 + 2. Hommes/années consommés, directement et indirectement, dans la production d'armements.

Il serait, évidemment, a priori tout à fait hasardeux et injustifié de poser que 4 = 5 (ou que 1 = 3). L'hypothèse est, toutefois, plausible pour ce qui est des ordres de grandeur et je l'adopterai pour la suite. Elle équivaut à supposer que la population des entreprises « fermées » se monte au même niveau que celui auquel on a estimé la population engagée, directement ou indirectement, dans la production militaire ; soit, pour nous, une vingtaine de millions de personnes[1].

1. Cette plausibilité découle du raisonnement suivant. Supposons que les entreprises « fermées » – considérées comme une seule firme, aux comptes consolidés – balancent leurs comptes avec le « reste de l'économie », « achats » d'objets militaires par l'État exclus. Cela impliquerait que la valeur de 3 (dans le tableau du texte) soit égale à la valeur de 1 (valeur ici signifie simplement quantités multipliées par les prix). En

Sur la question de la productivité ou de l'efficience des entreprises « fermées » (ou de l'industrie militaire), on peut être bref, si l'on délimite clairement ce dont on parle et ce que l'on vise. C'est une chose de comparer la productivité de ces entreprises avec celle des entreprises occidentales ; c'est une autre de la comparer avec celle du reste de l'industrie russe. On a souvent l'impression que le désir de prouver quelque chose relativement au premier point (notamment que cette productivité est très basse relativement à celle des entreprises occidentales, ce qui est certainement vrai) entraîne, curieusement, l'étonnante affirmation qu'elle est aussi basse relativement au reste de l'industrie russe, ce qui est certainement faux.

Pour qu'il y ait productivité, il faut qu'il y ait produit. Si une usine fabrique des produits qui marchent bien, fut-ce avec une dépense énorme de travail, etc., elle a une productivité donnée (éventuellement très basse). Si une autre usine dépense moins de travail pour fabriquer des produits qui ne marchent pas, elle a une productivité rigoureusement *nulle* (ou alors on mesure la production comme les planificateurs russes : en poids d'acier). Certes on ne saurait affirmer que tout ce que fabrique l'industrie militaire russe marche bien (on n'en sait rien – mais dans tous les cas où l'on sait, c'est ce que l'on constate), et encore moins que tout ce que fabrique le reste de l'industrie russe ne marche pas. Mais tout ce que l'on sait indique un écart qualitatif énorme entre les produits des deux – et cela concerne aussi, bel et bien, leurs productivités relatives.

effet, en appelant 0 la valeur des inputs achetés par l'« entreprise fermée » au reste de l'économie et destinés à la fabrication d'objets non militaires, on a :

Valeur des achats de l'« entreprise fermée » au reste de l'économie = 0 + 1

Valeur des ventes de l'« entreprise fermée » au reste de l'économie = valeur des inputs désignés 0 plus « valeur ajoutée » = 0 + 3

Achats = ventes entraîne 1 = 3. D'où aussi 4 = 5.

Test supplémentaire : si le personnel des entreprises fermées est de l'ordre de 20 millions, et si le « salaire » (tous avantages compris) y est de l'ordre de 3 000 roubles/an, (soit de 50 % supérieur au « salaire moyen »), le total des salaires payés par ces entreprises est de l'ordre de 60 MR en 1980 (et peut-être de 80 MR si l'on tient compte des « transferts sociaux » etc. Cf. Annexe V, Tableau G). On est bien dans l'ordre de grandeur requis par ce que l'on suppose par ailleurs sur les dépenses militaires en « matériel » de l'État russe.

Au-delà de cet aspect, tout ce que l'on sait, avec une certitude absolue, sur le fonctionnement de l'économie, de la production et de la « planification » russes indique que si la productivité de l'industrie « ordinaire » était supérieure à celle de l'industrie militaire, l'ère des miracles aurait recommencé. « Dans chaque période, les planificateurs sont confrontés avec des pénuries de ressources. Comment les allouer ? Les branches qui ont la priorité la plus haute obtiennent tout ce dont elles ont besoin ; les autres, qui sont plus ou moins arriérées, reçoivent ce qui reste, ou rien[1]. » Comment des entreprises qui ont priorité sur tout pourraient-elles avoir une productivité inférieure à celles dont on sait que le fonctionnement est périodiquement interrompu par des ruptures d'approvisionnement de tel ou tel input ? Comment une entreprise peut-elle organiser rationnellement sa production si elle est sujette à des ruptures de stocks – ce qui est souvent le cas des entreprises ordinaires, et jamais de celles fabriquant des objets militaires ? Les entreprises ordinaires sont constamment sujettes aux interférences de la bureaucratie centrale et locale de l'État et du Parti ; les entreprises engagées dans la production militaire en sont débarrassées. Les entreprises ordinaires sont soumises à une « planification » absurde : les objectifs leur sont fixés « à partir du niveau atteint » (la « planification » consiste, essentiellement, à « ajouter » des pourcentages de croissance aux résultats du passé[2]), ce niveau lui-même étant défini par des indices de performance absurdes (le poids, ou la « valeur brute » de la production, etc.) qui sont des puissants stimulants d'*anti*-économie. Les entreprises produisant pour l'armée produisent d'après des commandes précises, avec des spécifications strictes de la qualité du produit. De cette qualité du produit, les entreprises ordinaires ne font pas grand cas, on le sait ; pour les entreprises de l'industrie militaire, le contrôle des produits est extrêmement sévère, le non-respect des spécifications et des normes imposées par le « client » (l'Armée) entraîne le rejet du produit[3]. Si, dans ces

1. Igor Birman, « From the Achieved Level », *Soviet Studies*, vol. XXX, n° 2, avril 1978, p. 153-172 ; (désormais cité : *Birman 1978*), p. 164.
2. *Birman, 1978, passim.*
3. *Agursky, 1979,* p. 109.

conditions, vous pouvez croire que la productivité dans les industries ordinaires est supérieure à celle des industries militaires – alors, vous pouvez croire n'importe quoi.

Aussi bien H.T. Lee que M. Agursky, qui soutiennent le point de vue opposé, me semblent entraînés à des positions contestables par la réfutation des thèses absurdes qu'ils combattent (les incroyables estimations de la C.I.A. antérieures à la « révision » de 1976, qui impliquaient des productivités russes presque comparables aux productivités américaines, et d'autres estimations similaires. Agursky veut réfuter la thèse selon laquelle l'industrie des armements russe est plus efficiente que l'américaine. Nous n'avons pas à nous soucier de cela.) Voici les arguments de Lee, dont la thèse est que « les secteurs (principalement) militaires des industries de construction de machines sont quelque peu [*somewhat*] moins efficients dans l'utilisation des inputs de travail et de capital que ces industries dans leur ensemble[1] » :

« Premièrement : ni le secteur civil ni le secteur militaire des industries soviétiques de construction de machines ne sont "purs". Les deux fabriquent un *mix* de produits civils et d'armes. » Je ne vois pas la pertinence de cet argument – qui prouverait, tout au plus, que la discussion n'a pas de sens.

« Deuxièmement : les produits militaires sont conçus plus près de l'état de l'art soviétique, et le ministère de la Défense insiste sur le respect des spécifications. Ainsi, les produits militaires sont plus difficiles à produire et les taux de rejet sont plus élevés. » L'argument est bizarre. L'industrie civile a-t-elle une productivité plus élevée parce qu'elle réussit à faire accepter par les services de contrôle les déchets qu'elle fabrique ? Ou bien parce qu'elle produit des objets au-dessous de l'état de l'art ?

« Troisièmement : il y a probablement davantage de produits militaires qui sont fabriqués en petite série qu'à des volumes de production de masse. » Est-ce qu'avec cet argument Lee conclurait que la production de porte-avions aux États-Unis est « moins efficiente » que la production de voitures ?

1. *Lee 1977*, p. 280.

« Quatrièmement : pour des raisons internes et externes, les plans de production d'armes ne se succèdent pas probablement avec continuité *(smoothly)* lors du passage d'un système à l'autre. Dans de telles périodes, les usines soviétiques ne peuvent pas licencier leur personnel, ou vendre une partie de leur capital pour limiter les coûts. » Il y a dans cet argument probablement un élément de réalité. Est-ce qu'il balance tout ce que subissent les entreprises ordinaires du fait de l'irrégularité quasi-perpétuelle de leurs approvisionnements ?

« Cinquièmement : l'exigence du secret dicte une compartimentation sévère, qui conduit probablement à du gaspillage et à des doubles emplois. Les activités professionnelles des scientifiques et des ingénieurs subissent aussi les contraintes imposées par l'exigence du secret, de sorte qu'il se peut que la main-d'œuvre des ministères (principalement) militaires ne soit pas qualitativement très supérieure à celle des ministères engagés principalement dans la production d'objets civils. » Ce dernier argument est le seul, à mes yeux, qui ait du poids ; et il est en fait le seul qui ressort du texte d'Agursky. Lee le restreint, de façon beaucoup plus plausible, au personnel scientifique et technique, cependant qu'Agursky l'étend à la totalité du personnel. On a vu que Zaslavsky est d'un avis tout à fait opposé. Pour justifier mon accord avec son opinion, je note une des contradictions internes de l'argumentation d'Agursky : on ne peut pas dire à la fois, comme il le fait, que les ouvriers préfèrent les entreprises ordinaires parce qu'ils peuvent y passer leur temps à faire de la « perruque » – et que la productivité du travail y est plus élevée. Car nous parlons, bien entendu, de la productivité effective du point de vue de l'entreprise (du patron) ; non pas des « capacités » ou « virtualités » productives des ouvriers. Personne n'a prétendu que les ouvriers des entreprises ordinaires sont génétiquement inférieurs aux autres. Il se peut même qu'ils produisent plus – mais pas pour l'entreprise, et c'est de cela que nous parlons.

Quant au personnel scientifique, la question est plus obscure, et intrinsèquement plus difficile (la « productivité » des scientifiques n'est pas mesurable). Mais on ne peut pas croire que le *Typhon* a été réalisé par des techniciens et des ingénieurs de troisième classe – ni par des gens qui s'en fichaient. Et, si on ne le savait pas déjà, Soljénitsyne a montré, dans *le Premier cercle,* comment le « patriotisme » ou le simple amour du métier peuvent conduire des scientifiques persécutés par le régime à travailler efficacement pour celui-ci.

LES GRANDES MASSES DE LA SOCIÉTÉ/ÉCONOMIE RUSSE

Vingt millions de personnes (personnes *actives ;* il faut presque doubler pour parvenir à la population totale) dans la production militaire et ses annexes. Deux à trois millions de militaires professionnels proprement dits (y compris ceux des « administrations » correspondantes). Soit, vingt-deux ou vingt-trois millions de personnes dans le corps social de l'Armée, dans la société militaire.

Quinze millions de membres du Parti – dont il faut soustraire un nombre très important déjà compris dans le corps social de l'Armée (officiers membres du Parti – environ 90 % du total des officiers ; aussi, membres du Parti parmi le personnel technique et d'encadrement des industries militaires). Peut-être donc dix à douze millions de membres du Parti « civil », occupant (*Nomenklatura* civile) dans la société non militaire tous les postes comportant privilèges et pouvoir sur celle-ci.

Au total, trente à trente-cinq millions de personnes (sur environ cent cinquante millions de population active), insérées dans une organisation (une multi-organisation) hiérarchique pyramidale qui, malgré beaucoup de différenciations internes, appartiennent toutes aux « privilégiés » du régime et ont partie liée avec celui-ci – fussent-ils des simples ouvriers ou manutentionnaires. (Voir Annexe V).

Là-dedans, deux différenciations principales :

D'une part, entre la société militaire, et le Parti « civil » (et les cadres de la société non militaire privilégiés et formant sa clientèle obéissante) ;

D'autre part, à l'intérieur de la société militaire, entre les dirigeants (« militaires » ou non), cadres, etc., et les « exécutants » de tous ordres, ouvriers surtout, mais privilégiés matériellement, et sans doute aussi « valorisant » leur travail et leur place dans la société et l'histoire russes.

Entre la société militaire et le Parti « civil », il existe des multiples ponts à plusieurs niveaux – mais aussi une distance considérable : pas d'interférence réciproque, et *règle de priorité absolue, dans tous les domaines, pour les demandes de l'Armée.* La réunification se fait au Sommet. Encore pour comprendre comment elle se fait, il ne faut pas se poser les questions sous des formes stupides : y aura-t-il un Bonapartsky ou non ? ou : combien de généraux y a-t-il au Comité central ? ou : quelles personnes ont pris telle décision (à ce titre la classe capitaliste n'aurait jamais exercé le pouvoir dans les pays occidentaux : combien d'industriels ou de banquiers ont été présidents des États-Unis ou Premiers ministres en Angleterre ?). Il faut se demander : quel est le *sens* des décisions prises et de l'orientation que la société russe, décisions explicites ou pas, tend à réaliser ? Et, si l'on passe au plan « subjectif » : dans quoi ceux qui forment le Sommet de l'Appareil du Parti voient-ils leur avenir et leur salut, comment leurs *actes* traduisent-ils leurs priorités, les choix qu'ils font, les visées de leur politique interne et externe ? Les faits ne laissent place à aucun doute : avec une constance fantastique, tout a été subordonné, tout a été sacrifié, au développement de la société militaire.

Face à ces couches dominantes et/ou privilégiées – 20 % ou un peu plus de la population active – soutiens résolus du régime et de son orientation :

– trente-quatre millions de paysans (23 % de la population active), vivant sous des conditions assez connues

– et soixante-quinze à quatre-vingts millions de travailleurs salariés dans l'industrie et les services non militaires (à peu près moitié-moitié), vivant misérablement avec des salaires au-dessous de la « moyenne » (les rémunérations des médecins et des instituteurs sont sensiblement inférieures au salaire « moyen » des ouvriers – qui est gonflé par les salaires beaucoup plus élevés des ouvriers de l'industrie militaire), ne disposant pas de « magasins spéciaux », faisant des queues interminables, se désintéressant des clients et de la production ou la sabotant carrément, se débrouillant comme ils peuvent, trichant tant qu'ils peuvent, buvant plus qu'ils ne peuvent. (La seule marchandise toujours disponible en Russie, à n'importe quelle heure et n'importe quel lieu, c'est la vodka. Marchais préfère les jeux Olympiques à la drogue. Il reste à savoir à quoi la population russe préfère-t-elle la vodka.)

Telles sont les grandes masses de cette société, chacune avec sa dynamique propre, toutes emportées dans la grande et aveugle dynamique de la force brute pour la force brute.

L'IMPOSSIBILITÉ DE RÉFORMES

Pourquoi l'organisation et le mode de fonctionnement de la société militaire ne sont-ils pas extensibles à l'ensemble de la société russe ? Une fois de plus, il faut comprendre que la question ne se pose pas en termes de choix rationnels et ponctuels, à effectuer à des moments singuliers. L'évolution de la Russie est, comme celle des autres pays mais beaucoup plus qu'elle, prise à tout instant dans l'immense inertie et pesanteur des situations déjà créées.

Pour que la production non militaire fût réformée sur le modèle de la production militaire, il ne suffirait absolument pas de lui transférer, *in abstracto,* des « ressources » : des « fonds d'investissement », des « machines » ou des « ingénieurs » (ce qui exigerait évidemment de soustraire ces ressources à l'Armée). Il faudrait aussi transférer *le mode d'organisation et de fonctionnement* de la production militaire au reste. A cela s'opposent des obstacles formidables. Je n'en cite que les plus importants.

En premier lieu, il faudrait obtenir d'autres attitudes de l'ensemble du personnel, du sommet à la base. Cela ne se fait ni par de belles paroles, ni par des décrets. Dans la société militaire, les motivations des individus qui peuplent l'Appareil – officiers, dirigeants et cadres de la production, etc. – ne sont certainement pas seulement des motivations « économiques » : de privilèges, le bureaucrate russe dispose où qu'il soit placé. Ils ne font que le renforcer dans son cynisme et son carriérisme. Pour les cadres de la société militaire, autre chose est sans doute en jeu : l'imaginaire national-impérial, constamment renforcé par le *succès* incontestable de l'entreprise du surarmement et de l'expansion. Pour le bureaucrate de l'économie et de la production non militaire, une nouvelle « réforme » proclamée cette année n'est que la quinzième version d'une farce déjà jouée, vouée au même échec (au même succès en tant que farce) que les précédentes, et devant laquelle il s'agira d'essayer de faire semblant aussi bien que l'année dernière[1]. Pour les constructeurs d'avions, de sous-marins ou de fusées, une nouvelle fabrication est un progrès effectif sur des fabrications qui ont été effectivement réalisées et qui ont été des succès. Des motivations analogues – aussi bien le nationalisme, qu'un travail qui « sert à quelque chose » – doivent valoir sans doute aussi pour le personnel directement productif, les ouvriers et employés du secteur militaire. Elles y sont renforcées, comme déjà dit, par des privilèges matériels considérables. Ceux-ci ne peuvent pas être étendus à la totalité de la population travailleuse ni du jour au lendemain ni même dans un laps de temps tant soit peu réaliste. Certes, une élévation substantielle des rémunérations ouvrières, si elle devait entraîner un changement des attitudes ouvrières dans la production (ce qui n'est pas fatal), serait théoriquement « rentable », elle « se rembourserait elle-même » – mais à la longue. Le régime devrait faire l'avance d'une hausse importante du niveau de vie – en en attendant les effets sur la productivité au bout de plusieurs années. Ne disposant d'aucune réserve, il est hors d'état de le faire.

En deuxième lieu, toute réforme tant soit peu sérieuse du système productif-économique exigerait la mise au rebut d'une portion considérable de la bureaucratie à tous les niveaux, sommets exceptés, des entreprises, de l'économie et du Parti lui-même. Et cela, non pas tant pour des raisons d'« économie », mais pour des raisons d'organisation et de fonctionnement : Postes, mode d'être et mode de (non-)agir de cette bureaucratie sont indissociablement liés au mode d'être et au mode de (non-)fonctionnement actuel du régime. Dans ce cas encore une réforme pourrait être « auto-remboursante » à la longue, même du point de vue de ces cou-

1. Zinoviev : « En Russie, il est impossible de dire la différence entre une personne qui travaille et une personne qui fait semblant de travailler. »

ches prises abstraitement dans leur totalité ; cela ne signifie nullement qu'elle serait tranquillement acceptée par ces millions de privilégiés – qui sont le seul appui du régime dans la société non militaire. Non acceptée, cela veut dire calmement et efficacement sabotée.

Ce qui conduit directement à une troisième et dernière remarque. Une réforme comme celle que je discute ici n'est pas une disposition juridique et ne peut pas être effectuée par un ou vingt et un décrets. Le changement social considérable qu'elle impliquerait ne pourrait avoir effectivement lieu que s'il était impulsé, animé, matérialisé par l'activité d'un groupe social important. Concrètement, il faudrait des centaines de milliers, sinon des millions, de « nouveaux cadres », animés d'un autre esprit et fonctionnant selon d'autres normes pour l'introduire, l'appliquer, la faire fonctionner (à l'encontre de tous les concernés, bureaucrates aussi bien qu'ouvriers du reste) à tous les endroits de cette immense toundra boueuse qu'est l'économie russe. L'émergence, et encore plus le succès, dans le P.C.U.S. d'un tel groupe est absolument hors de question.

La réforme pourrait-elle être faite à pas de tortue, petit à petit, de proche en proche ? Non ; elle y perdrait toute efficacité. Par où commencer ? Et à quoi cela servirait-il de produire des tracteurs ou des combinés meilleurs ou plus nombreux avec les kolkhozes tels qu'ils sont ? A quoi serviraient des industries mieux organisées en amont, si l'aval ne fonctionne pas, et comment réformer les industries de l'aval, si l'amont leur fournit des machines qui marchent mal ? L'immensité du problème fait qu'une réforme globale est impossible, et que toute réforme partielle serait enlisée et annulée dans ses résultats par la réaction et la rétroaction des parties non réformées. De cela, on a eu l'ample confirmation expérimentale depuis la mort de Staline. On sait que la succession des « réformes » introduites pendant la phase khrouchtchévienne n'a en rien amélioré la situation. On sait également que la dernière « grande » réforme remonte à 1965, qu'elle comportait des mesures incohérentes témoignant des conflits entre secteurs de la bureaucratie (par exemple, elle accordait aux directeurs d'entreprise la possibilité de licencier des ouvriers, mais non pas de contrôler le fonds des salaires de leur entreprise, la deuxième disposition annulant pratiquement le sens économique de la première), et que ses dispositions « rationalisatrices » ont été officiellement violées dès le départ (par exemple, quant aux « indices » requis des entreprises en matière de résultats). Et une fois de plus, à la fin 1979 puis pendant le Comité central de l'automne 1980, on a pu assister aux longs et ennuyeux réquisitoires contre l'inefficacité, l'incohérence et les échecs de l'organisation économique – lesquels, une fois de plus, n'ont conduit à rien d'autre qu'à des changements de l'organigramme des ministères. Seul « indice de réalité » dans la vaine et interminable logorrhée bureaucratique : le décret de juillet 1979 – quelques mois avant l'Afghanistan – qui va nettement « dans le sens d'un renforcement de la centralisation du pouvoir de décision aux mains du P.C.U.S., d'un resserrement du contrôle à tous les niveaux, d'une prééminence des intérêts collectifs [lisez : des intérêts de l'État, C.C.] sur les intérêts individuels[1] ».

***

Mais allons plus loin, et posons une question provocante : est-ce que le régime « voudrait » vraiment le développement de l'économie non militaire ? La question paraîtra absurde : pourquoi le régime refuserait-il une amélioration de la situation économique intérieure, s'il pouvait obtenir à peu de frais, ou sans frais ?

Et pourtant : il est facile de produire un cas, d'une importance capitale, montrant que le régime pourrait obtenir immédiatement une amélioration très sensible de la situation économique sans que celui lui coûte rien – et qu'il ne le fait pas. C'est le cas de la production agricole – plus précisément, de la production alimentaire.

Dans ce cas, un décret suffirait. D'un trait de plume, demain matin, M. Brejnev pourrait augmenter très sensible-

1. M. A. Crosnier, « Mise à jour avril 1980 », *CPE 1980,* p. 248. La littérature sur les « réformes » russes est devenue immense. On trouvera des indications sur la perspective actuelle dans Seweryn Bialer, « The Politics of Stringency in the U.S.S.R. », *Problems of Communism* mai-juin 1980, p. 19-33. Depuis que j'ai rédigé le texte, le XXVIe Congrès du P.C.U.S. a eu lieu ; les discours ont été répétés, mais cette fois-ci il n'y a même pas eu de changement des organigrammes.

ment la production d'une foule de denrées agricoles, qui composent une part très importante (un tiers peut-être, sinon davantage) de la consommation alimentaire des populations urbaines. Il lui suffirait pour cela d'augmenter substantiellement l'étendue des « lopins individuels » des kolkhoziens et des employés et ouvriers des sovkhozes. Ceux-ci représentent actuellement moins de 3 % des terres arables, mais fournissaient, en 1976, plus d'un quart de la production agricole totale, presque exclusivement des denrées alimentaires, la plus grande partie en étant vendue sur les marchés kolkhoziens des villes. Il existe donc des marges très importantes pour augmenter la production « marchande » des paysans, sans nullement entamer à un degré sérieux la « propriété du peuple tout entier », ni la position de la bureaucratie agraire. Le danger que les kolkhoziens délaissent encore plus le travail sur la « terre du peuple tout entier » pour travailler sur leurs lopins pourrait être facilement maîtrisé : par exemple, la jouissance des lopins additionnels pourrait être lié à l'accomplissement des prestations dues de travail. Le seul effet substantiel d'une telle mesure serait un effet sur les circuits d'épargne, sans signification politique ou autre. La population russe dans son ensemble, et la population urbaine en particulier, est condamnée actuellement à une considérable épargne forcée : elle ne peut pas dépenser ses revenus, car tout simplement elle ne trouve pas de marchandises à acheter. Le total des comptes d'épargne est passé de 11 milliards de roubles en 1960 à 146,2 milliards fin 1979 ; on estime qu'au total l'« accumulation monétaire de la population est actuellement d'environ 200 milliards de roubles, au minimum[1] ». A part des effets du second ordre qui ne nous intéressent pas ici (baisse éventuelle des prix sur le marché kolkhozien, etc.), le résultat d'une telle extension du marché kolkhozien serait une augmentation des dépenses alimentaires de la population urbaine se traduisant par un accroissement à peu près équivalent des revenus de la paysannerie, laquelle, ne trouvant pas plus qu'auparavant des marchandises industrielles à

1. I. Birman, « The Financial Crisis in the U.S.S.R. », *Soviet Studies,* vol. II, n° 1, janvier 1980 (cité désormais : *Birman 1980*), p. 86. *Zaslavsky 1980 b,* p. 70. *CPE 1980,* p. 238.

acheter, les accumulerait sous forme de comptes d'épargne ou de liquide. Tout aussi négligeables seraient les effets « idéologiques » : même Andrieu ou Fiterman pourraient trouver une façon de présenter une telle mesure comme une « nouvelle victoire du socialisme », preuve de la « consolidation victorieuse de la propriété du peuple tout entier sur la terre », etc.[1].

Cela serait faisable – et cela ne se fait pas. Non pas que les dirigeants ne soient pas capables d'y penser – ils ont déjà joué avec les lopins individuels, et récemment encore Brejnev prononçait, à leur sujet, des paroles encourageantes. Mais des paroles seulement. C'est, très certainement, que cela ne les intéresse pas. Plus généralement : un véritable « développement » de l'économie non militaire ne les intéresse pas. Et cela, parce que un tel développement serait aussi, jusqu'à un certain point, un développement de la *société* elle-même – de la société non militaire – qui pourrait tendre à diminuer son assujettissement au contrôle des organismes dominants.

Sans tomber dans le crétinisme économiste, on est en droit de penser que, dans les conditions d'une société contemporaine, une absence d'aisance est *aussi,* directement et indirectement, de multiples façons, une restriction *matérielle, de fait,* à la liberté. Et il est tout à fait légitime de se poser la question : dans des conditions de relative « prospérité » et aisance économique, le régime pourrait-il tenir la société et ses différentes couches comme il les tient aujourd'hui ? Est-il facile d'imaginer la Russie avec le niveau de vie ouest-européen ou américain – et le même régime politique ?

Considérons le cas de la dissidence. Être dissident en Russie aujourd'hui n'entraîne pas seulement le risque ou plutôt la quasi-certitude de l'internement psychiatrique et/ou d'an-

1. Certes, parallèlement à l'extension des lopins individuels on devrait faciliter un approvisionnement accru des kolkhoziens en quelques autres inputs agricoles (essentiellement engrais et fourrages). Ni politiquement ni économiquement cela ne pourrait poser des problèmes graves. – Depuis que ces lignes ont été écrites, on a appris qu'un décret avait été pris par le gouvernement russe, le 17 janvier 1981, destiné à encourager les citoyens à développer la production de leurs lopins individuels (*Le Monde,* 13.2.81, p. 2). Il ne semble pas qu'il en ait été question au XXVIe Congrès du P.C.U.S., un mois plus tard.

nées en camp de concentration. A part toute répression policière, et *avant* celle-ci, cela entraîne la certitude de la perte immédiate du travail, et donc, pratiquement, de toute ressource – avec, à la clé, au bout de trois mois, une condamnation pénale pour « parasitime social ». On ne peut pas ne pas être frappé, à la lecture des écrits des dissidents, par un autre aspect de la différence entre les années trente et les années soixante. Il n'y a pas eu seulement la fin de la terreur de masse stalinienne ; il y a eu aussi la petite amélioration de la situation économique générale, avec ce résultat indirect : des gens (quelques-uns) pouvaient désormais vivre (matériellement) sans être à une place définie de l'« organigramme social » général. Des travaux non officiels, le soutien des amis étaient désormais possibles. Il est difficile d'éviter l'impression que ce minuscule desserrement économique a fourni une contribution à la possibilité d'une dissidence plus étendue.

Une augmentation de la prospérité, une aisance économique croissante entraîneraient des effets secondaires certainement indésirables pour le régime. Il y aurait, sans doute, une expansion des canaux « parallèles » de l'économie[1] échappant au contrôle de l'État ; moins les gens seraient économiquement serrés – et serrés dans l'emploi de leur temps, entre autres par les queues interminables – plus un « marché » non étatique des biens et des services pourrait se développer. Un peintre non officiel trouverait plus facilement preneur pour ses toiles, les circuits souterrains de diffusion de la littérature pourraient à la limite devenir rémunérateurs (comme ils le sont presque devenus ces dernières années en Pologne), et nourrir des écrivains dissidents. Plus important, dans un « marché du travail » déjà maintenant caractérisé par une pénurie de main-d'œuvre, les licenciements deviendraient encore moins dissuasifs, et les ouvriers encore plus « indisciplinés ».

Il y a ici, sans doute, de multiples sur-déterminations. Le régime ne peut pas *et* ne veut pas développer l'économie

1. Sur l'« économie parallèle » – ou, plus exactement, les économies parallèles – en Russie, voir par exemple : Gérard Duchêne, « L'officiel et le parallèle dans l'économie soviétique, « *Libre*, n° 7, Payot, Paris, 1980, p. 151-188, où l'on trouvera aussi une abondante bibliographie.

non-militaire. S'il le voulait, il ne le pourrait pas ; et, s'il le pouvait, il ne le voudrait pas. J'ai essayé d'éclairer la première proposition dans les pages qui précèdent, et ailleurs depuis longtemps[1], et j'ai aussi discuté l'exemple fictif des lopins paysans pour illustrer la deuxième. La prosopopée – « le régime » – est évidemment utilisée ici comme sténographie. Il ne s'agit pas de décisions délibérées, signées et datées ; ni d'un sadisme (ou snobisme) des dirigeants dont le caviar deviendrait insipide s'ils savaient que les autres mangent aussi à leur faim. Il y a une logique social-historique – soit, la cohérence *sui generis* qui s'affirme à travers l'incohérence et l'irrationalité du système bureaucratique. Toute initiative, orientation, décision qui tendrait à augmenter les marges de liberté des individus et des groupes sociaux et/ou à diminuer le degré de contrôle de l'Appareil bureaucratique sur la société est extrêmement improbable, en fait impossible. Ceux qui dirigent n'y penseront jamais « spontanément » ; si quelqu'un parmi eux y pensait, il y aurait immédiatement blocage au niveau de la décision, et si par extraordinaire une décision était prise, elle serait annulée dans son application. Et, pour comprendre cela, point n'est besoin d'aller en Russie ou de l'étudier. Chacun en a, ici même, l'expérience : il sait ce que l'État, les administrations ou les entreprises font lorsqu'ils agissent « spontanément », sans opposition ou pression de la part des citoyens, des administrés ou des travailleurs. Bref, comme dirait M. de la Palice : laissée à elle-même, la bureaucratie ne peut agir que bureaucratiquement.

La « volonté » du régime est la résultante anonyme et largement aveugle de toutes ses poussées et de toutes ses inerties. Il existe des objectifs *contre* lesquels se dressent immanquablement et efficacement des individus, des groupes, des couches, des secteurs, des dispositifs institutionnels, des manières de voir, de se représenter, de penser et de faire les choses ; et il existe des objectifs *pour* la réalisation desquels tous ces facteurs s'assemblent et travaillent en com-

1. Voir, entre autres, les textes réunis maintenant dans *la Société bureaucratique,* vol. 1 et 2, Ed. 10/18, Paris, 1973 ; et « Le régime social de la Russie », *Esprit,* 1978, n° 7-8, p. 6 à 23, pour une liste complète de références.

mun sans que personne ne l'ait explicitement décidé. Et cette « volonté » du régime se lit sur ses résultats : là où le régime « veut », il peut, et là où il peut, il « veut ». Il veut et il peut le développement de la société militaire, le sur-armement et l'expansion extérieure.

Certes il n'y a pas, et il n'y a jamais eu, pour le régime de choix libre, dans l'absolu, sur une table rase, entre la sur-puissance militaire et la « prospérité » économique. Mais, presque dès le départ, chacun de ses pas l'a poussé dans la première voie – *du simple fait qu'il lui barrait la seconde.* Même lorsqu'il était encore loin de poursuivre la puissance militaire *per se,* en s'acharnant à obtenir la pseudo-« industrialisation » du pays par les seuls moyens de la violence et de l'hyper-contrôle bureaucratique – excluant par là, nécessairement, aussi bien la participation des producteurs que les stimulations et régulations des mécanismes du marché – il créait et consolidait continuellement la situation qui rendait impossible tout « développement » d'un autre type, et toute réforme substantielle d'un énorme édifice qui pourrissait au fur et à mesure de sa construction. Cette situation est là partout, lourdement et presque irréversiblement *matérialisée* dans le système absurde des prix, dans les proportions des capacités de production, dans la répartition géographique et professionnelle de la force de travail, dans la qualité des matériels, dans l'absence de stocks, dans le gaspillage perpétuel, dans la corruption systématisée, dans la destruction de toute motivation (autre que la préservation de sa niche personnelle pour le citoyen ordinaire, ou l'arrivisme moyennant l'opportunisme, le cynisme, l'intrigue, la flatterie et la trahison pour le bureaucrate), et enfin, succès suprême du régime, dans le renoncement, de tous, à tout espoir de modification et dans l'attachement désespéré de presque tous au *statu quo* et leur lutte pour sa préservation. (Sur ce dernier point, les descriptions et analyses de Zinoviev contiennent ce qui me semble un grain essentiel de vérité.) Tel a été le grand acquis de la période stalinienne, son héritage qui avait déjà scellé l'impossibilité de toute autoréforme tant soit peu substantielle de la bureaucratie.

Il n'y a ni décision délibérée, de quelqu'un ou de quelques-uns, de maintenir le pays dans sa demi-misère rampante ni des « lois objectives du système » qui l'empêchent d'en sortir. Mais il n'y a pas certes davantage de nécessité inéluctable, présente partout et toujours, poussant au « développement des forces productives ». Les forces productives se développent lorsque le système social est orienté vers un tel développement, lorsque les dispositifs institutionnels et les comportements et motivations des hommes, adéquatement articulés les uns aux autres, le permettent et le « visent ». Ni les proclamations programmatiques, ni l'« idéologie », ni le knout, ni l'hôpital psychiatrique ne suffisent pour le déclencher. Or de tels dispositifs institutionnels, de tels comportements et motivations des hommes existent visiblement bel et bien dans la société russe – mais dans un secteur, et un seul : le secteur militaire. C'est pour cela que s'y réalise ce qui s'avère péniblement et répétitivement impossible dans les secteurs non militaires : un développement technologique et productif *efficace* (même s'il n'est pas *efficient),* une constance, continuité et cumulativité des orientations, des efforts, des résultats, une cohérence des moyens mis en œuvre entre eux et avec les fins visées, une organisation qui, au total, *fonctionne* (à travers et au-delà de ce qui doit être ici aussi, sans aucun doute, un océan de gâchis bureaucratique).

Annexe IV

Le coût réel de l'armement russe

Comme déjà dit, toutes les données utilisées ici relativement à l'armement et les dépenses militaires des uns et des autres sont dans le domaine public. Elles ont été puisées dans des publications officielles (celles du *National Foreign Assessment Center* ou du Congrès des États-Unis) ou non officielles (l'Institut International des Études Stratégiques de Londres, ou l'Institut Français des Études Internationales), accessibles à n'importe quel agent du KGB, chercheur du Centre d'Études et de Recherches Marxistes ou même « expert militaire » du Parti socialiste français.

Au-delà de ces données, il existe toujours des « secrets militaires » – qui le sont surtout pour nous autres, non pas pour les services d'espionnage respectifs. (En particulier, je serais plutôt surpris s'il existait pour les Russes des « secrets » américains – à part, probablement, les derniers codes cryptographiques.) Ces « secrets » sont de peu d'importance pour ce qui nous intéresse ; ils concernent surtout les spécifications techniques des matériels, non pas les grandes masses de la quincaillerie. Celles-ci sont connues, à quelques kilogrammes près, dans le cas des États-Unis ; les incertitudes, dans le cas de la Russie doivent être de l'ordre de 10 %. (Peu de choses peuvent, actuellement, échapper à la photographie par satellite.) Pour le reste, il faut comprendre la nature de toutes les estimations que l'on tente ici. Il ne s'agit pas de calculer les dixièmes de seconde d'arc de précession du périhélie de Mercure ; il s'agit de juger si la masse de Jupiter est de deux fois, ou de quatre fois, celle de Saturne.

Pour ce qui est des dépenses correspondantes, elles sont connues au dollar près dans le cas des États-Unis : budgets et compte-rendus des discussions des commissions du Congrès sont publiés. A cela deux restrictions de principe (et de fait) – les deux peu importantes, encore, pour ce qui nous intéresse. La première, c'est la jungle (et l'inexactitude) de toute comptabilité, et en particulier publique. La deuxième concerne les « caisses noires » et les

« opérations couvertes » (*covert operations*). On ne sait pas combien a coûté à la C.I.A. le renversement d'Allende, ni quel a été le partage des frais entre C.I.A. et I.T.T. en l'occurrence. Pas plus qu'on ne sait combien coûte à la Russie le soutien de ses différents « partisans », armés ou non, dans les autres pays. (Mais on peut savoir que la guerre du Vietnam lui a coûté, en tout et pour tout, environ 2 milliards de dollars – soit, moins de 2 % de ce qu'elle a coûté aux États-Unis. *Collins 1980*, p. 44.)

Les « dépenses militaires » russes ne sont pas connues. On ne sait pas dans quels postes du budget russe elles sont cachées – ni même si elles se trouvent *dans* le budget russe (parmi d'autres, dont moi-même, Igor Birman, économiste russe et émigré récent, en doute : cf. *Birman 1980*, p. 100-102). A strictement parler, on ne peut même pas être certain qu'elles sont reflétées (même indirectement ou sous un pseudonyme quelconque) dans les « comptes nationaux » publiés par la bureaucratie. De là, l'allure de travail de détective – fastidieux et fascinant – auquel on doit se livrer si l'on estime que la question présente une certaine importance.

Parmi ceux qui se livrent à ces travaux, pour des raisons évidentes, il y a certes au premier rang les services d'« intelligence » occidentaux et, à un degré quantitativement et qualitativement de loin supérieur à tous les autres, la C.I.A. Celle-ci publie régulièrement les résultats de ses recherches et des indications générales sur sa « méthodologie » – mais non pas le *détail* de ses calculs et de ses méthodes. (Voir plus loin.)

On pourrait penser que les estimations de la C.I.A sont systématiquement biaisées vers le haut. Rien ne serait plus faux. Jusqu'à 1976, elles étaient systématiquement biaisées vers le bas à un degré ridiculement incroyable (ou incroyablement ridicule). Pourquoi il en était ainsi, c'est une autre histoire, excellent sujet de thèse sur le comportement des organisations politico-bureaucratiques. Posons ce principe général : un service d'« intelligence », comme tout service de « techniciens » ou d'« experts », dans une période de décomposition de l'*ethos* bureaucratique, tend à présenter à ses patrons ou clients le genre de données que ceux-ci demandent ou qu'il imagine qu'ils demandent. Qu'en particulier les compères Nixon-Kissinger auraient désiré des données sous-estimant le surarmement russe ne fait pas le moindre doute : il fallait faire la guerre au Vietnam, envahir le Cambodge, etc., donc continuer à y diriger l'essentiel des dépenses militaires, dont le poids pour la population américaine, avait déjà vertigineusement augmenté, en même temps que se présenter à l'opinion comme des apôtres de la paix en lui vendant du vent (grande spécialité de Kissinger). Il est vrai que ce jeu de la C.I.A. avait déjà commencé – et probablement pour les mêmes raisons – sous Johnson. Mais on peut se demander si Vladivostock et SALT I, manœuvres publicitaires et électorales à consommation interne, auraient été aussi facilement acceptés par le Congrès et l'opinion publique américaine, si on leur avait présenté des dépenses militaires russes augmentant régulièrement chaque année de 5 à 10 %.

Toujours est-il que la C.I.A. demandait aux gens de croire que la part des dépenses militaires russes était tombée de 11 % du P.N.B. russe en 1955 à 6,5 % en 1970 et à 4 à 6 % (25 à 28 M.R.) au milieu des années 1970. Cela, pendant que les quantités d'armement russe continuaient à s'accumuler à un rythme rapide et même accéléré. La « révision dramatique » des comptes de la C.I.A. a eu lieu en avril 1976 : elle comprenait un doublement des « dépenses » russes pour 1970 et une estimation de leur taux de croissance réel à 5 % par an (3 % jusqu'alors – soit, un rythme sensiblement inférieur à la croissance du P.N.B. russe). La principale raison produite par la C.I.A. pour cette révision était que jusqu'alors elle avait considérablement surestimé (de 100 %) la « productivité » de l'industrie militaire russe. Mais le caractère embarrassé et incomplet de ses explications me renforce dans l'idée que les estimations précédentes étaient « politiques[1] ».

1. Voir William T. Lee, *The Estimation of Soviet Defense Expenditures 1955-1975. An Unconventional Approach.* New York, Praeger, 1977. (Recension utile de Philip Hanson, *Soviet Studies,* vol. XXX, n° 3, juillet 1978, pp. 402-410). W.T. Lee, « Soviet Defense Expenditures in the 10 th FYP », *Osteuropa Wirtschaft,* 1977, n° 4, décembre 1977, pp. 272-292. Steven Rosenfielde, « On the Interpretation of Soviet Arms Procurement Expenditures... », *ib.,* 1980, n° 1, mars 1980, pp. 41-53. « The C.I.A.'s Goof in Assessing the Soviets », *Business Week,* 28-2-77, pp. 96-100. U.S. Congress, Joint Economic Committee, *Allocation of Resources in the Soviet Union and China,* 94e Congrès, 2e Session, Washington U.S. G.P.O., 1976. – Il est amusant de noter que les chiffres imaginaires de la C.I.A. prévalaient malgré les critiques acerbes qui leur étaient adressées du sein même de l'*establishment* d'« intelligence » américain. Par exemple, témoignant en 1975 devant le *Subcommittee on Priorities and Economy in Government* du Congrès, le général Graham, directeur de la D.I.A. *(Defense Intelligence Agency)* critiquait durement les estimations de la C.I.A., montrant un accroissement insignifiant des dépenses russes de 1960 à 1971, qu'il trouvait « absolument incroyables. Pendant cette période, 1960-1971, les Soviets étaient passés d'une poignée de lanceurs ICBM à plus de 1 500 sur cinq systèmes différents, avaient produit plus de 50 sous-marins lanceurs de missiles, créé un programme spatial militaire hautement sophistiqué, introduit un nouveau bombardier et cinq nouveaux avions de combat, déployé plusieurs milliers de lanceurs SAM, déployé une force importante sur la frontière chinoise, activé à peu près 20 divisions supplémentaires et ainsi de suite. » (*Allocation of Resources in the Soviet Union and China,* Hearings... 94e Congrès, 1re session, 18 juin et 21 juillet 1975, U.S. G.P.O., Washington 1975, p. 92 sq.) Mais qu'importaient les faits, puisque Kissinger affirmait qu'on vivait la détente ? – A noter aussi qu'en même temps (et non pas *maintenant,* comme semble le croire A. M. Cox « The C.I.A.'s Tragic Error », *NYR of B,* 6-11-80, p. 21 sq.) elle estimait les coûts de personnel en « dollars » de l'Armée russe en leur appliquant les taux

Bien entendu, les gens « de gauche » se sont empressés de considérer les *nouvelles* estimations comme « politiques » – ou à les écarter sans autre forme de procès puisqu'elles ne changeaient rien aux estimations de l'armement réel – escamotant par là la vraie question : celle de l'étendue du surarmement russe, de ses « causes » et de ses virtualités. Un excellent exemple de cet escamotage est fourni par l'article déjà cité en note de A. M. Cox, tissu d'informations erronées ou obsolètes et de raisonnements tortueusement faux. Cox conclut sa discussion de la révision par la C.I.A. de ses hypothèses sur la productivité russe ainsi : « Ce qu'ils [la C.I.A.] ont découvert, était que la production de défense soviétique n'était pas, en réalité, très efficiente. Ainsi, l'effort soviétique de défense absorbait une plus grande part du P.N.B. qu'on ne le croyait précédemment. Ce qui aurait du être cause de jubilation est devenu inspiration d'une panique mal dirigée [*misguided alarm*]. » Lui-même prisonnier – comme presque toute la « gauche » – du fétichisme économique capitaliste, Cox se frotte les mains parce que les Russes payent avec 15 % de leur P.N.B. ce que les Américains payent avec 5 % du leur – et s'arrête. La question ne lui traverse pas la tête : pourquoi donc un pays si pauvre (puisque sa productivité est si basse) consacre-t-il 15 % de son P.N.B. aux armements ?

La méthode primitive

Face aux incertitudes qui entourent toutes ces estimations, j'ai essayé, aux fins de contrôle, une méthode primitive. L'idée en est simple. Si l'on suppose connu le rapport des stocks d'armes russe et américain, et le rythme (présumé régulier) de progression de la production russe, on peut déduire la quantité absolue de cette production, moyennant une hypothèse additionnelle sur la durée de vie utile des objets composant ces stocks. – Inversement, si l'on suppose connue la production russe actuelle (en termes de la production américaine) et son rythme de progression pendant une

de paye américains ! Cela évidemment faisait penser aux sénateurs que les dépenses *réelles* de la Russie étaient *encore* plus petites qu'il n'y paraissait. Le sénateur Proxmire, Président du Sous-comité, à Colby, directeur de la C.I.A. : « Je suppose que si nous faisions la même chose pour la Chine, ils ont une Armée encore plus grande, non ? – Colby : Oui. – La Chine est très faible militairement, comparée à l'Union soviétique et à nous. Mais elle a une armée colossale ; cela se traduirait par un foutu tas *[a whale of a lot]* de dollars. » (*l. c.*, p. 74) Sachant que ces « dollars » ne signifiaient rien, les sénateurs dormaient tranquilles.

période écoulée (postulée égale à la vie utile des objets composant le stock), on peut calculer le stock russe actuel.

Les critiques et objections auxquelles la méthode est sujette sont évidentes (j'en ai mentionné les principales dans le texte). Son avantage est de fournir un grossier test de toutes les estimations, et de posséder une grande souplesse puisqu'on peut faire varier selon son jugement les paramètres numériques (et les hypothèses de fond que ceux-ci incorporent).

Rigoureusement parlant, on suppose que :

H, 1 : la contenance matérielle (l'inventaire) des stocks russe et américain est connue à un instant donné (par exemple, fin 1980) ;

H, 2 : ces deux stocks sont comparables en termes d'objets militaires homogènes, OHMs, de sorte que l'on peut estimer leur rapport k (k = stock russe/stock américain) ;

H, 3 : la fonction qui représente la croissance de la production russe d'OHM dans le temps est connue (dans sa forme et ses paramètres). Concrètement, on suppose qu'elle est de la forme $P(t) = P(o)\ (1 + g)^t$, où t est le temps et g le taux de croissance annuel ;

H, 4 : la vie moyenne utile, T, des éléments OHM est connue et la même pour tous.

H, 1 ne pose que des problèmes empiriques peu importants, qui ont déjà été discutés.

H, 2 est une hypothèse sauvage et contraire à la réalité. Elle équivaut à dire qu'aujourd'hui il y a chez le marchand A k fois plus de « légumes » que chez le marchand B. Il faut savoir et se rappeler qu'on n'a pas le droit de le dire. Il faut aussi se rappeler qu'on le prend constamment dans la vie, et en particulier que les économistes se le donnent toujours, d'une manière détournée et sans dire qu'ils le font.

H, 3 pose le même problème principiel que *H, 2* (la composition de la production change avec le temps) et un problème « empirique » moins grave (la progression réelle de la production n'est certes pas rigoureusement exponentielle).

H, 4 est carrément fausse – mais cela n'est pas grave.

La dérivation d'une formule générale est élémentaire[2].

2. Si $S_r(t)$ et $S_a(t)$ sont les stocks russe et américain à la fin de la période t et $P_r(t)$, $P_a(t)$ les productions russe et américaine pendant l'année t, on a :

$$S_r(t) = P_r(t - T)\,\frac{(1 + g)_T - 1}{g}$$

Si $S_r(t) = k\ S_a(t)$, connaissant $S_a(t)$, g et T, on peut déterminer $P_r(t - T)$. Inverse-

Quelques mots sur les paramètres principaux, T et g, ne sont peut être pas inutiles.

J'ai choisi T = 20. Cela revient à dire que les deux stocks sont actuellement composés de tout ce qui a été produit de 1961 à 1980 et de cela seulement. Ce n'est qu'une fiction commode. Sa fausseté est tempérée par divers facteurs :

– dans toute quantité qui croît exponentiellement, les contributions des périodes reculées sont peu importantes par rapport aux contributions des périodes les plus récentes ;

– dans l'inventaire des deux quincailleries on rencontre peu d'articles antérieurs à 1960 (année qui marque le début de « nouvelles générations » de plusieurs catégories d'engins).

– à part certaines constructions (immeubles), et encore, les matériels antérieurs à 1960 et toujours en service ne le sont qu'en fonction de dépenses considérables de modernisation et de *retrofitting* qui ont eu lieu dans la période prise en compte. (Les frais de remise en état de service de deux grands cuirassés de 1943 récemment décidée par l'Administration Reagan, estimés, *pour l'instant,* à 2,5 M.D. pièce, sont supérieurs au prix d'un sous-marin nucléaire *Trident* neuf *avec* les missiles, ou d'un porte-avions nucléaire sans les avions, qui reviennent, chacun, à 2 M.D. ; *IHT,* 5.1.81, p. 3).

Bien entendu, tout allongement de la période prise en compte accroît les incomparabilités.

J'ai choisi g = 0,05, soit un taux de croissance de la production russe d'armements égal à 5 % par an. C'est sans doute l'élément le plus problématique dans tous ces calculs, et dont les variations exercent une influence très grande, par les propriétés de la fonction exponentielle, sur les résultats. g = 0,05 correspond aux estimations récentes de la C.I.A. (voir plus loin). W.T. Lee estime la croissance des *dépenses* militaires russes à 10 % en moyenne par an pour 1960-1970 (donc, sensiblement *plus* pour le *matériel*), un peu moins pour la période 1970-1975 et sensiblement plus pour la période 1975-1980 (*Lee 1977,* p. 285, 283, 291). On ne gagne pas grand chose à comparer ces taux avec les taux de croissance de la « Branche A » de la production russe (outre les problèmes que pose l'estimation de ceux-ci) ; même si la production d'armements en forme une partie considérable, son taux de croissance peut être sensiblement différent de celui du total (qui était supposé être de

ment, si l'on connaît $P_r(t)$ (ou on croit en avoir une bonne estimation), en termes par exemple de $P_a(t)$, on peut déterminer (supposant toujours que l'on connaît g et T)

$$P_r(t - T) = P_r(t)\,(1 + g)^{-T}$$

et, par suite, $S_r(t)$.

quelque 7 % par an pour le Xe Plan, 1975-1980 ; pour d'autres chiffres, voir les textes de Greenslade, et de Green *et al.* in *JEC 1976*, p. 280, 305, 308).

Je fais grâce au lecteur du détail des calculs. Voici les résultats, à partir de l'hypothèse additionnelle que le stock américain de quincaillerie (*hardware*, ici pris comme incluant à la fois matériel et « construction ») fin 1980 était égal à 18 fois la production correspondante américaine en 1980 (pour la justification de cette hypothèse ; voir le paragraphe suivant, « Les nouveaux calculs de la C.I.A. ») :

A. Si le stock russe actuel est égal à 1,6 fois le stock américain et la production russe a augmenté de 5 % par an pendant les vingt dernières années, la production russe de 1980 aurait été de 2,29 fois la production américaine.

B. Avec le même rapport des stocks (1,6) mais un taux de croissance de 10 % par an (W.T. Lee), la production russe de 1980 aurait été de 3,38 fois la production américaine.

C. Si les deux stocks sont égaux, et la production russe a augmenté de 3 % par an, la production russe en 1980 aurait été de 1,21 fois la production américaine.

D. Supposant encore les deux stocks égaux, mais le taux de croissance de la production russe égal à 10 % par an, la production russe de 1980 aurait été de 2,11 fois la production américaine[3].

C'est le cas A qui me semble le plus plausible. (A vrai dire, je pense que le rapport des stocks de 1,6 sous-estime probablement la supériorité quantitative russe.) Et le « taux de croissance » de 5 % par an (avec toutes les énigmes et les apories insolubles que réprésente l'idée d'un « taux de croissance » d'un ensemble où les qualités changent constamment et de nouveaux objets apparaissent) me semble raisonnable pour un secteur bénéficiant de la priorité absolue dans la production russe, dont les « taux de croissance » globaux officiellement publiés sont, probablement, gonflés.

3. Tous les résultats dépendent linéairement (multiplicativement) des valeurs supposées quant au rapport des stocks (k) et du rapport stock américain fin 1980/production américaine en 1980. On peut donc les modifier, en faisant varier ces paramètres, par de simples multiplications ou divisions.

Les nouveaux calculs de la C.I.A.

Perseverare diabolicum, et la C.I.A. persévère, pour les chiffres comme pour le reste. Elle persiste à faire payer les conscrits russes, qui touchent 3,8 roubles par mois, soit 5,5 dollars (27 F) au taux officiel de change (*Collins 1980,* pp. 86-87) au taux de paye des soldats « volontaires » américains : 450 dollars (2 250 F) par mois au départ en 1979, plus des allocations généreuses de toutes sortes, plus un niveau de vie américain dans tous les domaines, même s'il ne comporte pas toujours des danseuses *go-go* payées sur le budget du Pentagone, comme dans la scène fantastique, hallucinante, la plus réaliste de toutes d'*Apocalypse Now.* Cela, malgré les critiques qui lui ont été adressées de toute part (cf. les remarques acerbes du représentant Les Aspin in *Collins 1980,* p. 87 note 35).

Cela dit, son dernier document (*Soviet and US Defense Activities, 1971-1980 : A Dollar Cost Comparison,* National Foreign Assessment Center, Washington, janvier 1981, cité désormais : *NFAC 1981 ;* cf. aussi, *A Dollar Cost Comparison of Soviet and US Defense Activities, 1967-1977,* N.F.A.C., Washington, janvier 1978, cité désormais : *NFAC 1978*) fournit enfin une décomposition des dépenses militaires russes telles qu'elle les estime, ce qui permet de se débarrasser de cette absurdité. Pour le reste, les données de la C.I.A. s'appuient sur un travail colossal, comportant la description d'environ « 1 100 composants militaires distincts » et l'estimation de ce que leur production aurait coûté aux États-Unis. Inutile de rappeler que ces estimations aussi peuvent être critiquées dans leur principe pour de multiples raisons. On fera abstraction de ces critiques dans ce qui suit.

Les chiffres de la C.I.A., aux prix de 1979, ont été grossièrement ajustés aux prix de 1980 aux fins de comparabilité avec le reste de cette étude, en supposant une hausse des prix de 10,8 %[4]. Les totaux corrigés ainsi sont de 193,9 M.D. pour les dépenses militaires russes en 1980, et de 127,4 M.D. pour les dépenses américaines. Il s'agit des dépenses *effectives* (non pas des *crédits* budgétaires) comprenant toutes les dépenses en personnel (en uniforme ou « civil »), *à l'exception* des retraites et pensions (*NFAC 1981,* pp. 2 et 7). Le montant de celles-ci était de 11,2 M.D. pour les

4. La hausse de l'indice des prix implicite des dépenses fédérales aux États-Unis de 1979 à 1980 a été de 11,2 % (*ERP 1981,* Tableau B3, p. 237). Elle a été moindre pour l'investissement fixe non résidentiel (*ib.,* p. 236). Le pourcentage de 10,8 résulte de la comparaison du chiffre de la C.I.A. pour les dépenses militaires américaines aux prix de 1979, 115 M.D., et de celui de 127,4 M.D. aux prix courants donné par *IISS, SSM 1979,* p. 84. *ERP 1980* donne (p. 233) 132 M.D. comme dépenses de défense pour 1980 – mais la hausse des prix que ce chiffre implique par comparaison au chiffre de la C.I.A. (14,8 %) laisse penser qu'il ne s'agit pas de données comparables.

États-Unis en 1980 (*Collins 1980*, p. 85 note 28) ; il est estimé par la C.I.A. à 8 M.D. pour la Russie pour la même année (*NFAC 1981*, p. 7). Il est à souligner que les chiffres de la C.I.A. ne couvrent pas les dépenses russes pour les forces armées très substantielles du K.G.B. et du M.V.D.

Le tableau suivant donne la répartition implicitement fournie par la C.I.A. pour les dépenses russes et américaines en « dollars », et la répartition des dépenses américaines résultant des pourcentages donnés par Collins (*ib.*, pp. 85-86), ajustés pour exclure les retraites et pensions.

RÉPARTITION DES DÉPENSES MILITAIRES DÉRIVÉE DES DONNÉES DE LA C.I.A. (milliards de « dollars » 1980)

	Russie	*États-Unis* C.I.A.	*États-Unis* Collins
1. Personnel	35 % = 67,9		41,66
2. Opérations et entretien : personnel			17,73
3. D°, matériel			21,67
4. 2 + 3	20 % = 38,8		39,40
5. 1 + 4	55 % = 106,6	R = 1,3 E.U. = 82,0	81,06
6. Équipement	25 % = 48,5		
7. Construction	5 % = 9,7		
8. 6 + 7	30 % = 58,2	R = 1,75 E.U. = 33,3	
9. R et D	15 % = 29,1	R = 2 E.U. = 14,6	
0. 8 + 9	45 % = 87,3	47,9	47,2
Total général	193,9	129,9	128,26

Note : La différence entre le total des dépenses américaines donné plus haut (127,4 M.D.) et ceux apparaissant ici dans les colonnes C.I.A. et Collins n'a pas de signification réelle, ces derniers étant le résultat des additions des données partielles calculées d'après les pourcentages ou les proportions approximatives données par la C.I.A. et Collins, *loc. cit.*

On peut voir clairement sur cet exemple les limites (et les absurdités) des comparaisons « économiques » internationales. Les chiffres totaux russes sont de toute évidence énormément gonflés par les « dépenses de personnel » calculées aux taux de paye américains. Ainsi, si les États-Unis réintroduisaient la conscription (avec la paye insignifiante des soldats qu'elle comporte habituellement), la conséquence en serait une baisse considérable des « dépenses militaires » russes (dont la composante « personnel » serait désormais comptabilisée sur la base de ces taux insignifiants).

On peut essayer de tenir compte de ce facteur. (De plus, un sous-produit du calcul nous sera utile par la suite.) Pour cela :

– on supposera que les estimations de la C.I.A. en « dollars » sont valables pour ce qui est des dépenses de matériel de toute sorte ;

– on inclura aussi dans cette catégorie les dépenses de R + D (recherche et développement) parce qu'elles doivent comprendre une partie « matériel » prépondérante, et que la production du matériel est impossible sans elles ;

– on décomposera les dépenses d'opération et entretien en dépenses de personnel et dépenses de matériel selon les proportions qui valent pour ce même poste américain (45 % pour les premières, 55 % pour les secondes) ; selon toute vraisemblance il y a ici une source de sous-estimation de la composante « matériel » de ces dépenses dans le cas de la Russie ;

– on posera que le personnel russe, en général, « coûte », en « dollars », un cinquième de ce que « coûte » le personnel américain (et que la C.I.A. prend comme base de calcul). Cela correspond en gros à la différence des niveaux de vie entre les deux pays.

Avec ces hypothèses, on a :

	Russie	États-Unis (Collins)
1. Personnel proprement dit	0,2 × 67,9 = 13,58	41,66
2. Personnel opérations et entretien	0,45 × 38,8 × 0,2 = 3,49	17,73
3. Total dépenses personnel	17,07	59,39
4. Matériel opérations et entretien	0,55 × 38,8 = 21,34	21,67
5. Équipement, construction, R + D	87,3	47,2
6. Total dépenses matériel	108,64	68,87
Total général	125,71	128,26

Compte plus que bizarre : la colonne « Russie » comporte certaines « marchandises » comptabilisées à leur prix en « dollars », et d'autres comptabilisées on ne sait pas trop en quoi. On constatera encore une fois l'absurdité intrinsèque des comparaisons des « dépenses » comme telles, puisque cette réduction de presque un tiers des « dépenses » de la Russie n'a pas réduit ses forces armées d'un seul canif. On notera en même temps l'inconsistance – si l'on va à la substance des choses – de certains critiques « de gauche » de la C.I.A., comme Cox *(NYR of B, l.c.)* dont toute l'argumentation serait réduite à néant, si la C.I.A. avait présenté ses chiffres en disant :

a) la Russie a sous les armes deux fois plus d'hommes que les États-Unis ;

b) ses dépenses en matériel, tous postes compris, estimées en dollars (aux prix américains) sont de 58 % supérieures à celles des États-Unis.

Dans tout cela, deux quantités nous importent :
– les dépenses en *hardware*, en quincaillerie (équipement et construction), car elles sont un indice de l'accumulation de stocks d'armement de part et d'autre ;
– le total des dépenses en matériel (dépenses en *hardware* plus R et D, plus partie « matériel » des dépenses d'« opération et entretien »), car elles renvoient au nombre d'hommes (autres que les militaires professionnels, conscrits, etc.) requis pour la fabrication et l'entretien du stock d'armements.

Ces quantités, à partir des précédents tableaux et des hypothèses indiquées sur les « opérations et entretien », se résument pour 1980 comme suit :

	Russie	États-Unis	Russie/ États-Unis
HARDWARE	58,2	33,3	1,75
R et D	29,1	14,6	2
Partie matériel du poste «opérations et entretien»	21,34	21,67	0,58
Total «production matériel militaire»	108,64	68,87	1,58

Enfin, une troisième implication concerne le taux de croissance des dépenses militaires russes. La C.I.A. indique pour celui-ci 3 % « environ » par an (*NFAC 1981*, p. 1) – cependant que son graphique (*ib.* p. 11) donne implicitement un taux de croissance de 3,5 % par an (aux prix de 1979, les dépenses militaires russes passent de 105 M.D. en 1965 à 175 M.D. en 1980, soit une augmentation de 66,7 % en 15 ans, correspondant à 3,45 % par an). Mais ce taux de croissance comprend celui des dépenses en personnel qui a dû être, en termes réels, négligeable pendant cette période – de l'ordre de 1 % par an. (A des corrections du second ordre près, glissements hiérarchiques, amélioration de l'ordinaire, etc. – les variations de ces dépenses en termes réels ne reflètent que des changements dans le *nombre d'hommes*). Dans le calcul cidessus, les dépenses en matériel (108,64 M.D.) correspondent à 56 % du total donné par la C.I.A. (193,9 M.D.). Supposant un taux de croissance de 1 % par an pour les dépenses « réelles » en personnel, on a :

$$0{,}56\,(1 + x) + 0{,}44\,(1{,}01) = 1{,}035$$

ce qui donne pour le taux de croissance de la production de matériel militaire, x, 5,5 % par an[5]. Je supposerai toutefois que le taux de croissance de la production de matériel russe a été, pendant la période 1960-1980, de 5 % par an.

Conclusion quant au rapport des stocks russe et américain. La production américaine de *hardware* en 1980 a été de 33,3 M.D. Ce chiffre est *assurément supérieur* à la moyenne annuelle des dépenses américaines à ce titre pendant la période 1961-1980. Abstraction faite des dépenses pour la guerre du Vietnam, les dépenses militaires des États-Unis en termes réels, qui avaient très légèrement augmenté de 1960 à 1965, ont ensuite baissé sensiblement jusqu'à 1976 inclus et ont faiblement fluctué entre 1977 et 1979 ; la première augmentation significative a eu lieu en 1980. (*IISS 1980,* p. 94 ; *Collins 1980,* p. 44 ; *IISS, Situation stratégique mondiale 1979,* trad. française, Berger-Levrault, Paris, 1980 – cité désormais : *IISS SSM 1980* –, p. 84.)

Je fais grâce au lecteur des détails des calculs. Le total des dépenses militaires américaines pour la période 1965-1980, aux prix de 1980, est de 2 231 M.D.. De cela il faut enlever environ 240 M.D. de dépenses pour la guerre du Vietnam (« incremental costs », 111 M.D. de dollars aux prix de l'époque – *Collins 1980,* p. 44), et ajouter 480 M.D. de dépenses pour la période 1961-1964 (à partir de *IISS SSM 1979,* p. 84). Cela fournit un total de dépenses de 2 470 M.D. pour la période 1961-1980. Appliquant à la totalité de la période le pourcentage des dépenses en *hardware* de la période 1971-1980 de 24,3 % (*NFAC 1980,* p. 2), on en arrive à un total des dépenses pour le *hardware* de 600, 2 M.D. – que nous supposerons représenter la valeur en dollars 1980 du stock américain de *hardware* en 1980.

Le total des dépenses militaires russes, selon les estimations de la C.I.A., pour 1965-1980, a été de 2 747 M.D. aux prix de 1980 (*NFAC 1980,* p. 11). En étendant jusqu'à 1960 le taux de croissance de ces dépenses de 3,5 % par an, on aurait pour les années 1961-1964 un total de 411 M.D. – soit, pour l'ensemble de la période 1961-1980, 3 158 M.D.. Appliquant à la totalité de la période le pourcentage des dépenses de *hardware* pour la période

5. Ce calcul présuppose a) que les dépenses de recherche et de développement (R et D) croissent au même rythme que les dépenses en matériel au sens strict ; en l'absence de toute information, l'hypothèse ne semble pas déraisonnable ; b) que le taux de croissance des dépenses en matériel pour opérations et entretien est le même que celui du *hardware* ; supposition vraisemblable, puisque ces dépenses sont plus ou moins proportionnelles au stock de *hardware* existant à tout instant et que, la production de *hardware* croissant exponentiellement, son stock est à la longue proportionnel au flux.

1971-1980, 30 %, on arrive à un total des dépenses à ce titre de 947,4 M.D. – que l'on supposera également représenter la « valeur en dollars 1980 » du stock russe de *hardware* en 1980. Le rapport des deux stocks serait alors de 1,578. Si, d'autre part, on prend comme point de départ les dépenses russes en *hardware* en 1980, soit 58,2 M.D., que l'on suppose qu'elles ont augmenté depuis 1960 de 5 % par an, leur total cumulé pour la période serait de 725,3 M.D. Dans ce cas, le rapport des deux stocks serait de 1,21.

Passer de ces estimations à la conclusion qui nous importe, les hommes engagés dans la production militaire, présuppose qu'on soit capable de répondre à cette question métaphysique : qu'est-ce qu'un rouble – ou, plus prosaïquement : combien d'hommes-années y a-t-il dans un SS-20 ? Cela présuppose, autrement dit, qu'on puisse se faire une idée raisonnable de la *productivité* de l'économie et de l'industrie russes.

La productivité russe

Je serai obligé d'être bref sur ce point capital, me réservant d'y revenir ailleurs.

Je soutiens que :

1. La productivité « moyenne » de l'économie russe est très considérablement inférieure à ce qu'on en dit d'habitude. Dans l'industrie, elle doit être de l'ordre du cinquième de la productivité américaine (qui n'est plus maintenant tellement plus élevée que celle des pays « avancés » d'Europe occidentale).

2. Tout fait penser qu'elle doit être plus grande dans les entreprises « fermées » – et, *pro tanto,* dans la production militaire – que dans le reste de l'industrie.

3. Ce fait ne se reflète pas, et il n'y a aucune raison pour qu'il se reflète (à part la projection par les économistes occidentaux de leurs schémas mentaux sur les bureaucrates russes) dans les « prix » que la bureaucratie se charge à elle-même pour les produits correspondants (militaires ou autres, provenant des entreprises « fermées » mais utilisés par la bureaucratie). Essayer de tirer, à partir des *rouble/dollar ratios,* des indications sur la « productivité du travail » russe dans le secteur de la « production des machines » est un exercice, pour parler poliment, tout à fait vain.

4. Il y a tout lieu de croire que les « prix » du « Secteur A » en Russie sont systématiquement biaisés vers le bas. *Ergo,* tout calcul de la « charge » des « dépenses militaires » pour l'économie russe en termes de pourcentage du P.N.B. à partir des dépenses *« apparentes »* en roubles (supposées exactement connues) tend à *sous-estimer* cette charge ; pour la même raison, il tend à sous-estimer le nombre d'hommes dans la production militaire si celui-ci est inféré à partir de ces « dépenses » apparentes.

5. Comme on sait en même temps que les rémunérations dans les entreprises « fermées » sont substantiellement plus hautes que la moyenne, ce secteur doit être foncièrement « déséquilibré » du point de vue comptable (salaires hauts et « prix » bas) ; il doit présenter des « profits » sensiblement inférieurs à ceux du reste des entreprises. *Au-delà de tous les autres facteurs connus et discutés, il y a là une raison fondamentale pour laquelle la bureaucratie n'entreprend pas et n'entreprendra pas une « réforme » véritable des prix.*

Sur le point 1 : Dans son étude monumentale *The Growth of Industrial Production in the Soviet Union* (Princeton U.P., 1962), G. Warren Nutter estimait la valeur ajoutée par l'industrie russe en 1955 à 20 % de celle de l'industrie américaine (mesurée en roubles) ou 23 % (mesurée en dollars). Il soulignait la divergence avec les estimations occidentales habituelles à l'époque (qui plaçaient l'industrie russe à quelque 33 % de l'industrie américaine) et l'expliquait par des raisons toujours, ou plus que jamais, valables aujourd'hui (p. 290). La valeur ajoutée par personne employée en Russie était, selon ses calculs, de 18,5 % (mesurée en roubles) ou de 22 % (mesurée en dollars) de celle aux États-Unis ; par heure de travail, les pourcentages tombaient, respectivement à 17,7 % et 21 % (Table 63, p. 238).

De 1955 à 1980 (année de récession !) la production industrielle des États-Unis a augmenté de 151 % (passant de l'indice 58,5 à l'indice 146,9 ; elle était à l'indice 152,5 en 1979. *ERP 1981,* Table B-41, p. 279). Quatre hypothèses pour la production russe (production américaine de 1955 = 100) :

a) *1955 = 20.* Croissance 5 % par an = multiplication par 3,386 = 67,72 en 1980 = 27 % de la production américaine de 1980.

b) *1955 = 33.* Même taux de croissance = 111,7 en 1980 = 45 % de la production américaine en 1980.

c) *1955 = 20.* Croissance 7 % par an = multiplication par 5,43 = 108,5 en 1980 = 43,2 % de la production américaine de 1980.

d) *1955 = 33.* Même taux de croissance = 179 en 1980 = 71,3 % de la production américaine de 1980.

Le total des ouvriers et employés *(wage and salary earners)* des branches : industrie manufacturière, mines et construction était en 1980 aux États-Unis de 25 858 000 (*ERP 1981*, Table B-35, p. 273). Il était (« industrie et construction ») probablement de 55 642 000 en Russie (voir annexe V). Le rapport des personnes employées est donc de 1 : 2, 15. Divisant par ce rapport, on obtient comme indice du *produit par personne employée* dans l'industrie en Russie (États-Unis = 100) : 12,54 (cas a), 20,93 (cas b) 20,1 (cas c) 33,16 (cas d).

Je crois les estimations de Warren Nutter correctes pour 1955, et je ne crois pas aux chiffres officiels et leurs taux de croissance de 7 % par an pour *l'industrie dans son ensemble.* Même ces chiffres officiels d'ailleurs ne montrent plus, depuis 1965, que des taux de croissance inférieurs à 7 % (et proches de 5 % pour la période 1975-1980). Un produit par personne employée dans l'industrie en Russie de l'ordre de 20 % de celui obtenu aux États-Unis est probablement une estimation généreuse.

Le *point 2* a été longuement discuté dans le texte. Il est évidemment impossible de quantifier – outre l'absence d'informations, il y a des problèmes conceptuels – la supériorité des entreprises « fermées » en matière de productivité. Je supposerai, arbitrairement, qu'elle est supérieure de 25 % à la *moyenne* de l'industrie – donc aussi, comme cela se trouve, égale à 25 %, le quart, de la productivité américaine industrielle moyenne.

Les *points 3 et 4* sont repris à la fin de l'annexe V. Warren Nutter notait déjà en 1962 : « Les mesures en roubles ne sont pas très significatives pour les comparaisons à cause des prix *arbitrairement bas* (soul. par moi, C.C.) attribués aux produits militaires en Union Soviétique » (p. 256, note 23).

En revanche, les prix des biens de consommation sont *« trop hauts ».* Une excellente enquête de Keith Bush, « Retail prices in Moscow and four Western Cities in May 1976 » (*Osteuropa Wirtschaft,* 1977, n° 2, juin 1977, pp. 122-141) compare les prix au détail de quelque 200 articles de consommation habituels et de qualité « similaire » à Moscou, Washington, Paris, Londres et Munich. Certes les prix au détail comprennent les impôts indirects – mais la proportion de ceux-ci n'est pas très différente entre la Russie et les États-Unis que je vais ici comparer (sur le fond, que la bureaucratie prélève le surplus sous forme de taxes ou de prix plus élevés est absolument égal). Bush compare les prix en dollars (au taux officiel de l'époque : 1 rouble = 1,3245 dollars) et en heures ou minutes de travail (salaire net mensuel aux États-Unis à l'époque 677,68 dollars, en Russie 146,10 roubles ou, au taux officiel, 193,51 dollars, soit 28,55 % du salaire américain). Il s'avère que pour le « panier *alimentaire* » hebdomadaire, le taux de change était « correct » – ou : la différence des salaires convertis à ce taux de change reflétait bien la différence de pouvoirs d'achat : il fallait 17,7 heures de travail à Washington pour acheter ce panier, à Moscou 59, 2 heures (un rapport de 0,299 à 1). L'image change énormément lorsqu'on passe aux biens manufacturés. J'ai calculé la moyenne géométrique (faute de bases solides de pondération) pour 28 principaux articles manufacturés (choisissant d'après leur importance *et* leur « proximité » à des objets militaires). Le temps de travail nécessaire pour leur achat était de 7,15 fois supérieur pour l'ouvrier russe que pour l'ouvrier américain ; et le « taux de change » qui en résultait montre une sur-évaluation du rouble de 2,12 fois. Les rapports en termes de temps de travail n'ont pas du changer depuis (la hausse des prix aux États-Unis a été accompagnée d'une hausse presque parallèle des salaires[6]). Compte tenu de cette hausse des prix, et de la réévaluation du rouble (qui vaut maintenant, officiellement, 1,52 dollars), on peut calculer que le rouble-objets manufacturés de consommation doit valoir actuellement à peu près 70 *cents* – moins de la moitié de sa valeur officielle.

Bien sûr, on ne saurait tirer de ces données aucune conclusion sur la productivité du travail dans les industries produisant des biens de consommation. Mais *on peut* tirer la conclusion (du reste, évidente a priori) que ces prix précisément ne reflètent pas la « productivité du travail », mais la collection du surplus par la bureaucratie. (Cf. Annexe V.) Et pas davantage, ne reflètent la « productivité du travail » les « prix » de secteur A.

Pour conclure ces remarques, et comme on n'a rien ou presque dit du principal massacré de toute l'histoire – la population ordinaire russe –, voici un budget mensuel hypothétique d'un ouvrier américain et d'un ouvrier russe construit en utilisant les données de Bush :

	Ouvrier américain (dollars)	Ouvrier russe (roubles)
Salaire mensuel net	677,68	193,51
– Loyer	178	8,25
– Services publics ou similaires : postes, téléphone, etc. (quantité arbitraire)	29,68	5,26
Reste	470	180

6. Hausse de gains horaires moyens, 1976-1980 : + 36,9 %. De l'indice implicite des prix du P.N.B. pour la consommation privée : 36 %. De l'indice habituel des prix à la consommation : + 44,6 %. (*ERP 1981*, p. 274, p. 236, p. 289.)

	Ouvrier américain (dollars	Ouvrier russe (roubles)
4 semaines de «panier alimentaire»	271,20	260,48
Reste	199,80	– 80,48
Deuxième salaire	677,68	193,51
Reste	877,48	113,03

L'explication de la participation des femmes (et de tout le monde) à presque 100 % à la force de travail en Russie n'est-elle pas difficile à trouver.

Le *point 5,* en lui-même fondamental, ne nous intéresse pas ici.

CONCLUSION SUR LE NOMBRE D'HOMMES DANS LA PRODUCTION MILITAIRE

Comme déjà dit, il faut sommer ici les dépenses en *hardware* (équipements de construction), la partie « matériel » du poste « opérations et entretien » et les dépenses de R et D. Leur total en 1980 était de 68,9 M.D. pour les États-Unis. A 28 795 dollars de P/H/A de l'industrie aux États-Unis, cela représente 2 393 000 personnes employées, directement ou indirectement, à cette production.

Je suppose la productivité russe dans les activités correspondantes égale à 0,25 de la productivité américaine. Il en résulte qu'il faudrait, en Russie, 9 572 000 personnes pour parvenir à la *même* production.

La suite dépend des hypothèses que l'on adopte sur le rapport production courante de matériel militaire russe/production courante de matériel militaire américaine.

Avec les hypothèses A et D formulées plus haut (p. 169) il faut multiplier ce chiffre par 2,2 environ – soit, 21 900 000 personnes.

Avec les données de la C.I.A. (dépenses de matériel russes égales à 108,6 M.D. en 1980 – ce qui comporte probablement, comme déjà dit, une sous-estimation non négligeable des dépenses russes au titre des « opérations et entretien »), le rapport est de 1,58 fois – et le nombre d'hommes devient de 15 124 000.

Dans les deux cas, il faut ajouter à ces chiffres le nombre de personnes engagées dans l'« opération et entretien ». Il doit être aux États-Unis de l'ordre de 1 000 000. Selon le rapport des stocks que l'on adopte, cela donnerait pour la Russie 1 200 000 à 1 600 000 ou peut être 2 000 000 d'hommes *à productivité égale.* Avec le rapport de productivité de 1 à 4, il faudrait ajouter aux chiffres ci-dessus entre 4 800 000 et 8 000 000 d'hommes. Avec une hypothèse moyenne pour ce type de travaux, de rapport des productivités de 2 à 1, ces chiffres vont de 2 400 000 à 4 000 000 d'hommes. La fourchette de toutes ces estimations va de 16 300 000 à 26 000 000 d'hommes ou même plus. Un chiffre au-dessous de 22 millions semble improbable. Il équivaut à 15 % de la force de travail. Il faut lui ajouter les militaires professionnels proprement dits – et différentes autres catégories de personnels « civils » (ministère de la Défense, etc.)

Les estimations de W.T. Lee (*Lee 1977*, p. 288) donnent pour la totalité des dépenses militaires de 1980 (y compris la paye du personnel, etc.) 108-126 M.R. – soit en moyenne un peu plus de 100 M.R. pour la « production militaire » au sens large (*hardware,* partie « matériel » des « opérations et construction » et R et D). C'est là quelque 18 % du P.N.B. – un ordre de grandeur parfaitement compatible avec nos hypothèses sur le nombre d'hommes engagés dans cette production et leur productivité supérieure à la moyenne.

Annexe V

Les comptes socio-économiques de la bureaucratie

J'ai déjà indiqué, dans le texte, quelques-unes des raisons pour lesquelles la « comptabilité nationale », telle qu'elle est habituellement pratiquée, fournit des données de signification douteuse et parfois nulle. Elle présente un enregistrement des transactions (ou des flux) monétaires (à contrepartie monétaire), dans un cadre conceptuel qui le rend à peine utilisable pour *certaines* analyses économiques, et absolument pas utilisable pour une analyse socio-économique. Une analyse socio-économique exigerait un autre cadre conceptuel, et d'autres données – dont une partie seulement peut être reconstruite ou inférée à grande peine à partir des « comptabilités nationales » existantes.

Dans le cas de la « comptabilité nationale » russe (et indépendamment des différences connues entre les « concepts » utilisés par les comptables nationaux russes et occidentaux) d'autres facteurs encore interviennent lourdement pour limiter la signification des données. L'existence de *plusieurs* « économies parallèles » ; l'absurdité des prix ; la falsification *sociologiquement incorporée* dans les données de base (grosso modo, la carrière d'un bureaucrate dépend de sa capacité de falsifier les données), comme la fiction *légalement* incorporée (*via* les méthodes fictives d'« évaluation » du produit) ; les distorsions considérables produites par la dissimulation de la plus grande partie des dépenses militaires, comme aussi des revenus et privilèges de la bureaucratie ; *last but not least,* la publication la plupart du temps de données fragmentaires et incomplètes ou carrément privées de signification (tous les « indices » et les « pourcentages » que citent toujours les dirigeants russes, et que les commentateurs occidentaux reproduisent fidèlement, n'ont rigoureusement aucun sens sans des données absolues de base fréquemment remises à jour) sont autant d'obstacles à toute tentative de donner une interprétation économique, et encore plus socio-économique ou sociologique, aux chiffres publiés par la bureaucratie.

Les travaux occidentaux sur la comptabilité nationale russe – commençant avec les efforts pionniers d'Abram Bergson – ont une longue histoire, et la bibliographie grossit rapidement[1]. L'optique dans laquelle je me situe ici est assez différente de l'optique classique. Il est probable qu'un comptable national puriste se voilerait la face devant certains postes, répartitions et estimations hasardées ici en l'absence de données (*guesstimates* est le terme du métier). Ce qui m'a importé, c'est de dégager des estimations des quantités économiques ayant une signification *sociale.* J'ai voulu contrôler, autant que faire se peut, la solidité ou du moins la plausibilité de ce que j'avance par ailleurs, en cherchant de voir s'il est compatible avec une image globale cohérente et elle-même plausible de la réalité socio-économique russe. Il se trouve – telle est du moins la conclusion que je tire après un long et pénible travail – que la réalité résiste à la mystification, et que même à partir des données fragmentaires, trafiquées et douteuses que fournissent les « comptes » officiels de la bureaucratie on peut tirer des indications significatives et importantes.

Je ne saurais souligner assez fortement que toutes les données qui suivent sont essentiellement *illustratives.* Au mieux, les quantités fournies dans les Tableaux indiquent des ordres de grandeur. Qu'elles soient données avec cinq chiffres caractéristiques, dont deux décimales, – alors que peut-être seul le chiffre de la centaine de milliards de roubles a une signification, sans qu'on puisse d'ailleurs dire exactement laquelle – veut dire simplement que dans ce

1. Abram Bergson, *Soviet National Income and Product,* Columbia U.P., New York, 1953. A. Bergson, *The Real National Income of Soviet Russia since 1928,* Harvard U.P. Cambridge (Mass.) 1961. Abraham Becker, *Soviet National Income 1958-1964.* Un. of California Press, Berkeley et Los Angeles, 1969. Vl. Treml et J. P. Hardt (éd.) *Soviet Economic Statistics,* Duke U.P., 1972. P. W. Campbell « A Shortcut Method for Estimating Soviet G.N.P. », *Association for Comparative Economic Studies,* vol. XIV, n° 2, automne 1972. Vladimir Treml, *Studies in Soviet Input-Output Analysis,* Praeger, New York, 1977. Les épais volumes publiés régulièrement sur la Russie (et la Chine) par le Joint Economic Committee du Congrès américain sont d'une importance capitale (bien que contenant parfois des spécimens extrêmes de délire économico-économétrique – comme par exemple la discussion sur la question de savoir si les modèles prédictifs de la croissance russe doivent être basés sur la fonction de production de Cobb-Douglas plutôt que sur la fonction CES, et s'il faut supposer que le progrès technique en Russie est *Hicks-neutral* ou pas : Bergendorf et Strangert, *JEC 1976,* pp. 394-430). Outre les autres textes de ces volumes cités dans ce livre, voir M. Bornstein, « A Comparison of US and Soviet National Income and Product », *Comparison of the United States and Soviet Economies,* U.S. Congress Joint Economic Committee, U.S. G.P.O., Washington 1959, vol. II, et R. V. Greenslade, « The Real Gross National Product of the U.S.S.R., 1950-1975 », *Soviet Economy in a New Perspective,* U.S. Congress Joint Economic Committee, Washington U.S. G.P.O., 1976.

genre de calculs on contrôle mieux la cohérence de ce qu'on fait en évitant d'arrondir les chiffres et, au surplus, facilite à qui le désirerait le contrôle de l'origine et de la dérivation des donnés.

Pour les données de base j'ai utilisé une seule source : le « Panorama de l'U.R.S.S. », publié par *Le Courrier des pays de l'Est*, février-mars 1979, n° 22-227, deuxième édition mise à jour, avril 1980, La Documentation française (cité désormais : *C.P.E. 1980*). Cela pour aller plus vite, pour être assuré d'une certaine homogénéité des donnés, et pour utiliser les données les plus complètes parmi les plus récentes (ou inversement). Les chiffres sont tous tirés des publications officielles russes, dont on trouvera les références dans *C.P.E. 1980.*

Dans les notes qui suivent les Tableaux, les chiffres entre parenthèses renvoient aux pages de *C.P.E 1980.* Tous les chiffres sont en milliards de roubles, sauf précision contraire. Quant à la question de savoir quel genre de roubles, il ne faut pas la poser. La « production agricole offerte » est aux prix de 1973, la « production industrielle offerte » aux prix de 1975 (ou appliqués depuis 1975 ?) ; pour le reste, je ne sais pas. La question est sans grande importance, d'abord parce que les variations de prix en Russie sont beaucoup plus lentes que celles en Occident, ensuite et surtout, encore une fois, parce que tous ces chiffres doivent être pris comme illustratifs.

La population active et sa répartition

On estimait qu'en 1980 la population en âge de travailler de la Russie devait atteindre 155 733 000 personnes (*C.P.E. 1980,* p. 32). Le taux d'activité était de 94 % au début 1976. Ce taux n'a guère varié pendant longtemps ; on suppose ici qu'il était le même en 1980, ce qui donne une population active en 1980 de 146 427 000 personnes.

La répartition par secteurs donnée par *C.P.E. 1980* (p. 32) est visiblement assez récente, mais sa date n'est pas précisée. Je l'utilise ici (de toute façon, les variations dans ce domaine sont lentes). En l'appliquant au chiffre de 146 427 000 on a les résultats ci-contre :

Répartition supposée de la population active en 1980 par branches de la production

1. Agriculture et sylviculture	23,0 %	33 678 000
2. Industrie et construction	38,0 %	55 642 000
3. Distribution	8,0 %	11 714 000
4. Transports et communications, « secteur productif »	6,4 %	9 371 000
5. Total, 1 à 4 (= « secteur productif », production « matérielle »)	75,4 %	110 405 000
6. Transports et communications, « secteur non productif »	2,6 %	3 807 000
7. Services courants	4,0 %	5 857 000
8. Non ventilés	18,0 %	26 357 000
9. Total, 6 à 8 (« secteur non productif »)	24,6 %	36 021 000
10. Total général		146 426 000

TABLEAU A

Origine

(Milliards de roubles)

1.	Production nationale nette dans l'optique de la dépense	435,00
2.	Amortissements	53,72
3a.	Auto-consommation paysanne et autre	p.m.
3b.	Ventes des kolkhoziens sur le marché kolkhozien	p.m.
4.	Salaires des « activités non productives »	72,00
5.	Services des immeubles d'habitation	7,92
6.	Production nationale brute (définition occidentale)	568,64

NOTES ET COMMENTAIRES DU TABLEAU A

A, 1 : p. 238. En 1979, 425,5 M.R. (milliards de roubles). Augmentation supposée de 2 % en 1980 = 435 M.R. (Après élaboration de ces tableaux, je prends connaissance du chiffre officiel pour 1980 : 437 M.R. *Le Monde* 17.3.81, p. 21.)

A, 2 : Supposés égaux à 12,35 % de la production nationale nette, comme en 1972 : Treml, Gallik, Kostinsky, Kurtzweg et Tretyakova, « The Soviet 1966 and 1972 Input-Output Tables », Congress of the U.S. – Joint Economic Committee, *Soviet Economy in a New Perspective,* U.S. G.P.O., Washington 1976 (cité désormais : *JEC 1976*), pp. 332-376. La proportion dépréciation/valeur ajoutée en 1972 (p. 375) est sensiblement supérieure à celle de 1966 qui était estimée à 9,93 % (p. 359). La proportion qui résulte du tableau du P.N.B. russe donné par Edwards, Hughes et Noren (« U.S. and U.R.S.S. : Comparisons of G.N.P. », dans U.S. Congress, Joint Economic Committee, *Soviet Economy in a Time of Change,* U.S. G.P.O., Washington 1979, Vol. I (cité désormais : *JEC 1979)* p. 369-400, soit environ 3 % du P.N.B. pour le « capital repair » (p. 391) n'est guère vraisemblable.

A, 3a : Je ne connais aucune donnée relative à ce poste.

A, 3b : Inclus ici pour mémoire ; la production correspondante doit, en principe, être contenue dans A, 1.

TABLEAU A

et utilisation des ressources

(Milliards de roubles)

	Consommation des ménages, dont :	
7a.	Achats aux magasins d'État et aux coopératives	257,20
7b.	Achats sur le marché kolkhozien	22,72
7c.	Auto-consommation paysanne et autre	p.m.
7d.	Transferts en nature reçus de l'État	44,06
7e.	Achats de services	7,83
7f.	Loyers	7,92
7.	Total	339,73
	Investissement brut, dont :	
8a.	État	119,54
8b.	Kolkhozes	12,24
8c.	Autres privés	1,84
8.	Total	133,62
9.	Dépenses administratives de l'État	2,57/18,23
10.	Total utilisations recensées (7 + 8 + 9)	475,92/491,58
11.	Résidu	92,72/77,06
12.	Dépense nationale brute	568,64

A, 4 : D'après le « salaire moyen des employés et ouvriers », p. 238 : 163,5 roubles/mois en 1979, augmentation supposée de 2 % en 1980, donc 166,77 roubles/mois en 1980, soit 2 000 roubles/an. Appliqué aux 36 021 000 personnes de cette catégorie, d'après le tableau « Population active ». – Ce calcul est tout à fait insatisfaisant du point de vue des concepts de la comptabilité nationale ; cf. Alec Nove, *The Soviet Economic System,* London Allen and Unwin, 1977 (cité désormais : *Nove 1977*), p. 323-348, Mais je ne vois pas moyen de faire mieux. (Chiffre officiel du salaire moyen pour 1980 : 168 R/mois, soit 2 016 R/an. *Le Monde,* 17.3.81, p. 21.)
A, 5 : A défaut d'autres données, le chiffre de A, 7f a été utilisé (voir plus bas).
A, 6 : A la réserve indiquée dans la note A, 4 on pourrait ajouter de nombreuses autres, concernant la correspondance de ce total avec la « production nationale brute », au sens occidental. – L'*I.I.S.S.* donne, sans indication de source, une estimation implicite de 610,7 M.R. pour le P.N.B. russe en 1980 (*I.I.S.S. 1980,* p. 12). Le National Foreign Assessment Center, *Simulations of Soviet Growth Options to 1985 - A Research Paper* (ER 79-10131, mai 1979 ; Washington ; coté désormais : *N.F.A.C. 1979*) estimait le P.N.B. russe pour 1980 à 554 M.R. aux prix de 1970 (tableau 3, p. 10).

A, 7a : 252,2 M.R. en 1979 (p. 238), augmentation supposée de 2 % en 1980.

A, 7b : Estimation basée sur la proportion de leur revenu que les familles paysannes tiraient de ces ventes en 1977 (p. 206) : 60,8 % de ces revenus provenaient des salaires et ressources assimilées, 29,7 % des ventes sur des marchés et de « ressources diverses ». Les salaires reçus par les paysans en 1980 sont estimés à 46,54 M.R. (voir note *F, 6*). 297/608 de cela donne 22,72 M.R.

A, 7d : En 1977 (p. 213) le total des « Fonds sociaux de consommation » était de 99,5 M.R., dont : 45,5 M.R. de « prestations en nature » (essentiellement santé et éducation), 40,5 M.R. de « prestations monétaires » et 13,5 M.R. de « divers », comprenant notamment le paiement des congés annuels. Ces derniers sont supposés ici se faire intégralement sous forme de prestations monétaires (ce qui n'est pas certain). Donc, la ventilation supposée pour 1977 est de 45,6 % de « prestations en nature » et de 54,4 % de « prestations monétaires ». On a appliqué ces proportions à l'estimation donnée dans le tableau C (postes 7 + 8) des « dépenses sociales et culturelles » soit du total des « transferts à la population » : 96,62 M.R. dont 44,06 M.R. de « prestations en nature » et 52,56 M.R. de « prestations monétaires ».

A, 7e : p. 242. 1979 : 7,3 M.R. Taux d'augmentation en 1980 identique à celui de 1979, soit 7,3 %.

A, 7f : p. 218. Les loyers représentaient en 1977 2,9 % (comme en 1965) des revenus monétaires d'une famille ouvrière. Ceux-ci sont estimées ici (v. *B, 1* et *B, 2*) à 273,14 M.R. Il n'y a pas de loyers pour les kolkhoziens. Bien évidemment, ce chiffre n'a aucun rapport avec les valeurs des services du capital immobilier du pays.

A, 8a-8c : p. 238. En 1979, les investissements bruts totaux étaient de 131 M.R., dont 117,2 de l'« État » (ce qui comprend, évidemment, la totalité des entreprises étatiques) et 13,8 M.R. pour le reste, dont 12,0 M.R. d'investissements des kolkhozes. Une augmentation de 2 % a été supposée pour 1980.

A, 9 : Les « dépenses administratives » représentent 0,9 % des dépenses budgétaires totales (p. 78), ce qui est peu vraisemblable. Le budget total pour 1980 était de l'ordre de 285 M.R. (*I.I.S.S. 1980,* p. 12). Edwards, Hughes et Noren (*J.E.C. 1979,* Vol. I, p. 391) donnaient pour 1977 un chiffre correspondant à 2,3 % du P.N.B. – ce qui équivaudrait ici à 12,88 M.R. Les chiffres budgétaires pour 1980 pourraient laisser place au total pour 18,23 M.R. de « dépenses administratives ».

A, 11 : Par différence entre la ligne 6 et la ligne 10, ce résidu comprend le solde extérieur, les « erreurs et omissions » et une *partie* des dépenses militaires. Sur les « erreurs et omissions » on ne peut rien dire : la nature mixte du « résidu » exclut que l'on puisse en déterminer même le signe algébrique. – Le solde extérieur viendrait *en soustraction* du résidu s'il était positif (il équivaudrait à une utilisation de ressources recensée) ; il s'ajouterait au résidu s'il était négatif (un surplus d'importations augmenterait les ressources disponibles dont l'utilisation doit être expliquée ou balancée ; autrement dit, il pourrait être ajouté à la production intérieure brute pour donner le total des ressources disponibles = ressources utilisées). Les problèmes que rencontre son calcul dans le cas de la Russie sont en fait insurmontables pour d'innombrables raisons. Edwards, Hughes et Noren (*J.E.C. 1979,* vol. I, p. 391) donnent, pour chacune des années 1975, 1976 et 1977 un *déficit* du « commerce extérieur » (ce qui, dans le cadre de leur tableau, doit signifier : « des transactions courantes en biens et services ») qui va de 13,1 à 14,8 M.R. *C.P.E. 1980* (p. 195) donne, pour la période 1975-1978 des soldes du *commerce extérieur* tantôt positifs tantôt négatifs mais de faible valeur absolue (de – 0,7 à + 3,2 M.R.). Le *Economic Report of the President 1981*, U.S. G.P.O., Washington 1981 (cité désormais : *E.R.P. 1981*) donne pour 1980 (estimation provisoire) un excédent commercial pour la Russie de 9 miliards de dollars, soit 5,91 M.R. au taux de change officiel (p. 351). J'incline à penser, vu l'accroissement de la dette extérieure de la Russie et ses ventes d'or, qu'il doit y avoir un *déficit* des transactions courantes en biens et services avec l'étranger. – Vu ces incertitudes, j'ai maintenu le terme habituellement utilisé de production nationale brute, cependant que tous les éléments utilisés se rapportent en fait à la production intérieure brute.

Les *dépenses militaires* – pour autant qu'elles sont reflétées dans un tableau de ce type – doivent être contenues dans deux postes du tableau : le poste 8a (investissement brut de l'État – qui en contient certainement *en tout état de cause,* puisque par exemple il contient les investissements spécialisés des entreprises fabriquant spécifiquement de l'équipement militaire) et le poste 11 (Résidu). La somme de ces deux postes (quelque 200 M.R.) fournit donc une limite supérieure de ces dépenses – limite évidemment trop large pour être d'une utilité quelconque. Bien évidemment aussi, une partie non négligeable de l'investissement brut de l'État doit être dirigée vers des secteurs « non militaires ». Mais ici encore, on rencontre les limites des catégories économiques en général, et de leur pertinence dans le cas d'une économie à concentration totale en particulier, qui ont été discutées dans le texte.

TABLEAU B

Origine et utilisation

1. Salaires reçus par les ouvriers et employés	225,50
2. Salaires reçus par les paysans	46,54
3. Auto-consommation paysanne et autre	p.m.
4. Ventes des paysans sur les marchés kolkhoziens	22,72
5. Transferts monétaires reçus de l'État	52,56
6. Transferts en nature reçus de l'État	44,06
7. Intérêts reçus	4,39
8. Total des revenus recensés	395,77

NOTES ET COMMENTAIRES DU TABLEAU B

B, 1 : Population active totale 146 427 000, *moins* 33 678 000 paysans = 112 749 000 « salariés » (et, peut-être, « autres »), salaire moyen (voir *A, 5*) 2 000 R./an ; total : 225,50 M.R.
B, 2 : Rémunération mensuelle moyenne des kolkhoziens en 1979 : 112,9 R. (p. 238), soit 1 355 R./an. Augmentation supposée de 2 % pour 1980, soit 1 382 R./an pour 33 678 000 paysans = 46,54 M.R. Le salaire des travailleurs des sovkhozes est différent (supérieur), mais je ne dispose pas de données suffisantes pour en tenir compte. Donc, le chiffre donné représente sans doute une sous-estimation.
B, 4 = A, 7b ;
B, 5 et *B, 6 :* voir *A, 7d ;*
B, 7 : Total des dépôts d'épargne en 1979 : 146,2 M.R. (p. 238). Intérêt servi : 3 % (p. 68).
B, 9 = A, 7 :
B, 10a et *B, 10b = A, 8b* et *A, 8c ;*
B, 11 : Le total des impôts sur le revenu est égal à 9 % des recettes budgétaires (p. 77). 0,09 × 285 M.R. = 25,65 M.R. ;
B, 12 : Le total de l'épargne recensée en 1979 était de 146,2 M.R., et le rythme de son accroissement était de 11,5 % (p. 238). 0,115 × 146,2 M.R. = 16,81 M.R.
B, 14 : Que la différence des deux colonnes soit si petite – pur effet

TABLEAU B

des revenus – secteur étatique

9. Consommation des ménages	339,73
10. Investissements	
10a. kolkhoziens	12,24
10b. Autres	1,84
11. Impôts versés à l'État	25,65
12. Accroissement recensé de l'épargne	16,81
13. Total des utilisations recensées	396,27
14. Erreurs et ommissions	– 0,50

du hasard – indique sans doute possible que le Tableau doit comporter des erreurs et omissions importantes. Un écart de quelques pour cent entre les deux colonnes aurait été beaucoup plus normal, vu la nature des données.

TABLEAU C

État

1. Impôts sur les personnes	25,65
2. Impôts sur le chiffre d'affaires	102,32
3. Autres impôts, taxes, prélévements sur profits, etc.	157,03
4. Total recette budgétaires	285,00
5. Accroissement de l'épargne des particuliers	16,80
6. Total des ressources disponibles	301,80

NOTES ET COMMENTAIRES DU TABLEAU C

C, 1 = B, 11 :
C, 2 : L'impôt sur le chiffre d'affaires (I.C.A.) représentait 35,9 % des recettes totales en 1979 (p. 76) ;
C, 3 : Par différence *C, 4 – (C, 1 + C, 2) ;*
C, 4 : I.I.S.S. 1980, p. 12 ;
C, 5 = B, 12 ;
C, 7 et *C, 8 = B, 5* et *B, 6 ;*
C, 9 : Seuls 40,1 % des « investissements de l'État » étaient financés en 1978 sur dotations budgétaires (p. 84). 0,401 × 119,54 M.R. = 47,94 M.R. ;
C, 10 = H, 12e ;
C, 11 = A, 9 ;
C, 13 : Différence *C, 6 – C, 12.*

TABLEAU C

État

7. Transferts monétaires à la population	52,56
8. Transferts en nature à la population	44,06
9. Dotations budgétaires pour investissement	47,94
10. Subventions courantes à l'économie	52,03
11. Dépenses administratives	2,57/18,23
12. Total	199,16/214,82
13. Résidu	86,98/102,64
14. Total des utilisations	301,80

En appliquant au budget de 285 M.R. de 1980 les pourcentages de répartition des dépenses pour 1979 (p. 77-78) on obtient, pour les postes budgétaires :

1. Dépenses à caractère économique (53,7 %)		153,05 M.R.
2. Dépenses sociales et culturelles (33,9 %)		96,02
dont : Sécurité sociale (43,5 %)	42,04	
Éducation nationale (41,6 %)	40,19	
Santé (14,9 %)	14,40	
3. Dépenses militaires		17,1
Total de 1 + 2 + 3		266,77
Reste		18,23
dont : « dépenses administratives » (0,9 % du budget, p. 78)	2,57	
Total du budget		285,00

TABLEAU D

Compte des entreprises
(secteur

1.	Inputs agricoles	73,53
2.	Salaires distribués	153,50
3.	Versements à l'État *nets* des subventions et des dotations d'investissement	57,06
4.	Investissement brut	119,54
5.	Valeur brute totale de la production	403,63

NOTES ET COMMENTAIRES DU TABLEAU D

L'articulation du Tableau pourra surprendre. Elle est fondée sur les identités :

A. Origine de la valeur brute = inputs extérieurs + travail payé + surplus brut.

B. Affectation de la valeur réalisée = paiement des inputs + salaires + profits versés à l'État + profits bruts retenus (= investissement brut).

C. Réalisation de la valeur = ventes courantes + profits bruts retenus (= investissement brut).

On doit avoir A = B = C.

TABLEAU D

« productives »
étatique)

6. Ventes aux magasins d'État et coopératives avant T.C.A.	154,88
7. Ventes de biens d'investissement aux paysans et à la population	14,08
8. Ventes d'inputs courants à l'agriculture	26,43
9. Ventes de biens d'investisements à l'État et aux entreprises	119,54
10. Ventes de biens et services à l'État (pour services sociaux et administratifs)	24,92
11. Destinations recensées de la production	339,85
12. Résidu (= 5-11)	63,78
13. Total des destinations	403,64

D, 1 : On avait en 1979 (p. 238, 239) :

Production agricole offerte : (aux prix de 1973 !)	123,5
Production industrielle offerte :	
I.C.A. (impôt chiffre d'affaires) exclu (aux prix de 1975 !)	606,0
	729,5

On a supposé pour 1980 :

Production agricole offerte	124
Production industrielle offerte	618
	742

(Le chiffre officiel de la « production industrielle offerte » pour 1980 est de 627 M.R. : *Le Monde*, 17.3.81, p. 21.)

D'après le Tableau des échanges inter-industriels de 1972, Treml *et alii, in* U.S. Congress, Joint Economic Committee, *Soviet Economy in a New Perspective,* U.S. G.P.O., Washington, 1976, p. 332-376 ; cf. aussi *C.P.E. 1980*, p. 244, on avait, pour 1972 :
Industrie : Valeur ajoutée brute/production offerte = 183,6/522,8 = 0,3512.
Agriculture et sylviculture : Valeur ajoutée brute/production offerte = 66,9/115,4 = 0,5797.

L'application de ces coefficients donne pour 1980 :

Industrie, valeur ajoutée brute	217,05
Agriculture, etc., valeur ajoutée brute	71,88
I.C.A. (impôt chiffre d'affaires)	102,32
	391,24
Autres branches entrant dans la « production nationale nette » au sens russe (construction, distribution, transports et communications « productifs ») – par différence avec *A, 1 + A, 2*	97,48
« Production nationale brute » au sens russe	488,72

Ces « autres branches » (branches 51,54, 55 et 56 de Treml, 21,33, 24 et 25 dans *C.P.E. 1980*) totalisaient en 1972 une valeur ajoutée brute de 86,8 M.R. pour 183,6 M.R. de l'industrie – un rapport de 0,473. Ici, le rapport devient 97,48/217,04 = 0,449, assez proche du précédent.

Le total des productions (« productives ») non agricoles est ainsi de 314,52 M.R.

Pour passer aux « valeurs finales d'utilisateur » (*avant* consolidation inter-branches) on doit ajouter à la V.A.B. (valeur ajoutée brute) de l'industrie les inputs agricoles, et à la V.A.B. de l'agriculture les inputs industriels. Utilisant les rapports de 1972 (Industrie : inputs agricoles 62,2, V.A.B. 183,6, coefficient 0,3388. Agriculture : inputs industriels 24,6, V.A.B. 66,9, coefficient 0,3677), on a pour 1980

Industrie, inputs agricoles :	73,53
Industrie, V.A.B.	217,04
Autres branches « productives » non-agricoles	97,48
Production du secteur étatique non-agricole avant I.C.A.	388,05
Agriculture, inputs industriels :	26,43
Agriculture, V.A.B.	71,88
Production du secteur agricole	98,31
Total (non consolidé pour les échanges inter-branches)	486,36
Plus : Impôts chiffre d'affaires	102,32
Moins : échanges inter-branches	99,96
Égale : Production nationale brute (au sens russe)	488,72
(*Moins* production nationale nette	435,00
Égale amortissements	53,72)

Aux fins de controle, on peut esquisser un :

Compte d'exploitation du secteur agricole

Amortissements	8,82
Imputs industriels	26,43
Salaires reçus	46,54
Transferts reçus	16,52
Travail non-rémunéré des paysans	x
Total	98,31 + x
Ventes à l'industrie	73,53
Ventes sur le marché kolkhozien	22,72
Auto-consommation	y
	96,25 + y

Dans ce compte, tous les éléments proviennent des calculs déjà faits ou des autres tableaux, sauf pour les « amortissements », calculés ici par différence entre la VAB précédemment calculée du secteur agricole et la somme des salaires et transferts reçus. Ces derniers ont été traités comme des salaires ; pour le secteur dans son ensemble, ils forment partie inégrante des « frais d'entretien de la force du travail ».

D, 1 : v. plus haut.
D, 2 = B, 1 – A, 4.
D, 3 = C,3 – (C, 9 + C, 10)
D, 4 = A, 8a
D, 6 = A, 7a – C,2
D, 7 = A, 8b + A, 8c
D, 8 : v. plus haut
D, 9 = D, 4 = A, 8a
D, 10 : « Transferts en nature de l'État » (*A, 7d*) : 44,06 M.R. « Dépenses administratives de l'État », limite supérieure (*A, 9*; cf. note à *C, 11* : 18,23 M.R.) On a supposé que 40 % de ce total correspond à des « biens et services » fournis par les entreprises à l'État et 60 % à des salaires (soit, respectivement, 24,92 et 37,37 M.R.). Les « dépenses de personnel » dans les services de santé, dans le budget russe de 1970, étaient de 56,7 % (Christopher Davis, in *Soviet Studies* XXIX, 2, avril 1977, p. 334).
D, 12 : On comparera ce résidu avec ceux de *A, 11* et *C, 13.*

TABLEAU E

Récapitulation

1. Production brute des entreprises non agricoles du secteur étatique	314,52
2. Production brute de l'agriculture	71,88
3. Production des administrations	37,37
4. Autres productions de services	34,63
5. Services locatifs des immeubles d'habitation	7,92
6. PNB « au coût des facteurs »	466,32
7. Impôt chiffre d'affaires	102,32
8. PNB « aux prix du marché »	568,64

NOTES DU TABLEAU E

E, 1 et *E, 2* : voit calculs de base pour le Tableau D.
E, 3 : salaires versés par les administrateurs, selon note à *D, 10.*
E, 4 = A, 4 – D, 3
E, 5 = A, 7f

TABLEAU F

Origine
secteur non-étatique

Population non paysanne	
1. Salaires reçus	225,50
2. Transferts monétaires reçus de l'État	43,57
3. Transferts en nature reçus de l'État	36,53
4. Revenus de l'épargne	3,30
5. Total revenus recensés	308,90
Population paysanne	
6. Salaires reçus	46,54
7. Ventes sur le marché kolkhozien	22,72
8. Transferts monétaires reçus de l'État	8,99
9. Transferts en nature reçus de l'État	7,53
10. Auto-consommation	p.m.
11. Revenus de l'épargne	1,09
12. Total revenus recensés	86,87
13. Total des deux catégories	395,77
14. Différence nette	– 0,50

NOTES ET COMMENTAIRES DU TABLEAU F

F, 1 : 112 749 000 salariés, au salaire « moyen » de 2 000 R./an (voir aussi *A, 4*).

F, 2 et *F, 3 :* Les transferts (monétaires et en nature) ont été répartis entre non-paysans et paysans *non pas* selon la proportion des individus actifs (77 %-23 %), car je crois que cela aurait surestimé les bénéfices que tire de ces transferts la population paysanne, mais selon la proportion des salaires reçus (82,9 %-17,1 %).

F, 4 : Le total de *B, 7* a été réparti entre non-paysans et paysans selon la proportion 75 %-25 % pour les raisons exposées sous *F, 22* et *F, 31.*

TABLEAU F

et utilisation des revenus
(non-paysans et paysans)

Population non paysanne

15. Achats auprès des magasins d'État et des coopératives	198,42
16. Achats sur le marché kolkhozien	22,72
17. Utilisation des transferts en nature de l'État	36,53
18. Loyers	7,92
19. Achats de services	5,68
20. Investissements	1,84
21. Impôts versés à l'État	24,52
22. Épargne monétaire	12,72
23. Total utilisations recensées	310,35
24. Différence	+ 1,45

Population paysanne

25. Achats auprès des magasins d'État et des coopératives	58,78
26. Auto-consommation	p.m.
27. Utilisation des transferts en nature de l'État	7,53
28. Achats de services	2,15
29. Investissements	12,24
30. Impôts versés à l'État	1,14
31. Épargne monétaire	4,08
32. Total utilisations recensées	86,92
33. Différence	- 0,95
34. Total des deux catégories	356,27
35. Différence nette	+ 0,50

F, 6 : Rémunération « moyenne » mensuelle des kolkhoziens en 1979 : 112,9 R. (p. 238), soit 1 355 R./an. Augmentation supposée de 2 % en 1980, soit 1 382 R./an pour 33 678 000 paysans = 46,54 M.R.
F, 7 = A, 7b.
F, 8 et *F, 9 :* voir *F, 2* et *F, 3.*
F, 11 : v. *F, 4.*

F, 15 et *F, 25 :* On a supposé que le total des achats auprès des magasins d'État et des coopératives (257,20 M.R.) et sur le marché kolkhozien (22,72 M.R.), soit 279,92 M.R. était réparti entre population non paysanne et population paysanne en proportions de leurs revenus monétaires après impôts et investissements, c'est-à-dire (225,50 + 43,57 + 3,30 – 24,52 – 1,84 =) 246,01 pour la population non paysanne, soit 79 % du total, et (46,54 + 22,72 + 8,99 + 1,09 – 1,14 – 12,24 =) 65,96 pour la population paysanne, soit 21 % du total. Donc, achats de la population non paysanne = 79 % de 279,22 M.R. = 221,14 M.R., *moins* 22,72 M.R. d'achats sur le marché kolkhozien = 198,42 M.R., ce qui laisse 58,78 M.R. pour la population paysanne.
F, 17 et *F, 27 :* voir *F, 2* et *F, 3.*
F, 18 = A, 7f.
F, 19 et *F, 28 :* D'après les chiffres p. 242 pour 1979, augmentés de 7,3 % (même rythme qu'entre 1978 et 1979).
F, 20 et *F, 29 = A, 8b* et *A, 8c.*
F, 21 et *F, 30 :* Total des impôts sur le revenu = 9 % des recettes budgétaires (p. 77), soit 25,65 M.R. « Moins de 10 % des dépenses monétaires d'une famille ouvrière » (p. 225), donc moins de (*F, 1 + F, 2 + F, 4*) 272,37 × 0,1 = 27,24 M.R. ; et « 1,5 % seulement de celles d'une famille kolkhozienne » *(ibid.),* soit 1,13 M.R. 25,65 – 1,13 = 24,52 M.R. pour les impôts directs versés par la population non paysanne.
F, 22 et *F, 31 :* L'accroissement courant de l'épargne est de l'ordre de 11,5 % par an (p. 238). Pour un stock de 146,2 M.R. fin 1979, cela donne 16,81 M.R. d'épargne additionnelle en 1980. Elle a été répartie selon la proportion des nouveaux dépôts depuis 1970 (p. 228) et des populations respectives, soit (954 × 0,77/1 025 × 0,23 =) 24,3 %/75,7 %. Donc, 6,21 M.R. pour l'épargne paysanne et 19,36 % pour l'épargne des « salariés ».

TABLEAU G

Répartition des revenus après impôts - classes sociales

(Millions de roubles)

1. *Paysans travailleurs*		
(90 % du total = 30 310 000)		
a. Salaires : 0,8 du « salaire moyen »		
de 1 382 R./an = 1 106 R./an	33 522	
b. 0,9 des ventes sur les marchés kolkhoziens	20 448	
c. 0,8 des transferts reçus de l'État	13 216	67 186
	(2 217 R./an par tête)	
2. *Bureaucratie agraire*		
(10 % du total = 3 368 000)	19 684	
– impôts	1 140	18 544
	(5 506 R./an par tête)	
3. *Travailleurs salariés ordinaires non agricoles*		
(81 473 000)		
a. Salaire : 0,75 du « salaire moyen »		
de 2 000 R./an = 1 500 R./an	122 210	
b. Autres revenus, transferts, etc.	45 036	
	167 246	
– impôts	13 240	154 006
	(2 053 R./an par tête)	
4. *Travailleurs salariés privilégiés*		
(20 000 000)		
a. Salaire : 1,5 fois le « salaire moyen »		
= 3 000 R./an	60 000	
b. Autres revenus, transferts, etc.	21 684	
	81 684	
– impôts	6 380	75 304
	(3 765 R./an par tête)	
5. *Bureaucratie non agraire*		
(10 % de la population active non paysanne = 11 275 000)		
a. Salaires : 2 fois le « salaire moyen »		
= 4 000 R./an	45 000	
b. Autres revenus, transferts, etc.	16 680	
	61.780	
– impôts	4 900	
– ajustement	1 810	
	55 070	
	(4.884 R./an par tête)	

NOTES ET COMMENTAIRES DU TABLEAU G

Ce Tableau est, encore plus que les autres, purement illustratif et prétend encore moins que les autres à une exactitude quelconque. Outre le caractère arbitraire des proportions respectives des travailleurs et des bureaucrates, et de leurs « salaires », il ignore, nécessairement, les différenciations internes entre paysans, ouvriers, etc., selon la profession, la localité, le sexe, les « qualifications », etc. Surtout, il ignore les énormes avantages clandestins ou semi-clandestins dont jouit la bureaucratie, et qui, déjà considérables si on les juge d'après les standards habituels, acquièrent une « valeur » fantastique dans le contexte de pénurie et de restrictions prévalant en Russie. Si demain en France, on décrétait que désormais les voyages à l'étranger seront interdits, sauf pour 50 000 permis valables pour un seul voyage, qui seront vendus aux enchères, quel prix ces permis atteindraient-ils ? 50 000 ou 100 000 F ? Ces « permis », la bureaucratie se les distribue gratuitement à elle-même – et le reste à l'avenant.

Les hypothèses numériques sont explicitées dans le Tableau. Elles correspondent surtout au jugement « qualitatif/quantitatif » qui se forme lorsque l'on fréquente pendant quelque temps (35 ans en l'occurrence) la littérature et la documentation relatives à la Russie.

Les revenus de la bureaucratie agraire ont été calculés simplement par différence entre le total des revenus paysans *(F, 12)* et le revenu des paysans travailleurs calculé ici. Les impôts payés par la population paysanne ont été intégralement chargés à la bureaucratie agraire.

Pour les catégories non agricoles, la relation entre salaire des travailleurs privilégiés (ceux des entreprises « fermées ») et salaire des travailleurs ordinaires, soit de 2 à 1, tient compte à la fois des taux supérieurs de rémunération des premiers à qualification égale (25 à 50 % d'après Agursky) et de la concentration de travailleurs « qualifiés » dans cette catégorie. « Qualification » ici doit être pris au sens russe. Une grande partie des travailleurs ordinaires sont ceux des « services », lesquels, comme les ouvriers « non qualifiés », gagnent la moitié ou moins que les ouvriers industriels « qualifiés ». (Cf. le tableau donné par *C.P.E. 1980,* p. 208). Comme, en outre, il n'a pas été tenu compte des autres « avantages », leur revenu est ici probablement fort sous-estimé. La même chose vaut évidemment, et *a fortiori,* pour les revenus de la bureaucratie.

Pour l'ensemble des catégories non agricoles, les hypothèses adoptées quant aux taux de salaire et aux nombres respectifs aboutissent à un total des salaires de 227,31 M.R., étonamment proche du total « effectif » de 225,50 M.R. (*B, 1*). Bien que je n'aie imposé aucune contrainte préalable aux hypothèses, je ne tire aucun orgueil de cette coïncidence qui est un pur effet du hasard. Il aurait été, évidemment, enfantin de produire une coïncidence « exacte » en jouant sur les taux et les nombres, mais cela aurait été une tromperie, vu le caractère largement arbitraire (numériquement) aussi bien des uns que des autres. Pour la simple cohérence des calculs, j'ai opéré l'ajustement en retranchant 1,81 M.R. des revenus de la bureaucratie non agraire.

Les « autres revenus » de ces catégories résultent simplement de la répartition au prorata des masses de salaires ici calculées (54 %, 26 % et 20 % respectivement) des revenus de transfert, etc. (*F, 2, F, 3* et *F, 4*). Cela encore doit atténuer considérablement les avantages des catégories privilégiées. – La même clé a été utilisée pour la répartition des impôts de la population non agricoles.

La moyenne par tête des revenus recensés est supérieure pour la population agraire que pour la population non agraire, aussi bien pour les travailleurs que pour les bureaucrates. Ce résultat à première vue paradoxal reflète *arithmétiquement* les revenus que le secteur agraire tire des ventes sur le marché kolkhozien. Il faut également noter qu'un autre élément important du revenu paysan, l'auto-consommation, n'est pris nulle part en compte dans tous ces tableaux. – Il faudrait évidemment de véritables enquêtes (impossibles) sur le terrain pour voir si cette image arithmétique correspond à une réalité. – De même, toute l'« économie parallèle » échappe, par définition, à tous ces calculs. Il est probable que les « biens et services » produits et échangés dans le cadre de cette économie doivent avoir une importance considérable et croissante mais impossible à quantifier, de même qu'il est impossible d'en estimer la part correspondant à du travail additionnel, et celle qui correspond à de la récupération sur l'État (heures de travail et matériaux).

TABLEAU H

Résumé de l'exploitation bureaucratique

Formes du produit		
1. Biens et services de consommation des ménages et d'investissement privé		353,81
2. Biens d'investissement de l'État		119,54
3. Activités administratives		2,57
4. Résidu		92,72
5. Total de 2 + 3 + 4		214,83
6. Total général (1 + 5) (= production nationale brute)		568,64
Formes du revenu		
7. Salaires des travailleurs exploités après impôts	221,19	
moins : épargne	10,04	211,15
8. Salaires des travailleurs privilégiés après impôts	75,30	
moins : épargne	3,41	71,89
9. Total salaires des travailleurs après impôts *moins* épargne (7 + 8)		283,04
10. Surplus net = total revenus bureaucratiques		231,38
dont :		
11. *Revenus privatisés :* bureaucratie agraire et non agraire après impôts	73,61	
moins : épargne	3,34	70,27
12. *Revenus étatisés :*		
a. Recettes budgétaires		285,00
b. Plus : loyers		7,92
c. Plus : épargne		16,80
d. Moins : transferts à la population		96,58
e. Moins : subventions		52,03
f. Égale : surplus net à la disposition de l'État		161,11
g. Plus : provisions pour amortissements		44,90
h. Surplus brut à la disposition de l'État		206,01

RÉSUMÉ

		% du produit net
Total du produit net	514,92	
dont : *Revenus des travailleurs*	283,04	55 %
Surplus net à la disposition de la bureaucratie	231,38	45 %
dont : consommation privée de la bureaucratie	70,27	13,6 %
dépenses administratives	2,57	0,5 %
investissement *net* de l'État et dépenses militaires	158,54	30,8 %
P.m. : investissement *net* de l'État	74,64	14,5 %
investissement brut de l'État	119,54	
Amortissement	44,90	
Résidu (= *limite inférieure des dépenses militaires ?*)	83,90	16,3 %

NOTES ET COMMENTAIRES DU TABLEAU H

Comme déjà dit, tout le travail précédent a été fait pour parvenir à ce Tableau – qui n'est lui-même qu'une base pour une reconstruction des véritables comptes sociaux de la bureaucratie russe.

Tous les chiffres découlent des Tableaux précédents, où on les retrouvera facilement sauf un (*H, 12e :* subventions) que je commenterai brièvement plus bas. – Pour simplifier, j'ai adopté un seul chiffre (le plus petit) pour les « dépenses administratives » de l'État (*H, 3 ;* cf. note à *A, 9*).

Les *formes du produit* n'ont pas besoin de commentaire. Les postes *H, 2, H, 3* et *H, 4* correspondent à des « produits » qui, par nature ou par destination, sont utilisés par les couches dominantes, moyennant l'Appareil d'État. Le poste *H, 1* apparaît comme mixte : les « ménages » sont, sociologiquement, n'importe quoi.

Les *formes du revenu* permettent d'avoir une première vue sur la traduction économique de la division sociale. Les postes *H, 7* et *H, 8* (résultant du Tableau G) indiquent le revenu effectivement utilisé par les deux catégories de travailleurs : paysans et travailleurs ordinaires, d'un côté, travailleurs des entreprises « fermées » de l'autre. L'« épargne » en est évidemment soustraite, puisqu'elle constitue un prêt à l'État, qui l'utilise à ses fins. Négligeant la subdivision des travailleurs – bien qu'on aurait pu, de manière tout à fait justifiée, classer les travailleurs privilégiés de l'autre côté de la ligne de séparation sociale – le poste *H, 9* donne le total du revenu *effectivement utilisé* par la population travailleuse et qui est égal à la part de la consommation totale que celle-ci absorbe. La différence entre ce chiffre et le produit net total est égal au *surplus net,* soit au total des revenus bureaucratiques. Celui-ci correspond à 45 % du produit net total. Il prend deux formes :

– une forme *privatisée,* revenus distribués à la bureaucratie et utilisés par elle pour sa consommation privée (encore une fois, ses nombreux privilèges économiques mais non monétaires ne sont pas pris en compte). Le total de la consommation de la bureaucratie *(H, 11)* et de la consommation des travailleurs *(H, 9)* est égal à la consommation, etc. des ménages *(H, 1)* à 0,5 M.R. près (comme pour le Tableau B ; cf. note à *B, 14*) – ce qui prouve simplement que les opérations arithmétiques intermédiaires ont été correctement faites ;

– une forme *étatisée,* qui correspond en gros au budget de l'État (aux revenus que celui-ci absorbe et qu'il ré-utilise).

Le *surplus net à la disposition de l'État (H, 12f)* est la différence entre le surplus net total *(H, 10)* et les revenus bureaucratiques privatisés *(H, 11).* Il doit être équivalent au total des recettes budgétaires, plus les loyers des immeubles d'habitation, plus le flux courant d'épargne que les particuliers mettent à la disposition de l'État, moins les transferts à la population, moins les subventions *courantes* versées par l'État à l'économie. Tous ces chiffres sont déjà connus, – à part le dernier, qui peut donc être calculé ici par différence (et qui permet ainsi de compléter, rétroactivement, la ligne 10 du Tableau C).

En ajoutant à ce *surplus net* à la disposition de l'État les provisions pour amortissements, on obtient le *surplus brut* à la disposition de l'État : bel et bien à la disposition de l'État, puisque celui-ci peut, en principe, changer l'affectation des fonds d'amortissement (ne pas remplacer les moyens de production retirés par de nouveaux destinés au même usage productif). – Le chiffre des provisions pour amortissement est ici le chiffre total *moins* les amortissements supposés des paysans (cf. la Note introductive au Tableau D).

Le résumé du Tableau récapitule les données et fournit un dernier calcul : la somme de l'investissement net de l'État et des dépenses militaires ; et cet investissement net lui-même, qui laisse apparaître un dernier résidu. *Si* l'on supposait que tout ce qui se passe se reflète dans la comptabilité nationale russe (supposition absurde) *alors* ces chiffres fourniraient, respectivement, une limite supérieure et une limite inférieure des dépenses militaires *apparentes* et *comptabilisées aux prix fictifs fixés par la bureaucratie.* Ces limites sont, respectivement, de 158 et de 84 M.R. – soit, 31 % ou 16,3 % du « produit national net ».

Reste l'essentiel qui ne peut être, ici, qu'effleuré. J'ai déjà dit que la donnée qui importe – et la seule qui ait un sens – est celle du *nombre d'hommes* engagés dans la production militaire. Nous pouvons généraliser la question : ce qui importe, c'est le nombre d'hommes absorbés par la production du surplus à la disposition de la bureaucratie (par opposition à celui des hommes engagés dans la production des objets consommés par la population au travail). Le rapport de ces deux nombres est le *taux du surplus* (ou, selon le terme de Marx, le taux d'exploitation).

Apparemment, ce taux est fourni par le Tableau H : c'est le rapport du surplus net aux revenus de la population travailleuse, égal ici à 45/55 soit 0,82.

En réalité il n'en est rien car ce rapport *apparent* est co-déterminé par les *prix* qui ne reflètent pas nécessairement le *travail* consommé dans les productions respectives. Il serait tout à fait sans fondement de conclure du Tableau H que 55 % de la population russe travaille pour entretenir la totalité de la population travailleuse, et les autres 45 % pour la bureaucratie. Cela peut se comprendre immédiatement à partir d'une considération relativement secondaire quant à notre problème, mais qui ne vaut pas seulement pour la Russie. Les « prix » auxquels on mesure la consommation incluent les impôts indirects (ici l'I.C.A.) et sont dilatés de ce simple fait. – La considération principale est qu'en Russie (comme partout ailleurs mais plus qu'ailleurs) les prix sont « arbitraires » relativement au travail dépensé dans la production, mais que certains prix sont plus arbitraires que d'autres. Il y en a en effet lieu de penser (cf. dans l'Annexe IV le paragraphe « La productivité russe ») que les prix des objets de consommation sont « relativement élevés » et ceux des moyens de production/destruction « relativement bas ». Telle est la conclusion qu'induit la comparaison avec les prix américains (et qui ne pourrait être controuvée que si ces derniers présentaient une distorsion *systématique* dans l'autre sens, ce qu'on n'a aucune raison de supposer).

Y a-t-il des raisons pour qu'il en soit ainsi ? Il y en a au moins deux. J'ai déjà cité la première dans le texte du Chapitre III : les prix sont, pour la bureaucratie, instrument de répartition du produit, et les prix des objets de consommation sont un des principaux moyens dont elle dispose pour déterminer, autant que cela dépend d'elle, le taux du surplus. Si elle augmente (ou ne baisse pas) les prix de ces objets, elle agit sur le taux du surplus ; si elle fait varier le prix des armements, elle se livre à des jeux comptables. La deuxième raison, est que les prix des objets de consommation ont une *fonction* économique : équilibrer offre et demande, absorber la totalité des revenus disponibles des particuliers. (Qu'il y ait des ratés, et très gros, de ce point de vue, comme le montre l'inflation cachée/différée de la dernière décennie en Russie, ne change rien au principe.) Pour le « secteur 2 » (j'appellerai ainsi la production d'objets de consommation pour la population travailleuse), il faut qu'il y ait : *quantités x prix des produits offerts = salaires du « secteur 1 » + salaires du « secteur 2 ».*

Mais le « secteur 1 » (j'appelle « secteur 1 » le secteur produisant le surplus, c'est-à-dire les objets en lesquels celui-ci se matérialise) n'est soumis à aucune contrainte de cette sorte. Que la bureaucratie « se débite » elle-même pour le *Typhon* de 1 milliard de roubles, ou de 1 rouble, cela ne fait aucune différence. (C'est ce qui se passe déjà avec tous les avantages matériels non payés, ou non suffisamment payés, des bureaucrates.) La seule « contrainte » ici, serait celle d'un « calcul rationnel » de la bureaucratie – et on sait ce qu'en vaut l'aune. Au plus, peut-on supposer qu'elle sera encline à respecter globalement une règle du type : *quantités x prix du « secteur 1 » ⩾ salaires payés par le « secteur 1 ».*

Je passe sur des développements et des formules théoriques et des calculs qui seront publiés ailleurs. Ce qui importe ici, le voici.

Supposons que, comme le fait penser la comparaison avec les prix américains, les prix du « secteur 2 » soient dilatés (ou excessifs) de quelque 25 %, et ceux du « secteur 1 » contractés (ou insuffisants) de quelque 25 %. Cela entraînerait que, si l'on suivait les mêmes principes de tarification pour les deux secteurs, les prix du « secteur 2 » devraient être divisés par 1,25 et ceux du « secteur 1 » multipliés par 1,25. Et la même chose vaut pour les hommes/années *apparemment* employés par les deux secteurs (à savoir, les nombres que nous calculons en divisant le produit de chaque secteur par le produit net par homme/année pour l'ensemble de l'économie). On « découvrirait » alors une répartition de la force de travail entre les deux secteurs très différente de celle que laisse supposer l'évaluation de leurs produits aux prix existants. Voici le résultat sous forme de Tableau :

	Chiffres apparents	Chiffres reconstruits
Produit net total (M.R.)	514,92	
Hommes/années (milliers)	131 783	
Produit net par H/A (roubles)	3 907	
Prix du «secteur 2»	1,25	1,00
Produit net du «secteur 2» (M.R.)	283,04	226,43
H/A correspondants (milliers)	72 439	57 951
Prix du «secteur 1»	0,80	1,00
Produit net du «secteur 1» (M.R.)	231,38	289,23
H/A correspondants (milliers)	59 345	74 181
Taux du surplus	0,82	1,27
H/A requis (milliers) pour produire dans le «secteur 1»:		
– 83,90 M.R. (= résidu final du Tableau H)	21 473	26 841
– 74,64 M.R. (= «investissement net de l'État»)	19 103	23 878

(Des ajustements d'échelle devraient être opérés sur la deuxième colonne du Tableau, pour ramener le total des hommes/années à égalité avec le total réel. Cela est sans importance.)

On pourra objecter qu'il y a une hypothèse cachée dans ce calcul : que « *la* productivité » des deux secteurs est « intrinsèquement » la même. Si quelqu'un peut me montrer, sans raisonnement circulaire (et notamment sans passer par les prix du marché) qu'elle *peut* être différente (et même que l'affirmation de cette différence a un sens), je m'inclinerai. Pour l'instant, je sais comparer la productivité d'un mineur russe et d'un mineur américain, d'un tourneur français et d'un tourneur allemand (placés, évidemment, dans les mêmes conditions). Mais je ne sais pas comparer la productivité d'un cordonnier et d'une dactylo, d'un laboureur et d'un conducteur de locomotive, quelle qu'en soit la nationalité. Comme je ne vois pas quel sens peut avoir la comparaison des productivités de travaux hétérogènes produisant des produits hétérogènes, je ne peux que poser, pour un espace économique donné, la convention de mesure :

une heure de travail = une heure de travail, quel que soit le secteur où elle est dépensée.

On voit, en conclusion, que si l'hypothèse que j'ai formulée sur les « prix relatifs » des deux « secteurs » dans l'économie russe est valide (et il faudrait, bien entendu, beaucoup plus de données pour en être certain), le taux d'exploitation en Russie serait sensiblement plus élevé que ne le laissent apparaître les données de la comptabilité nationale, et le nombre d'hommes engagés dans la production d'armements aussi.

⁂

On aura peut-être remarqué que dans le cadre conceptuel utilisé ici (et dans les calculs finals) la totalité de l'investissement de l'État est imputée au surplus (considérée comme matérialisant le produit de l'exploitation).

Du point de vue des faits, il y a sans doute une partie de l'investissement qui, sous une forme ou sous une autre, « profite » directement à la population travailleuse. Les cas les plus importants seraient d'une part les investissements relatifs à ce qu'on appelle couramment en Occident « consommation publique » au sens étroit du terme (par exemple, construction d'hôpitaux et d'écoles – dans la mesure où ils ne sont pas comptabilisés, dans le budget russe, comme « dépenses sociales et culturelles », qui ont été ici comptées parmi les revenus de la population) ; d'autre part, la construction de logements (en fait, à part une petite fraction, ces logements appartiennent à l'État ; les loyers très bas représentent en vérité une subvention au logement et, si l'on disposait des éléments nécessaires pour le faire, on devrait traiter la construction de logements comme accumulation de capital de l'État et imputer aux revenus de la population la subvention que constitue la différence entre les loyers effectivement payés et des loyers « normaux »).

Plus généralement, a-t-on le droit d'inclure dans le surplus la totalité de l'investissement « productif » ? N'est-il pas « utile » ou « nécessaire » au fonctionnement de l'économie, quel que soit le caractère de classe de celle-ci ?

La réponse est que l'idée d'exploitation n'est pas une idée *économique* (comme l'a cru Marx et, à sa suite, à peu près tout le monde). *Il n'y a pas de concept économique de l'exploitation.* La construction d'un tel concept exigerait de donner un sens rigoureux à l'idée d'*imputation séparée,* ce qui est impossible (cf. Chapitre III). L'exploitation est une idée *politique* : elle présuppose qu'une autre société est possible, et affirme que la société présente est injuste. Si l'on accepte la société telle qu'elle est, toutes les « dépenses » (les *catégories* de dépenses) qui y ont lieu sont nécessairement déterminées par sa structure et nécessaires pour sa continuation : la nourriture des ouvriers autant que la police, les prisons, etc. Si la société doit exister et fonctionner comme société capitaliste, « la loi et l'ordre » sont des inputs tout autant (sinon plus) nécessaires à la fabrication du produit total que la force de travail. Il n'y a pas d'*économie* égyptienne sans prêtres et sans Pharaon. Si un paysan ou esclave égyptien avait eu l'idée que le Pharaon et les prêtres l'*exploitent,* cela aurait voulu dire qu'il aurait conçu la possibilité d'une autre institution de la société, et jugé celle-ci préférable. Si la société bureaucratique doit exister, si elle est la seule possible, alors la bureaucratie est nécessaire, et l'on ne voit pas pourquoi et comment on enlèverait les « salaires » des bureaucrates des coûts « socialement nécessaires » de la production (c'est du reste ce qu'ont interminablement répété, depuis des décennies, les avocats crypto-staliniens de la bureaucratie). Dire que la bureaucratie, ou les capitalistes, exploitent la population n'a de sens que si cela signifie : une société sans bureaucrates et sans capitalistes est possible, et préférable.

Tout cela se transpose aussi bien à l'investissement en général. La bureaucratie, comme la classe capitaliste « privée » traditionnelle, « crée » le surplus en même temps qu'elle se l'approprie. Elle ne le crée certes pas « productivement » – elle le crée sociologiquement : elle force la société à produire un surplus et *tel* surplus. Il n'y a pas de « surplus » dans l'abstrait, il a toujours telle ou telle forme concrète – et cette forme est « décidée » par la couche dominante. Si la bureaucratie décide d'investir dans des usines textiles, des crèches ou des bombes H, c'est son affaire : c'est *elle* qui décide, elle *dispose* du surplus, et elle en dispose en lui conférant, au moment même où celui-ci est produit, la forme matérielle qui lui convient à elle. Elle a *pouvoir* sur cette partie du temps de travail total de la société dans un tout autre sens qu'elle n'a pouvoir sur la partie qu'elle est obligée de laisser à la population au travail. Si cette population avait le pouvoir, peut-être déciderait-elle de reproduire exactement la structure de l'investissement existante, peut-être elle la changerait du tout au tout. Cela n'a pas d'importance. Aussi longtemps que la bureaucratie – ou la classe capitaliste – a *pouvoir* sur une partie du produit social, aussi longtemps qu'elle en *dispose,* nous considérons cette partie comme appartenant au surplus et matérialisant l'exploitation de la société par une catégorie particulière.

CHAPITRE IV

La Force brute pour la Force brute

La société figée et l'expansion externe

Au plan intérieur, on ne peut pas dire que le régime fait face à une crise, au sens habituel du mot : au plus pourrait-on dire (en utilisant le mot inventé par les psychiatres du KGB pour caractériser la prétendue « schizophrénie » des dissidents) qu'il traverse une maladie chronique *tépide* dont il est incapable de sortir. Il est tout autant dans l'impossibilité d'engager des réformes que d'engendrer des réformateurs. A supposer même qu'il puisse surgir au Sommet de la bureaucratie un nouvel autocrate audacieux et « éclairé » – hypothèse absurde –, il ne trouverait dans la bureaucratie du Parti/État aucun groupe qui pourrait et voudrait le soutenir. La « direction collégiale » elle-même est un puissant facteur de conservatisme, qui s'ajoute à tous les autres : en son sein, les pressions et les contre-pressions sont bien assises et suffisamment équilibrées pour empêcher tout changement important. Ce n'est pas là une nouveauté historique : une oligarchie inamovible et auto-cooptée tend à être infiniment plus conservatrice que toute autre forme de régime, et même que la monarchie absolue, dans laquelle le changement de la personne du monarque peut souvent marquer aussi des changements d'orientation[1]. Dans ce conser-

1. Bien que, encore une fois, il ne s'agit pas ici de formuler des pronostics sur les « événements », je considère les propos habituellement tenus en Occident sur les « changements » qui suivraient la mort de Brejnev comme relevant du *wishful thinking* – du vœu pieux. Ils relèvent aussi et surtout de l'idéologie, des catégories mentales qui prévalent ici : *il faut*

vatisme général et total *se conserve* aussi ce qui a graduellement acquis une poussée, un moment cinétique formidable : l'expansion de l'Armée et de la société militaire.

La situation intérieure est figée. Tous les jours on apprend que quelque chose se passe, quelque chose se fait en Amérique, en Allemagne, en France, en Angleterre – même en Chine. Ce qui se passe dans ces pays, ce qui se fait, même aujourd'hui, dans ces sociétés, apparemment à bout et au bout de leur puissance vitale, est loin d'être négligeable ou sans intérêt. En Russie, *il ne se fait rien, il ne se passe rien.* Ce n'est pas là un effet de la censure : de ce qui se passe dans la société non militaire russe, nous n'ignorons pas grand-chose. Ce que nous y voyons, au plan social, c'est la répétition, la routine, la monotonie, le rabougrissement, la pénurie au sens le plus essentiel du terme. Sur ce fond de grisaille, seuls tranchent les progrès de la technologie militaire, le déploiement et l'accumulation d'engins, et les mouvements de « politique internationale ». L'on continue à interpréter consciencieusement les moindres phrases de Brejnev ou d'un autre dirigeant lorsqu'elles ont trait à la politique extérieure. Il y a longtemps que l'on n'accorde plus qu'un intérêt infime à tout ce qu'ils peuvent dire sur la situation intérieure du pays, y compris la situation économique. Car il ne s'y trouve rien. Ce qui est dit (et fait) ne comporte jamais rien de nouveau par rapport à ce qui avait déjà été dit (et fait), et qui était déjà rien.

La situation est figée. Les couches privilégiées « civiles » vaquent à leurs occupations, leurs intrigues, leurs plaisirs

qu'il y ait une voie canonique et privilégiée pour l'évolution d'une société – et cette voie est tracée par le paradigme de la société occidentale. Ce qui s'en écarte, ne peut pas exister – ou pas longtemps. Certes, comme je l'ai dit depuis longtemps (« Un parti de vieux bureaucrates », *Socialisme ou barbarie,* n° 19, juillet 1956 ; repris maintenant dans *la Société bureaucratique,* vol. 2, *l.c.,* p. 211-212. Voir aussi « Le régime social de la Russie », 1978, déjà cité, et, sur le rôle de la « personnalité » au Sommet de l'Appareil, « L'évolution du P.C.F. », in *Esprit,* décembre 1977, repris maintenant in *la Société française,* Éditions 10/18, Paris, 1979, en particulier p. 266) et encore ici, la *gérontocratie* est devenue *nécessairement* dans le P.C.U.S. la seule manière de résoudre le problème, autrement insoluble, de la succession au Sommet de l'Appareil. Mais elle est, tant bien que mal, une solution, elle est auto-entretenue et auto-renforcée, et, en dehors d'un bouleversement social violent, on ne discerne pas les facteurs qui pourraient, dans le P.C.U.S., la mettre efficacement en cause.

plats et insipides[1]. Mais en même temps elles possèdent les moyens de contrôle suffisants pour empêcher tout mouvement social qui pourrait exercer une poussée capable de modifier la situation. On sait que, sporadiquement, des grèves éclatent[2]. La dissidence maintient héroïquement son mince filet ; mais la répression de plus en plus lourde qui s'abat sur elle, les exils et les départs semblent en réduire graduellement l'importance numérique et l'écho. Mais, du moins vu d'ici, le régime tient autant qu'en 1950. Privé de toute souplesse, dur et pour cela même cassant à l'extrême, il est sans doute toujours gros d'une révolution. Mais, comme déjà dit, la discussion menée ici fait abstraction de cette possibilité.

L'expansion extérieure est, dans cette situation, la seule « issue » du régime – et cela, pour *toutes* les couches dominantes confondues (pour le « parti civil » tout autant que pour la société militaire). Non pas qu'elle ouvrirait des marchés à des marchandises inexistantes ; ni même qu'elle permettrait d'alléger la situation économique de la Russie par le pillage d'autres pays (comme cela s'est fait entre 1945 et 1948 au détriment de certains pays d'Europe orientale). Elle est la seule issue, parce qu'elle est la seule chose que *peut faire* la société russe actuelle. On est devant une société qui *se fait* pour *faire* cela : étendre sa domination, son Empire, en se préparant pour faire la guerre. L'expansion de l'Empire russe ne peut se faire, visiblement, ni par la pénétration économique, ni même par la simple pénétration « politique »-« idéologique » : celle-ci n'est qu'un instrument, un moment dans une installation au pouvoir de régimes clients qui passe quasi-inéluctablement par la « guerre de libération nationale » ou la « guerre civile » (Vietnam, Mozambique, Angola, Ethiopie, Afghanistan etc.), mais qui

1. Voir la littérature dissidente russe, en particulier *L'Avenir radieux*, de Zinoviev et, dans la *Nomenklatura* de Michael Voslensky (Paris, Belfond, 1980) le très savoureux chapitre « Une journée de Denis Ivanovitch » (pp. 431-459).

2. Parmi celles connues : Temir-Tau, en 1959 (H. Gordon Skilling et Franklyn Griffiths, *Interest Groups in Soviet Politics*, Princeton U.P., 1973, p. 67 – cité désormais : *Skilling-Griffiths 1973*) ; la grande grève de Novotcherkassk en 1962, décrite par Soljénitsyne dans *l'Archipel du Goulag* ; usines Togliatti, en 1979 et de nouveau en 1980 (Maria Samatan, l.c., p. 49 et 315).

finalement ne peut se maintenir que *militairement*. La Russie est vouée à préparer la guerre parce qu'elle ne sait et ne peut rien faire d'autre. Il est absurde de se demander pourquoi un lutteur de sumo ne fait pas de tennis, pourquoi un champion des poids et haltères ne s'adonne pas au saut en hauteur. Il est tout autant absurde de penser – comme tant de commentateurs et de politiciens occidentaux – que la société russe pourrait entrer avec l'Occident dans une « compétition pacifique », devenir une « société de consommation » et se libéraliser. Le régime ne laisse à la société russe aucune autre voie ; aucune poursuite, aucune entreprise en dehors de l'expansion de la domination russe, qui puisse mobiliser et canaliser les énergies de ceux qui voudraient, dans le cadre social établi, faire quelque chose de plus que simplement soigner leur carrière[1].

Cette expansion ne se fait pas dans le style hitlérien, d'une succession rapide et brutale de coups de poker, bluffant l'adversaire. Elle a son propre rythme lent et pesant. Elle profite des occasions qui se présentent, se donne des délais temporels visiblement indéfinis, sait attendre et parfois reculer sans dommage (comparez les effets, à peu près nuls, du recul russe lors de la crise de Cuba avec ceux, catastrophiques, de la fin de la guerre du Vietnam pour les États-Unis) – et ne cesse pas, pendant tout ce temps, d'élargir et de perfectionner la base matérielle sur laquelle elle s'appuie – la production et le déploiement d'armes.

L'expansion correspond certes, d'abord et avant tout, au poids, à la poussée, aux visées plus ou moins automatiques et aveugles de l'Appareil militaire – de la société militaire. Que celui-ci tende constamment à augmenter sa puissance et les moyens à sa disposition, ce n'est pas une déduction à

1. Il est frappant de constater que, malgré la fin du délire stalino-jdanovien, la stérilité dans le domaine de la grande science, ou science fondamentale, continue d'être le lot de la Russie (à la seule exception de cette branche étrange que sont les mathématiques). Beaucoup de science appliquée ; mais, comme le constatait déjà Sakharov (*Mon pays et le monde*) aucune des grandes idées scientifiques des soixante dernières années n'est née en Russie. Deux prix Nobel sur 102 au total dans les sciences « exactes » – dont plus de 50 américains. Aux mathématiques, on peut ajouter les records sportifs et le jeu d'échecs : les deux, évidemment, professionalisés – mais on ne saurait confondre le professionalisme socialiste avec le professionalisme capitaliste.

partir de l'essence de l'Armée ou du concept pur d'un Appareil militaire. Il n'y a pas, dans l'histoire, des « Armées » en général et ce que l'on pourrait dire des Armées en général est trivial et vide. C'est une constatation de fait, à partir de ce qui s'est passé en Russie depuis, à peu près, vingt-cinq ou trente ans. Il y a eu, probablement, une tentative et demie – Malenkov, et, en un sens, Khrouchtchev[1] – de limiter les ressources absorbées par l'Armée ou de les ré-orienter ; elles ont toutes les deux échoué. La « priorité du secteur A sur le secteur B » (de la production de « moyens de production » sur la production de « moyens de consommation ») n'a, depuis belle lurette, et ne *peut* avoir *aucune autre signification* que la priorité de la production militaire sur la production civile. Dans les faits, cette priorité n'a *jamais* cessé de prévaloir[2].

Cette puissance, ces moyens, ne comportent pas seulement le matériel et les hommes, mais bien évidemment aussi les bases et les territoires de leur installation et de leur déploiement. Je répète, une fois de plus, que lorsque je parle du pouvoir de la société militaire, de la stratocratie, en Russie, je n'entends ni la présence d'une majorité de militaires dans le Bureau Politique ni leur intervention signée et datée pour que telle décision soit prise. On sait, cependant que, dans un cas au moins, les militaires au sens strict sont intervenus et ont emporté la décision : lors de l'invasion de la Tchécoslovaquie en août 1968[3].

1. Voir plus bas le paragraphe « Le point de vue historien ».

2. Dire qu'il puisse y avoir, pendant des décennies, dans une économie qui ne produit pas pour la « vente » ou le « marché », production constamment accrue des « moyens de production » qui ne se traduit pas en augmentation de la production des objets d'utilisation finale, revient à dire que les membres du Politbureau mangent l'acier et les machines, ou les stockent dans le sous-sol de leurs datchas. C'est cette ânerie que les dirigeants russes demandent au monde de croire – et que les commentateurs occidentaux ont volontiers avalée, hameçon et ligne et canne tout ensemble. Dès qu'un certain niveau des capacités et de la production du « Secteur A » est atteint – ce qui a dû arriver en Russie vers le milieu des années 1950 – la priorité maintenue de la « production des moyens de production » n'avait et ne pouvait avoir qu'une seule signification : priorité à la production de moyens de destruction.

3. Le témoin direct, Zdenek Mlynar – membre de l'équipe tchécoslovaque qui, avec Dubcek, a « négocié » avec les Russes à Moscou après l'invasion de son pays – affirme que la décision de l'invasion a été prise par les maréchaux russes, cependant que la majorité du Bureau Politique était en vacances. Il résume ainsi le deuxième discours de Brejnev à

Autre est le cas de l'Afghanistan. Il est extrêmement invraisemblable que des divergences – autres que sur la tactique, le moment d'agir, etc. – aient existé à ce propos au sein de la direction russe[1]. Supposerait-on même que Sommet militaire et Sommet « politique » suivent des lignes organiquement distinctes – ce qui n'est assurément pas le cas – ces lignes ne pouvaient que converger dans le cas de l'Afghanistan. Il s'agissait, ici, côté « politique », de fournir une nouvelle démonstration de l'irréversibilité des régimes russo-communistes, et côté « militaire », de ne pas risquer de perdre le contrôle d'un territoire dont l'importance stratégique se passe de commentaires (proximité accrue au Golfe,

Dubcek, pendant la réunion ultime où la délégation tchécoslovaque a dû se plier au Diktat russe : « les troupes soviétiques, qui ont conquis leur passage jusqu'à l'Elbe, ont le droit d'être en Tchécoslovaquie... Ce sera comme ça, depuis la Seconde Guerre mondiale jusqu'à l'éternité. » L'invocation par Dubcek de la sympathie de quelques partis communistes d'Europe occidentale pour la ligne du P.C. tchèque est écartée par Brejnev avec une dérision méprisante : « Combien ça pèse, un Berlinguer ? Est-ce qu'il a des chars ? Est-ce qu'il peut changer les résultats de la Seconde Guerre mondiale ? » (*Nightfrost in Prague, l.c.*, p. 241 ; extrait publié dans *Telos* nº 42, hiver 1979-1980, p. 50-51.) Kadar, qui pendant toute une période avait plus ou moins soutenu Dubcek, disait à celui-ci quelques jours avant l'invasion russe, étonné et incrédule : « Mais est-ce que *vraiment* vous ne connaissez pas l'espèce de gens à qui vous avez affaire ? » (*ib*, p. 157.)

1. Il s'est trouvé un bon connaisseur de la réalité russe, Viktor Zaslavsky, pour interpréter l'invasion de l'Afghanistan comme une réaction de *l'establishment* militaire à une supposée tendance vers une réforme et libéralisation de l'économie, qui aurait été annoncée par les décisions de 1979 (décret du 12 juillet 1979). Zaslavsky écrit : « Comme en 1968, les élites militaires et les chefs des industries d'armement, aidés par l'inclination générale à conserver inchangées les relations de pouvoir existantes, ont prévalu sur les tendances réformistes. L'invasion de l'Afghanistan démontre comment, si c'est nécessaire, une crise internationale et ses conséquences peuvent être facilement et avantageusement utilisées pour conserver le monopole du pouvoir entre les mains d'une petite minorité ». (*L'Espresso,* 24.2.80, pp. 44-52 ; trad. sous le titre « Why Afghanistan ? » dans *Telos,* nº 43, printemps 1980, pp. 139-141.) Il ne me gênerait nullement d'accepter l'interprétation de Zaslavsky, qui renforce visiblement ma thèse sur la suprématie de l'Armée pour ce qui est des décisions cruciales. Mais je la crois fausse dans le cas concret. Le décret du 12 juillet 1979 – voir plus haut, p. 156 – n'a pas la signification que lui prête Zaslavsky, mais plutôt la signification diamétralement opposée. Il représente une nouvelle tentative de resserrer le contrôle central sur l'économie. S'il annonçait quelque chose, c'était la préparation pour des temps encore plus rigoureux à venir. Il se comprend comme une étape de la préparation de l'invasion de l'Afghanistan et de la situation qui, prévisiblement, pouvait en résulter.

possibilité de faire surgir par la suite une « République populaire démocratique des Baloutches » fournissant à la flotte russe enfin des bases directes sur l'Océan Indien, menace sur le Pakistan dont les effets se sont manifestés tout de suite).

A cet égard, le cas de l'Afghanistan a valeur générale, et pour des raisons qui crèvent les yeux. Le Kremlin n'abandonnera jamais tranquillement et pacifiquement un territoire qu'il contrôle sous le fallacieux prétexte que les populations rejettent le régime qu'il leur impose – cependant que les États-Unis ont été forcés d'abandonner, sous la pression des jeunes, des mobilisés, des soldats, de l'opinion intérieure et internationale, le Vietnam. Le Kremlin n'hésitera jamais, pour peu que les circonstances s'y prêtent, à s'emparer d'un territoire qui lui offre des bases. Supposons que, dans un an ou dans cinq, la situation explosive en Afrique du Sud commence à prendre vraiment tournure ; et que le mouvement des Noirs passe à la phase de la guérilla. A qui pense-t-on qu'ils s'adresseront pour obtenir des armes ? A M. Reagan ? Et croit-on que le G.Q.G. russe renoncerait à la possibilité de s'offrir quelques bases au Cap ?

Les régimes « communistes » pro-russes ne tiennent, la plupart du temps, qu'en vertu de la présence militaire russe, directe ou indirecte (Pologne, Hongrie) et/ou de ses subrogés locaux (R.D.A, Bulgarie, Cuba, Vietnam). Cela déjà jette une lumière sur les limites de l'analyse en termes de la notion de « totalitarisme » – j'y reviendrai. Le fait est que, hors de la Russie en tout cas, les partis « communistes » ne peuvent que rarement assurer « politiquement » leur pouvoir ; dans la plupart des cas, sans les divisions russes dans le pays ou à sa frontière, ils tomberaient dans les vingt-quatre heures. On voit par là que l'Empire russe, en tant qu'Empire, ne s'appuie pas et ne peut pas s'appuyer ni sur l'« idéologie », ni sur les structures « politiques » du parti totalitaire en faillite. L'Armée russe (et ses appendices « nationaux ») n'est pas, dans ces pays, *ultima ratio,* elle est le fondement, *le seul,* du pouvoir des P.C. Cela ne peut que lui conférer un poids fantastique à l'intérieur de la société russe elle-même. Inversement, cette Armée met à profit toute occasion qui se présente – c'est ce que montrent, simplement, les faits depuis des décennies – pour affirmer son rôle *et* élargir les bases territoriales de sa force.

La Force brute pour la Force brute

Mais la poussée vers l'expansion correspond aussi et surtout à quelque chose de beaucoup plus profond, peut-être l'élément le plus décisif dans toute l'affaire, le plus difficile aussi à cerner et à formuler clairement. Et celui-ci ne concerne pas simplement l'Appareil militaire : il concerne l'ensemble des couches dominantes russes, Armée et Parti « civil » confondus. Il s'agit d'une vision du monde, et d'un type anthropologique nouveau qui lui est homologue. Il s'agit d'une création social-historique, d'un imaginaire inconnu, sous cette forme, dans l'histoire précédente.

Lorsque Kadar disait à Dubcek : « Est-ce que *vraiment* vous ne savez pas quel est le genre de personnes à qui vous avez affaire ? », ce qu'il entendait est clair. Dubcek se faisait des illusions en croyant que les chefs du Kremlin pouvaient être persuadés par des arguments, respecter les « droits » d'autrui ou l'« indépendance nationale » d'un pays ou simplement négocier à l'horizon d'un compromis possible sauvegardant ne serait-ce qu'une part infime des intérêts ou du point de vue de la partie la plus faible. Il entendait, en bref : comprenez donc que vous avez affaire à des gens sans foi ni loi – à des gens qui ne comprennent que le langage brut de la Force, et pour qui tout langage n'est, lui-même, que voile ou instrument. La Force au service de quoi ? La Force au service de Rien : la Force au service d'elle-même, la Force qui s'est dotée d'une deuxième Force la poussant à son expansion sans limites. La Force qui ne vise qu'à s'augmenter en tant que Force.

La « victoire mondiale du socialisme » : c'est-à-dire, l'Empire mondial russo-communiste. Il ne s'agit pas de mots, ni de rhétorique, ni d'« idéologie ». Il y a une représentation, une construction, une constitution russe/communiste non seulement du domaine de la « politique internationale », mais du domaine social et historique, de *ce qu'est le monde humain*, qui est représentation de ce monde en purs termes de rapports de Force, représentation d'un monde bâti exclusivement sur des relations de domination – et dans lequel évidemment la guerre, actuelle ou potentielle, représente le moment de vérité. Tout le contenu social, politique, idéologique que Lénine pouvait encore inclure dans la formule : « qui l'emportera ? » a disparu ; mais non la formule elle-même. Les discours mêmes, « menteurs » presque toujours – il ne s'agit pas en fait de « mensonge », j'y reviendrai – le proclament avec une sincérité totale : « Nous vous enterrerons », hurlait Khrouchtchev. Dans la représentation russe/communiste de l'histoire universelle, la « victoire finale du communisme », c'est-à-dire l'Empire mondial des maîtres actuels de la Russie, est le terme cardinal de référence, par rapport auquel tout le reste s'ordonne et « prend sens » pour eux.

Cette représentation de l'histoire universelle et de la société mondiale n'est pas une « théorie » (elle n'est ni vraie ni fausse). Elle n'est pas non plus une « idéologie » au sens propre du terme – bien qu'elle garde avec l'idéologie (ici, pseudo-« marxiste-léniniste ») un rapport *sui generis* sur lequel je reviendrai. C'est une *signification imaginaire sociale*[1] qui a été centrale dans l'auto-constitution des couches dominantes russes depuis Staline et qui, depuis longtemps, s'est dégagée de tout le fatras « marxiste-léniniste » qu'elle a transformé en simple appendice instrumental. Elle est à la fois interprétative, constitutive et constructive. C'est à partir d'elle que les couches dominantes russes « comprennent » le monde ; c'est à partir d'elle qu'elles *se* constituent, et qu'elles tiennent ensemble ; c'est à partir d'elle, enfin, qu'elles construisent le monde – c'est-à-dire qu'*elles font être, dans la réalité,* et non pas seulement dans la représentation, le monde qu'elles touchent. Si un État assez puissant « pratique » le monde international comme pur et nu champ de forces, les autres États sont tôt ou tard obligés de faire de même – ou de disparaître.

Toute société se fait et doit se faire une représentation de l'ensemble humain dans lequel elle se sait située : des autres sociétés, du passé et de l'avenir. Bien évidemment, cette représentation est imaginaire au sens le plus profond du

1. Sur les notions de significations imaginaires sociales et d'imaginaire social, voir mon livre *L'Institution imaginaire de la société*, Paris, Le Seuil, 1975, en particulier pp. 177-230 et pp. 457-498.

terme ; elle confère une *signification* à ce fait étrange entre tous : la coexistence de sociétés humaines et leur succession, signification qui doit être inventée, créée et ne correspond ni à des lois ou faits naturels, ni à des déductions rationnelles. Mais bien évidemment aussi, ces significations imaginaires (pour chaque société en elle-même, et pour leur coexistence obligée) sont des facteurs *réels* de l'histoire *réelle.* Elles déterminent l'essentiel de la vie, de l'activité, du « destin », de l'histoire des Hébreux comme de Rome, des Arabes islamisés comme des monarchies chrétiennes et jusqu'au quasi-suicide collectif des Allemands dominés par le nazisme.

Dans ces constructions du monde, la Force brute, le fait brut et brutal qu'il y a de la Force (bien que concrètement la source de la Force soit chaque fois énigmatique) et qu'elle joue un rôle important sinon décisif dans les affaires humaines, a bien entendu toujours eu une place. La seule exception concerne quelques mouvements religieux purement et proprement a-cosmiques et confirme ce que je dis : ces mouvements n'ont pu survivre que soit comme sectes marginales ou interstitielles, soit, comme le judaïsme et surtout le christianisme, en se « trahissant » et en s'adaptant à l'univers de la Force dans la duplicité instituée, le clivage de l'intramondain et du Royaume de Dieu. La Force a toujours été reconnue – mais jamais seule, jamais nue, jamais dégagée de tout le reste. Brennus peut bien s'écrier *vae victis* et jeter sur la balance, en plus des faux poids, son ceinturon et son épée : il y a, entre Gaulois et pour les Gaulois, d'autres valeurs, règles, normes que la Force brute. Et cette anecdote même n'aurait pas été enregistrée et transmise si ce qu'elle convoie était considéré comme allant de soi. Aucune culture, que je sache, n'a été si consciente du rôle décisif, ultime, de la Force – *Kratos* et *Bia* – que la culture grecque ancienne, aucune ne s'est si clairement fondée sur la prévalence ultime de la Force brute et de la Mort, donc du non sens radical de l'existence humaine. Mais bien évidemment, non seulement la culture grecque ne se réduit pas à cela, la reconnaissance de cette évidence la conduit à s'édifier *contre* celle-ci. (L'unicité des Grecs à cet égard est qu'ils ne cherchent pas des consolations dans d'autres mondes, et qu'ils ne se racontent pas des histoires sur la victoire finale du Bien.) Plus généralement, toute société a tissé – a été obligée de tisser – la reconnaissance de ces deux faits ultimes : la prévalence de la Force dans la vie, et la terminaison de la vie dans la Mort (deux faces du Même) avec d'autres significations. (Ou bien, autre façon de dire la même chose : ces deux faits ont toujours été réduits, comme tels, au rang de purs faits, sans signification en eux-mêmes, et doublés de significations qui les dépassent et les nient : voir la place de la Mort dans presque toutes les croyances religieuses.) Le propre, et l'absolument original du monde que crée et apporte avec elle la couche dominante russe c'est que la pure Force, dans le monde qu'elle construit, est là pour elle-même, fin d'elle même (certes servie par le carriérisme et l'arrivisme des individus – qui est, certes aussi, pure inanité), pas prise dans autre chose qu'elle, pas mélangée à autre chose qu'elle. Les limitations qu'elle peut s'imposer (qu'elle ne s'imposait du reste pas du temps de Staline) sont purement fonctionnelles et instrumentales : une « légalité » minimale (par ailleurs facilement violée ou tournée tous les jours, comme on le sait) est évidemment nécessaire pour que la société dans son ensemble fonctionne tant bien que mal. Mais cette « légalité » n'est pas un *droit,* se référant à des valeurs, délimitant une sphère d'action libre des individus et des groupes, opposable à l'État : elle est simple norme de relative cohérence interne des activités de la bureaucratie. La pseudo-légalité, tardive et occasionnelle, de la bureaucratie n'a rien à voir avec le droit ; c'est une affaire de (mauvaise) ingéniérie sociale[1].

Cette représentation du monde ne peut pas être appelée « idéologie ». Un usage déplorable, propagé depuis des décennies (et partagé malheureusement par des auteurs importants, comme Georges Dumézil), appartenant à un marxisme dégénéré et aux tentatives des épigones de rapiécer un tissu théorique en lambeaux, a mis le terme d'« idéo-

1. C'est évidemment tout à fait autre chose si les sujets de la bureaucratie utilisent tant qu'ils peuvent depuis quelque temps les possibilités que leur offre cette pseudo-légalité pour lutter contre l'oppression. On sait que les dissidents en ont souvent fait usage avec un génie tactique qui force l'admiration. Cf. Krzystof Pomian, « La dissidence », *Libre,* n° 8, Paris, Payot, 1980, p. 5 à 53. Mais ces possibilités restent très limitées – la bureaucratie viole évidemment constamment (et, semble-t-il, derechef de plus en plus) sa propre pseudo-« légalité ».

logie » à toutes les sauces. Ainsi entend-on parler de l'idéologie de telle tribu archaïque, par exemple. Il s'agit là d'accommoder, à l'intérieur d'un marxisme que l'on prétend sauver, une place pour ce noyau de la vie et de l'institution de toute société que sont ses représentations, ses normes, ses valeurs – sa manière de constituer pour elle-même un monde et de l'investir de significations. Des marxistes paresseux, ayant découvert sur le tard que l'« infrastructure » n'est pas tout et n'explique pas tout (pour ne pas dire qu'elle n'explique rien), ont inventé ce fourre-tout, se sentant couverts puisque le terme se trouve chez Marx. Telle est l'audace théorique de ces « révolutionnaires », qu'ils ne peuvent faire un pas avant d'avoir trouvé un poil de la barbe de l'ancêtre pour s'y accrocher. L'absurdité d'une terminologie qui réduit le totémisme et la théorie économique libérale à être des espèces du même genre n'a pas besoin d'être commentée. Il n'y a idéologie que lorsque il y a tentative de justification « rationnelle » et « rationalisante » des visées d'un groupe ou d'une classe (qu'il s'agisse de préserver l'état de choses existant, ou de le modifier). Il ne peut donc y avoir idéologie que dans les sociétés où le « rationnel » est devenu norme et pierre de touche. Il n'y a pas d'« idéologie tripartite » des Indo-européens. Il y a un *schème imaginaire nucléaire* d'organisation du monde (social et « divin »), qui comporte bien entendu, comme toute institution de la société, sa dimension « logique » (ensembliste-identitaire). Il y a idéologie lorsque la justification de l'état de choses existant (ou des visées d'un groupe, classe etc.) se déploie comme « argumentation », par là même accepte de se soumettre, du moins extérieurement, à un contrôle « rationnel », à une critique, à une confrontation avec les faits. Certes le discours idéologique ne peut expliciter ses présupposés ultimes ; certes aussi, il a une « fonction » sociale, qui ne peut être réalisée que moyennant l'embellissement (ou du reste l'enlaidissement), l'idéalisation, le recouvrement de tout ce qui, dans la réalité, le gênerait. Mais il ne reste idéologique que dans la mesure où il garde un degré important de contact avec la « rationalité » *et* la réalité. Autrement, il devient simplement un corps de croyances qui – comme tous les corps de croyances dans l'histoire – s'offre certes aussi toujours quelques arguments « réels » et

« rationnels » (dans toute société ou groupe humain qui croit à la magie, l'efficacité de la magie est évidemment un fait d'expérience, de même que ses échecs éventuels sont expliqués abondamment par recours à des facteurs de même nature : erreurs techniques du mage ou contre-magie plus puissante etc.).

La rhétorique de la direction russe actuelle n'a rien à voir avec une « idéologie ». Il est, à première vue, étonnant de voir parfois de bons connaisseurs du régime russe continuer d'affirmer que celui-ci est guidé par l'« idéologie communiste », et la croyance en des « lois de l'histoire » qui assureraient la « victoire finale du communisme ». Il n'y a rien de pareil – et les blocages mentaux de ces connaisseurs s'expliquent finalement très bien, comme je tenterai de le montrer plus loin. Brièvement parlant, il s'agit de l'impossibilité de concevoir, et d'accepter, que la Force brute puisse tenir ensemble une société qui n'est pas curiosité ethnologique, mais pèse lourdement sur le destin de l'humanité et l'orientation de l'histoire. La rhétorique russe (et plus généralement communiste) garde, certes, de grandes parties du *vocabulaire* marxiste. Mais ce n'est pas cela qui en fait ou pourrait en faire une « idéologie ». Pour qu'un vocabulaire porte une idéologie, il faut tout simplement que les *vocables* gardent un certain rapport (non totalement arbitraire) avec les *idées.* Rien de tel avec le vocabulaire russe/communiste.

Certes, il subsiste « quelque chose » du marxisme-léninisme ; sauf que ce n'est pas là quelque chose qui est vraiment spécifique du marxisme (et même du marxisme-léninisme). Ce « quelque chose », c'est la reconnaissance de *certains* éléments de la réalité social-historique, en même temps qu'un avatar ultime du « réalisme » politique marxiste (et surtout, marxiste-léniniste). Ce que la direction russe-communiste « conserve » du marxisme, c'est ce qui lui permet de penser la société comme *divisée,* de voir toujours dans les rapports sociaux et politiques la dimension de la *domination* et dans tous les autres aspects de la vie et des activités sociales des moments *instrumentaux* par rapport à cette domination. (La différence avec un simple « machiavélisme » ordinaire est que, généralement, celui-ci reste limité au domaine « politique » au sens étroit et ne verrait pas dans la littérature ou la peinture, par exemple, des activités qui doivent aussi être amenées à servir la domination de la couche au pouvoir.) Cette vue elle l'utilise, certes, par rapport à sa propre société ; elle l'utilise aussi relativement aux autres, dans lesquelles la division sociale et politique est pour elle constamment facteur à utiliser et à exploiter – soit comme véhicule de l'arrivée au pouvoir de ses hommes liges, soit comme monnaie d'échange lui permettant d'obtenir d'autres avantages (les cas où elle a vendu telle révolution ou tel mouvement national lorsque cela lui convenait sont nombreux ; ses critiques marxistes de gauche y ont toujours vu des « trahisons » et/ou les signes de l'intégration définitive de la bureaucratie russe dans l'ordre capitaliste mondial – au lieu d'y voir la simple *utilisation* pragmatique-cynique de ces mouvements). Et c'est aussi cette même vue qui fait qu'elle pense constamment en termes de Force et de rapports de Force, que pour elle les rapports internationaux ne sont rien d'autre que des rapports de force entre États. « Combien de divisions a le Pape », demandait Staline ; et Brejnev : « Combien de chars a Berlinguer ? »

C'est là le terme et la limite de la transformation que Lénine a opérée sur le marxisme, en en faisant une conception purement instrumentale. Ce qui chez Lénine restait ambigu et s'accompagnait d'un colossal aveuglement – ce marxisme instrumental étant quand même instrument de la « révolution prolétarienne », laquelle cependant était identifiée à la prise du pouvoir par le « parti », sans que Lénine voie qu'il était en train de créer le totalitarisme bureaucratique – a, depuis longtemps, dès le début du règne de Staline, perdu toute ambiguïté. Les éléments d'intelligence *real-politique* des sociétés et de l'histoire que contient le marxisme ne subsistent, chez les couches dominantes russes, que comme « machiavélisme »-cynisme ultra-vulgaire ; ce « machiavélisme » leur permet de reconnaître certains facteurs importants de la réalité, sur lesquels leurs adversaires sont presque nécessairement aveugles ou obligés d'entretenir des illusions, et par là même leur confère sur ceux-ci une supériorité incontestable. Et ces éléments sont tels qu'ils peuvent se marier plus ou moins efficacement avec la rhétorique sur « la lutte des classes internationale », les « guerres de libération nationale », le « socialisme » etc. Mais l'idéologie marxiste a le même rapport avec les dirigeants russes que la morale des Évangiles avec Alexandre Borgia – avec, au surplus, cette différence de taille : à l'époque de Borgia les grandes masses de la population restaient, tant bien que mal, « chrétiennes » ; sous Brejnev, la masse des « hommes socialistes » n'a rien à voir avec le socialisme.

Il nous faut insister sur la spécificité du phénomène. Ce ne sont pas les couches dominantes russes qui ont créé cet aspect du monde social-historique, d'être un champ de rapport des forces ; ni elles ne sont les premières à avoir découvert ce fait. Mais elles sont bel et bien les premières, du moins à cette échelle, et avec de telles « chances » historiques, à en avoir fait le principe unique et exclusif de leur comportement et de leur existence même, à avoir écarté toute autre préoccupation et surtout toute *limite*, aussi bien « interne » qu'« externe », autre que pragmatique et opportuniste, à la vue du monde comme simple champ de forces et à une activité qui ne se règle que là-dessus. Dieu sait si, par exemple, les couches dirigeantes des pays capitalistes, ont pu être – et peuvent toujours être – cyniques et sans scrupules dans la poursuite de leurs buts. Mais cela ni ne définit, ni n'épuise les sociétés capitalistes occidentales. La poursuite de la puissance s'y est aussi instrumentée dans d'autres mécanismes que ceux de la Force brute – notamment, ceux de l'expansion de la production, de la « pénétration » économique, dont les effets peuvent être – ont pratiquement toujours été – plus que cruels pour ceux qui les subissent, mais qui entraînent aussi, à plus ou moins long terme, une mise en mouvement des sociétés concernées et finalement ouvrent le terrain pour des luttes sociales et politiques. D'autre part et surtout l'usage de la Force brute tant à l'intérieur que même à l'extérieur, y a toujours rencontré des limites importantes de toute sorte : la loi, les réactions des citoyens, la critique et le contrôle publics, et même l'hypocrisie, hommage que les dominants y ont été plus ou moins toujours obligés de rendre aux valeurs partagées par la société et sans lesquelles celle-ci n'aurait pas pu *tenir ensemble.*

A part des moments exceptionnels et passagers, il n'y a jamais eu dans l'histoire de « machiavélisme » pur et non limité, de pratique du pouvoir comme pouvoir et pour le pouvoir à l'exclusion de toute autre considération, et même, plus exactement, avec *subordination* explicite, articulée, totale de tout le reste à la pure instrumentalité du pouvoir et de la force. Le « machiavélisme » – ce qu'on a extrait, ou cru pouvoir extraire, sous ce titre, du *Prince* – est soit œuvre de pensée réfléchissant sur une « pure politique du pouvoir » comme limite ; soit, « moment », « composante » entre autres – peut-être, parfois, dominante – du comportement de tel homme ou de tel groupe dominant. Il n'a jamais été – et l'on ne pensait pas jusqu'ici qu'il pouvait jamais être – l'unique ciment, et non seulement mode d'opérer mais *mode d'être,* d'une société entière, de haut en bas. Et ceux qui répugnent à voir la Russie telle qu'elle est sont asservis aux mêmes motivations, au même refus d'admettre que l'histoire puisse aussi être *ça,* que ceux qui dénonçaient avec indignation *Le Prince.* On n'avait jamais pu voir une société instituée *exclusivement* sur les rapports de Force (tels qu'ils se jouent, certes, dans un univers bureaucratique moderne – moyennant l'intrigue, le cynisme, l'opportunisme, la trahison ; non pas les coups de couteau), une société sans foi ni loi, et sans aucune autre valeur que la Force. Je parle, bien entendu, du régime et de la société telle que le régime veut la façonner et tend à la façonner ; que là-dedans, soit moyennant les survivances non totalement éradiquées du passé, soit moyennant leurs propres ré-inventions, des individus en grand nombre parviennent quand même à s'orienter et à se comporter différemment, c'est évident, et c'est une autre question, ou plutôt une autre phase de la question.

L'autre élément du marxisme-léninisme qui subsiste, c'est le vocabulaire – ou la rhétorique. Ce vocabulaire ne garde, comme on sait, *aucun rapport* avec ce que ses termes étaient initialement censés désigner ou avec ce que ces termes, ou du moins certains d'entre eux, continuent encore à désigner dans les langues qui n'ont pas encore totalement subi la destruction communiste. C'est pourquoi on ne peut parler d'« idéologie », c'est pourquoi aussi le terme forgé ces dernières années d'« idéocratie » est à la fois vide et catastrophiquement trompeur. En vérité, parler d'« idéocratie » à propos du régime russe c'est, sans s'en rendre compte, participer de la même entreprise de corruption radicale du langage sur laquelle vit le communisme, c'est s'en faire, sans le vouloir et le savoir, complice. Que veut dire donc le terme « idée » ? Quelles sont les « idées » qui « règnent » (dominent, *kratein*) sous le communisme ? Le communisme c'est, de toute évidence, tout le contraire : c'est le règne de l'absence totale de toute « idée ». La seule « idée » qu'on y trouve, c'est la visée de la domination universelle par la Force brute. Si l'on peut appeler cela une « idée », alors il y a eu déjà une phase d'idéocratie réalisée dans l'histoire de la Terre : l'idéocratie des grands sauriens du secondaire.

Le terme d'« idéocratie », appliqué au régime russe, repose sur une incompréhension totale de ce qu'est ce régime. Son relatif succès traduit l'impossibilité, pour l'intellectuel occidental, de dépasser *ses propres* schèmes et exigences de pensée : *il faut* que ce régime, aussi monstrueux qu'il lui paraisse par ailleurs, « fasse sens » quelque part dans une histoire qui elle même *doit* faire sens – sinon par son orientation positive, au moins en ce que n'y apparaissent et n'y agissent que des éléments, des facteurs, des tendances plus ou moins familiers, plus ou moins dotés de signification, bref : en dernière analyse, « humains » dans une acception positivement valorisée de ce terme. Quelle que soient les dénonciations de la vieille « philosophie de l'histoire », il lui en faut une et pas n'importe laquelle : celle qui garantit le sens et exclut le non-sens. Il lui faut, derrière ou dessous toute société, une métaphysique ; il ne peut pas concevoir que le régime russe puisse être de la pure « physique ». Il lui faut du supra-sensible ; il ne peut pas comprendre l'émergence, dans l'histoire, d'une société réduite au « sensible » (je parle bien entendu métaphoriquement). En un sens, l'intellectuel occidental est beaucoup plus à l'aise (philosophiquement parlant) avec le nazisme – ou même avec le stalinisme de la grande période des purges et des massacres. Aussi fort qu'il l'abhorre, il peut faire quelque chose de la métaphysique pseudo-biologique de la « race » (se prétendant « scientifique », cette multiple bêtise se laisse discuter et continue de fournir matière à dissertations vertueuses et savantes à des foules de bien-pensants, depuis les vrais biologistes jusqu'aux faux journalistes). La haine de l'autre, et même le besoin de fabriquer quelqu'un comme radicalement autre pour pouvoir le haïr ; la folie meurtrière ; le sadisme S.S. ; la paranoïa de Staline ; finalement l'idée même d'un Mal Radical – tout cela, que nous le sachions ou non, est en nous, nous y participons, même à la limite de l'horreur c'est du familier.

Mais dans le régime russe actuel, tel qu'en lui-même enfin, il n'y a ni haine, ni folie meurtrière. Staline s'avère finalement – ô mystère indéfiniment renouvelé de l'histoire humaine – un *accident nécessaire,* un contingent essentiel, un hasard constitutif de l'histoire du stalinisme. Pas de métaphysique au fondement du régime ; pas « d'idées », encore moins de passion délirante. La pure instrumentalité, au service de la Force. Staline faisait écrire, par les poètes à ses ordres, qu'il faisait se lever le soleil, pousser les blés, concevoir les femmes. Ambitions profondément humaines, partagées par tous ; qui donc a inventé, si ce n'est les hommes, quelqu'un qui fait tout cela ? Mais Brejnev ne fait écrire rien de pareil ; il se fait simplement décerner les hochets signalétiques qui doivent marquer le zombie au sommet de la hiérarchie des zombies.

La destruction des significations et la ruine du langage

Le régime russe ne représente pas le règne des « idées ». Les « idées », transformées comme tout le reste en appendices instrumentaux du pouvoir, sont *de ce fait même* annihilées comme idées. Il ne représente pas non plus le règne des mots. Certes, les mots – certains mots – ultra-fétichisés y jouent un rôle exorbitant à la fois et paradoxal : ils fonctionnent comme des *marques,* signes et signaux d'activités-réflexes, de comportements-réflexes, qui ne portent aucune signification autre que ces réflexes qu'ils déclenchent ou visent à déclencher. Lorsque le Parti dit de quelqu'un qu'il est « réactionnaire » ou « fasciste », cela ne signifie ni qu'il l'est, ni que le Parti « pense » qu'il l'est – personne ne se fait d'illusions là-dessus – mais tout simplement qu'ordre est donné par là à tous les concernés de traiter l'individu en question selon le code de traitement applicable aux « réactionnaires » et aux « fascistes ». C'est une sorte de signal pavlovien adressé à une société que le régime s'efforce de faire fonctionner sur le mode pavlovien. Mais en même temps, et précisément parce qu'aucun autre signifié, ou référent, véritable n'est attaché aux mots – sauf les consignes impératives de comportement qu'ils véhiculent – on peut faire avec les mots n'importe quoi, en changer arbitrairement et du jour au lendemain la relation avec « ce qu'ils désignent ».

Il n'y a en Russie, ni idées ni « idéocratie ». Ce qui a donné un semblant de propriété à ce terme, c'est la place et le rôle des *mots* dans le fonctionnement du régime. En prenant ce rôle des mots « naïvement », en ne voyant pas la manière spécifique selon laquelle ils sont utilisés, on tombe précisément dans le piège tendu par le régime. Il y a une rhétorique – pervertie –, une phraséologie, une *lexitechnie* si l'on veut à tout prix forger un terme spécifique. Et ce qui complique la chose, c'est que cette utilisation instrumentale des mots, cette *lexitechnie*, comporte encore deux versants différents, selon qu'elle vise le « monde extérieur », les pays non encore soumis à la domination russe, ou la société russe elle-même. Dans le premier cas, elle garde, elle est obligée de garder (bien que de moins en moins) un vague rapport avec ce qu'on peut appeler un usage « idéologique-propagandiste » du langage. Elle est obligée de prétendre que le socialisme à la russe c'est la liberté, ou l'égalité, ou l'abondance etc. C'est qu'elle s'adresse alors à des gens pour qui ces mots expriment des aspirations fortement valorisées et convoient effectivement des idées – bref, à des gens pour qui le langage n'a pas encore été ruiné, garde encore son caractère comme milieu d'une expression authentique et d'une vérité possible. En ce sens, on peut dire qu'elle reste soumise à l'opposition de la vérité et du mensonge ; on peut dire que la propagande russe *ment* – bien que la corruption du langage qu'elle a réussi graduellement à imposer même aux autres sociétés commence à limiter la pertinence de cette qualification.

Mais en Russie même, là où les virtualités de cette instrumentalisation du langage tendent à se réaliser pleinement, cette *lexitechnie* a une portée toute différente. La fonction, la nature même du langage, sont radicalement altérées – pour autant que cela dépend du régime [1]. Certes, il y a

1. Je répète que je parle du *régime*, de ses visées, de ce qu'il tend à réaliser – et que sans doute, il a déjà réalisé, anthropologiquement, pour

nécessairement un niveau où le langage ne peut que conserver *une* de ses fonctions : le niveau objectal ou pragmatique. Un chat doit être appelé un chat, et un avion un avion. Il en va autrement lorsqu'on quitte ce niveau. Transformer le vocabulaire social, politique, moral, esthétique, philosophique en un ensemble de marques et de signaux déclencheurs de réflexes, en même temps que l'on rend leur relation à des signifiés ou référents totalement élastique et manipulable, ce n'est pas simplement aplatir ou instrumentaliser le langage – c'est le détruire.

Le langage humain comporte toujours deux dimensions indissociables : celle du *code*, ensemble de signifiants (mots, expressions ou phrases) en correspondance terme à terme avec un ensemble de signifiés ou référents ; et celle de la *langue*, moyennant laquelle le même ensemble de signifiants convoie des *significations*, se rapporte à autre chose qu'à des « objets » (« réels » ou « intelligibles ») bien définis et bien déterminés. « J'ai acheté un chien », « Il a un salaire de 4 000 F par mois » : code. « L'homme doit être libre », « Cette société est injuste », « La treizième revient, c'est toujours la première. », « J'ai assis la Beauté sur mes genoux, je l'ai trouvée amère » : langue. Il n'y a ni photographie, ni formule chimique, ni définition logique possible de la liberté, de la justice, de la beauté. Ce sont de pures significations imaginaires sociales – comme le sont celles que convoient les mots totem, tabou, mana, Dieu, citoyen, nation, parti, État, etc.[1].

Inversement, ces significations imaginaires sociales, les plus importantes de toutes, celles qui incarnées dans les institutions tiennent chaque société ensemble, n'existent qu'à condition d'être véhiculées et convoyées par des *mots*. (Même lorsqu'il est interdit de « nommer » Dieu, il est

la plus grande partie des hommes de l'Appareil et pour une partie, incertaine, de la société. Je ne confonds pas le régime avec la totalité de la société et du peuple russe, ni ne peux discuter ici des voies et des manières par lesquelles ce peuple se défend et lutte contre le régime – question décisive, mais qui ne peut être vraiment explorée qu'une fois qu'on a compris *ce qu'est* ce régime.

1. Voir les chapitres V et VII de *L'institution imaginaire de la société*, *op. cit.*, et « Le dicible et l'indicible » dans *les Carrefours du Labyrinthe*, Le Seuil, Paris, 1978.

quand même *désigné* : « celui qui est » etc.) Cela, dans la relation la plus étrange de toutes les relations étranges auxquelles le langage nous confronte. Dans ce cas, la relation du « mot » avec son « signifié » – la signification – ne peut être *ni* absolument déterminée et rigide, *ni,* dans la société considérée, totalement arbitraire, c'est-à-dire manipulable à souhait[1].

La réduction du langage à sa seule dimension de *code* – termes de dénotation d'« objets » bien distincts, définis et déterminés et signaux pavloviens déclencheurs de comportements – accompagnée d'une manipulation totalement arbitraire des mots qui convoient les significations est évidemment une tentative de *destruction* du langage comme tel. Et c'est bien là ce que le régime russe poursuit sans le savoir. Il ne s'agit pas de contrôler la pensée des hommes ; le régime y a depuis longtemps renoncé (c'est aussi une des raisons pour lesquelles l'application de la notion de totalitarisme dans son cas doit être revisée). Il se borne à contrôler les comportements. Il ne s'agit pas non plus – selon le génial passage à la limite d'Orwell – de rendre sa critique linguistiquement impossible [2]. Il s'agit de détruire le rapport des hommes à la signification, et le langage comme milieu et véhicule d'une vérité possible, *donc* d'un mouvement de la société. En ten-

1. Que l'on pense à ce que signifient, dans nos sociétés, les mots « juste » et « justice ». Impossible de soutenir qu'ils ont une signification ferme, définitive, bien déterminée – puisque les discussions là-dessus sont interminables et nous nous opposons les uns aux autres à leur propos ; mais impossible aussi de soutenir qu'ils signifient rien et n'importe quoi – puisque, par exemple, si deux tribunaux, pour le même délit, commis par des individus de même âge, condition etc., dans des circonstances quasi-identiques, arrêtent des jugements très différents, personne ne soutiendra que les deux jugements puissent être aussi justes l'un que l'autre.

2. *Big brother is ungood* est une phrase privée de sens dans le *Newspeak.* Orwell avait vu avec une acuité incomparable la *nécessité* du terrifiant appauvrissement du langage qu'essaie d'imposer le communisme, sa tentative de détruire le fondement de la signification en détruisant la polysémie, en élaguant le lexique et en supprimant les « synonymes ». « La réduction du vocabulaire était considérée comme une fin en soi, et à aucun mot dont il était possible de se passer il n'était permis de survivre... La fonction spéciale de certains mots du *Newspeak* n'était pas tellement d'exprimer des significations que de les détruire. » *Nineteen Eighty-Four*, Harcourt et Brace, New York 1949, p. 304, 308. Une étude à ce point de vue de la presse communiste (de *l'Humanité*, par exemple) reste à faire ; elle serait sans doute très éclairante.

tant de devenir Maître absolu des significations le régime ne parvient qu'à détruire les significations et la signification. La destruction de tout attribut à la fois stable et mouvant des choses autres que « matérielles » ou « logiques » est abolition de la possibilité même de la vérité. L'affirmation paradoxale : *words mean what I want them to mean* ne peut se réaliser qu'en détruisant le langage[1].

Cette ruine du langage humain, puissamment aidée aussi par des facteurs autochtones, déborde depuis longtemps les frontières de la Russie. Sous la pression russo-communiste combinée avec la décomposition interne de la société occidentale, le rapport des mots aux significations tend à être détruit dans toutes les langues. La signification du mot « socialisme », par exemple, est rien moins que définie, le mot n'est pas univoque, ne possède pas le sens unique et rigoureusement définissable des termes *anneau* ou *filtre* en mathématiques. Il était à la fois inévitable et, si l'on peut dire, heureux (redondance) qu'il en fût ainsi : autrement, celui qui objecterait à tel sens donné au mot socialisme devrait être traité d'ignorant ou de déséquilibré. Mais voilà la différence : de la polysémie féconde du mot, on est passé maintenant à sa perversion totale, qui a cessé depuis longtemps d'être le seul fait des communistes. Lorsque le quotidien français le plus sérieux intitule en 1981 une série d'articles « Vietnam : le socialisme à pas lents[2] », on peut se demander si il veut faire pénétrer sournoisement dans l'esprit de ses lecteurs l'idée que le socialisme *c'est* les camps de concentration et la dictature totalitaire du parti unique, ou bien si, continuant par là une tradition à demi séculaire des grands esprits libéraux et progressistes de l'Occident[3] il veut

1. Voir *l'Institution imaginaire...*, p. 416.

2. *Le Monde*, 17/18/19.3.81. C'est là la pratique courante, constante, ininterrompue : Marchais approuvant l'invasion de l'Afghanistan, c'est-à-dire proclamant sa soumission à la politique extérieure *russe*, c'est l'« internationalisme » ; un colonel ou sergent quelconque dans un pays du Tiers Monde s'emparant du pouvoir et se proclamant socialiste pendant qu'il massacre bon nombre de « ses » sujets, c'est le « socialisme sénétchadien en marche », etc. Le même journal se tapera sur les doigts si une impropriété de langage a été commise dans ses colonnes dans le domaine culinaire ou hippique.

3. On en trouvera une liste, forcément incomplète, et plus qu'accablante, dans l'excellent livre de David Caute, *les Compagnons de route, 1917-1918,* Paris, Laffont, 1979. Parmi les grands noms et l'intelligentsia

faire comprendre que ces incidents mineurs ne sauraient rien changer à l'essence socialiste du régime Vietnamien. Dans le cas d'espèce, il y a fort à parier qu'il ne s'agit ni de l'un ni de l'autre – mais simplement de la participation active à la confusion générale de l'époque, où les mots sont utilisés n'importe comment pour dire n'importe quoi. Bien entendu dans cette situation un discours qui vise la vérité devient, socialement et sociologiquement, presque impossible – ce qui sert à merveille les buts russo-communistes.

Et cela se voit tout aussi bien dans la situation où se trouvent placés les adversaires ou les critiques non réactionnaires du russo-communisme, qui tendent à être réduits à l'aphasie ou à l'alexie. Ils sont en effet acculés à ce dilemme aux deux termes impossibles : soit maintenir des mots comme socialisme, révolution, démocratie au risque certain d'être confondus avec ceux qu'ils combattent, ou d'avoir à transformer en longue dissertation terminologique chaque phrase qu'ils prononcent ; ou bien d'abandonner, morceau par morceau, tout le vocabulaire politique et social irréversiblement perverti, et de demeurer finalement aphones[1].

*
**

Ce travail incessant de destruction des significations, cette ruine du langage vont, sont allés, nécessairement de pair avec la mort de l'idéologie au sens propre du terme. Depuis des décennies, les insipides litanies du régime ne peuvent plus faire oublier la décomposition avancée du cadavre du marxisme-léninisme. Leur rapport à l'idéologie est le même que celui des « Pages d'une vie » de L. I. Brejnev à la littérature[2].

occidentale, ceux qui n'ont pas trempé dans la complicité avec le stalinisme sont infiniment plus faciles à compter que les autres. Le record dans ce domaine a sans doute été battu par la France.

1. Voir mon texte « Recommencer la révolution » (1963), reproduit maintenant in *L'Expérience du mouvement ouvrier*, vol. 2, *op. cit.*, p. 348-349. Aussi, « Socialisme et société autonome », in *Le Contenu du socialisme*, Éditions 10/18, Paris, 1979, p. 11-13.

2. Quelle est la différence entre Caligula décrétant que son cheval est consul, et Brejnev se faisant décerner le prix Lénine de littérature ? C'est que Caligula était fou, et les Romains le savaient. Brejnev n'est pas fou, et les Russes le savent.

La destruction des significations est auto-destruction de l'idéologie. Elle est aussi, elle tend à être, destruction de la pensée. Avec un langage réduit à sa dimension instrumentale, on peut à la rigueur – pendant quelque temps – opérer et calculer. On ne peut pas penser. Aussi bien, la pensée est morte en Russie depuis cinquante ans ; plus exactement, elle serait morte, si cela ne dépendait que du régime. Si elle n'est pas morte, c'est pour autant qu'elle vit contre le régime ; cachée, se nourrissant de passé et d'avenir. La discussion là-dessus serait superflue. Depuis cinquante ans, il n'est pas sorti *légalement* de Russie un seul livre pouvant être lu (je ne parle pas des ouvrages techniques ou scientifiques spécialisés).

La Laideur et la haine affirmative du beau

Il y a, si possible, encore plus significatif, encore plus lourd, qui touche à des strates de l'être humain encore plus profondes que ce que nous appelons pensée explicite. La *Laideur*, marque infaillible de tous les produits du régime, depuis ses « œuvres d'art » officielles jusqu'au « style » de ses dirigeants ; marque infiniment plus claire, signe infiniment plus démonstratif que toute statistique économique et toute analyse sociologique du caractère du régime, de sa *nouveauté* – de ce qui, historiquement, y est en jeu. On connaissait déjà des sociétés humaines d'une injustice et d'une cruauté presque illimitées. On n'en connaissait guère qui n'aient pas produit de belles choses. On n'en connaissait aucune qui n'ait produit que de la Laideur positive. On en connaît maintenant grâce à la Russie bureaucratique[1].

1. Qu'on ne s'empresse pas de dire que j'oublie telle œuvre ou néglige telle autre. La sève de la Révolution a continué à nourrir, tellement elle était forte, la création artistique quelque temps encore après le début de la glaciation stalinienne (*Tchapaiev* date du début des années trente). Mais Staline y a finalement mis bon ordre. Depuis, la Laideur vide a régné. A cela, trois exceptions : la première, qui n'en est pas une, concerne évidemment la création clandestine, dissidente, « opposante » – Mandelstam, Boulgakov, Akhmatova, Pasternak, etc. ; peu importe si quelques-uns de ses représentants, comme les deux derniers, ont pu échapper à la mort ou au bagne ou connaître une vie semi-publique à éclipses. La deuxième

Impossible de m'étendre sur cette question – en un sens, la plus importante de toutes – au-delà de quelques notations. Il y a certes une « explication sociologique » partielle de la production massive de Laideur positive dans la Russie depuis Staline. Il est par exemple clair que les médiocres bureaucrates de l'Union des Écrivains ne pourraient pas supporter un vrai talent ; mais aussi, que leur pouvoir est limité, et qu'ils sont, eux-mêmes et leur rôle, produit et résultat d'une situation plutôt que cause. C'est certainement vers la nature totale du régime qu'on doit se tourner pour essayer de comprendre. Encore faut-il saisir ce qui est vraiment en jeu. Il est insuffisant – et à côté de la vraie question – de se contenter d'affirmer que l'absence de liberté étouffe la créativité, ou qu'il ne peut pas y avoir d'œuvre de génie sur commande. A vrai dire, ces assertions sont fausses : projections de ce que nous en sommes venus à considérer comme normal et allant de soi. Presque partout, et presque toujours, l'artiste a travaillé « sur commande » (de l'Église, des fidèles, du roi, de la *polis*, de la commune des bourgeois de Leipzig ou de Haarlem...). Et presque toujours, il a travaillé dans un style imposé et obligé (relativement à *nos* critères de la « liberté de création » artistique). Dans toute l'Asie, en Grèce, dans l'Occident chrétien, chez les Mayas ou les Aztèques, il créait pour servir – ou en pensant qu'il servait – les croyances instituées. Mais *il y croyait lui-même* – et, dans sa société, *on pouvait y croire*. La nullité, le crétinisme et le pompiérisme de l'« art » officiel russe démontrent simplement et irréfutablement les contradic-

(exemplifiée par Prokofiev ou Eisenstein), concerne des créateurs qui se sont volontairement émasculés pour pouvoir survivre dans le régime (que l'on compare la *Suite Scythe* de Prokofiev avec ses œuvres ultérieures à son retour en Russie ; ou les premiers grands films d'Eisenstein avec les pâtes fécales d'*Ivan le Terrible*). La troisième (exemplifiée par Tarkovsky), est relative à des artistes originaux qui arrivent tant bien que mal à survivre dans les interstices du monde officiel, visiblement haïs du régime et soumis à toutes les tracasseries. Bien entendu, ce que je dis concerne la création proprement dite, non pas l'interprétation. Encore faudrait-il se demander si les raisons pour lesquelles les grands interprêtes russes de musique émigrent de plus en plus sont simplement « privées », ou même simplement « politiques ». Et, une fois de plus, je parle du régime, de ce qu'il fait ou induit, de ce qui dépend de lui. Qu'il n'ait pas pu encore détruire le génie du beau chez le peuple qui a engendré Moussorgski ou Dostoïevski n'a rien pour surprendre.

toires de ces deux énoncés : l'« artiste » *n'y croit pas lui-même* – et *l'on ne pourrait pas y croire.* Si, parmi tant de dizaines de milliers, il ne s'est pas trouvé un seul qui y ait cru – comme le montrent toutes ces « œuvres » en carton-pâte –, c'est qu'y croire est impossible. Le pseudo-artiste russe officiel est, comme tout autre bureaucrate, un cynique au savoir faire subalterne, ou qui a choisi d'étouffer son talent et tuer son esprit pour faire carrière.

Pour faire carrière, il lui faut accepter les « directives » explicites ou implicites du régime. Le noyau de celles-ci est le traitement de l'art comme simple instrument du pouvoir. Comme dans le cas du langage, ici aussi, mais de manière beaucoup plus rapide, brutale, radicale, la tentative d'instrumentaliser l'art revient à la pure et simple destruction de l'art. Mais cela encore ne rend pas compte de la profondeur du phénomène discuté. Cela ne rend pas compte de la *haine affirmative du beau* qui caractérise le régime russe (comme les partis communistes des autres pays). Ayant à sa botte plusieurs corps d'armée d'« artistes » dociles, pourquoi le régime ne peut-il pas tolérer, à sa marge, des œuvres différentes dans des domaines apparemment « inoffensifs[1] » ? Qu'il craigne qu'ils fassent concurrence aux véhicules de sa propagande est peu probable. A son époque, Mallarmé n'a jamais fait sérieusement concurrence à François Coppée. Qu'il n'accepte pas que l'uniformité de « sa » règle soit mise en cause, certes ; cela ne suffit pas. Non seulement cette uniformité a été, depuis vingt-cinq ans, graduellement abandonnée dans la plupart des domaines qui ne touchent pas directement à la société, l'histoire, la politique et la philosophie ; mais, après tout, et surtout, cette règle c'est lui-même qui l'a fabriquée et la maintient telle qu'elle est. Pourquoi la règle uniforme doit-elle être, pour parler bref, la Laideur ?

C'est que le régime sent « instinctivement » – sans certes le « savoir » – que la véritable œuvre d'art représente aussi pour lui un danger mortel, sa mise en question radicale, la démonstration de son vide et de son inanité. Le régime a tout aplati, tout instrumentalisé, tout réduit à une fonctionalité en faillite même en tant que fonctionalité. L'œuvre d'art

1. Voir les récentes interventions du K.G.B. pour disperser des « expositions » en plein air organisées à Moscou par des peintres indépendants.

n'existe qu'en supprimant le fonctionnel et le quotidien, en dévoilant un Envers qui destitue de toute signification l'Endroit habituel, en créant une déchirure par laquelle nous entrevoyons l'Abîme, le Sans fond sur quoi nous vivons constamment en nous efforçant constamment de l'oublier. L'art est – autant et plus et d'une autre façon que la pensée et avant et après celle-ci : il a parlé avant qu'elle ne parle et il parle encore quand elle ne peut plus que se taire – présentation/présentification de l'Abîme, du Sans fond, du Chaos. On s'extasie sur la Forme qui est la sienne, mais cette Forme est ce qui lui permet de montrer et faire être pour nous ce qui est au-delà de la Forme et de l'Informe. C'est, bien sûr, cette possibilité qui l'apparente à la religion, ce qui « explique » que, jusqu'il n'y a guère, l'essentiel du grand art ait été religieux. Mais c'est aussi ce qui l'en distingue. La religion instituée, formation de compromis, est toujours présentation/occultation de l'Abîme. Le sacré est le simulacre institué de l'Abîme. Mais pour l'art le simulacre est visage de la Vérité, il y a ici l'unique miracle qui présente sans rien cacher. Prodige de l'objet montré qui ne dissimule pas mais montre encore ce qui est derrière lui. L'art présente sans occulter. Lorsque la tragédie se termine, il ne reste rien de caché, tout est nu, les spectateurs eux-mêmes sont nus, sans pudeur et sans honte. Et c'est pour autant qu'elles réalisent cette présentation de l'Abîme que les œuvres d'autrefois et d'ailleurs peuvent nous parler et nous réveiller. Ce n'est pas la « forme » comme telle qui confère à l'œuvre d'art son « intemporalité », mais la forme comme passage et ouverture vers l'Abîme. Et c'est pour autant que la religion a toujours affaire avec l'Abîme – même si c'est pour établir son impossible compromis, et pour finalement l'occulter – que le grand artiste, alors même qu'il ne croirait pas à *cette* religion-*là*, pourra sans dommage créer *dans* la religion[1].

Si – que ce soit sous la forme religieuse, ou sous une autre – les significations imaginaires sur lesquelles est instituée la

1. Voir « Transformation sociale et création culturelle », dans *le Contenu du socialisme. op. cit.*, p. 423 et suiv. ; « Une interrogation sans fin », *Esprit*, sept oct. 1979, p. 242-243 ; et « Institution de la société et religion », dans *Mélanges Jacques Ellul* (à paraître).

société renvoient celle-ci à l'Abîme sur quoi elle vit (et qu'elle est, elle-même, pour elle-même) l'art pourra y exister comme grand art et comme art social (s'adressant à une collectivité vivante, non pas à des amateurs isolés). Mais si la société est instituée sur la dénégation acharnée de tout ce qui n'est pas fonctionnel et instrumental, sur la tentative de détruire les significations et la signification, sur la platitude infinie d'une vue pseudo-« scientifique » du monde qui est imposture et d'un « progrès matériel » qui est mensonge, non seulement elle rendra la grande œuvre d'art impossible (c'est ce qui est déjà en train d'arriver en Occident) – mais elle ressentira une telle œuvre comme une obscure menace, mettant en cause ses fondements mêmes et s'acharnera, instinctivement, contre elle.

Ici aussi, je parle de la tendance propre du régime, de la logique immanente à son institution. Ici aussi, le régime se trouve face à une société qui ne laisse pas encore faire intégralement ; et il est pris dans une contradiction qui lui interdit de réaliser pleinement sa logique. Il doit limiter sa haine de la création et son horreur du beau à l'époque contemporaine. Sa prétention de se poser comme héritier « du meilleur de la culture du passé » et de l'histoire de la Russie, quelques visées à la respectabilité internationale, l'empêchent de se livrer à la destruction matérielle ou à l'interdiction des œuvres du passé. Mais la relation à celles-ci qu'il essaie d'imposer à la société revêt la forme extrême de ce qu'elle tend aussi à devenir en Occident : relation muséique, momification. Et, pour les œuvres qui exigent représentation ou interprétation, banalité d'un conservatisme obligé qui tend à faire des œuvres scéniques des pièces embaumées de Musée ou des amusements conventionnels et limite les risques de leur revivification que comporterait leur interprétation actualisée.

Un type anthropologique nouveau

Faisons, pour l'instant, abstraction de l'Armée et de la société militaire, et demandons-nous : quel est le type anthropologique, l'espèce d'individu humain que ce régime fabrique et que son existence continuée et sa reproduction régulière présupposent ?

A l'intérieur même des couches bureaucratiques, la Force brute et le rapport des forces (dans ce cas, au sens non-physique) est le seul facteur qui « règle » les rapports entre individus. Ici aussi, ni foi ni loi. Sous la mince (et infiniment souple) pellicule d'une « légalité » formelle (ou des « précédents », de la « routine », de « ce qui se fait habituellement ») la situation fondamentale est celle de la *guerre de tous contre tous.* On dira peut-être que ce n'est pas là une nouveauté, que de nombreux régimes social-historiques ont été déjà fondés là-dessus. Ce serait oublier, d'abord, que dans les autres cas, il y a toujours eu, d'une façon ou d'une autre, *réglementation* (ce qui veut dire : *limitation*) explicite de cette guerre ; ensuite et surtout que la guerre de tous contre tous a toujours été tissée par ailleurs avec l'institution globale de la société, de telle sorte que son déroulement était en fait mis au service d'objectifs *sociaux* (ce qui ne veut pas nécessairement dire « rationnels », ou « valables ») – tandis qu'ici, dans le cas russe, elle ne sert que la promotion ou la survie (bureaucratique) de l'*individu* bureaucrate.

Le parallèle avec la situation du capitalisme bureaucratique fragmenté, tel qu'il existe en Occident, est éclairant. L'État, les partis politiques, les syndicats, les entreprises, pratiquement tous les secteurs de l'activité sociale sont bureaucratisés. Mais cette bureaucratie – accédant de plus en plus à la position de couche dominante – est *limitée* : par sa propre fragmentation, par une forte tradition historique de légalité substantive qui continue, tant bien que mal, à être incorporée dans la réalité de la société instituée, enfin et surtout par les réactions de la population, qui ne se laisse pas toujours faire. État et partis politiques subissent quand même certaines limitations du fait de la légalité, de la séparation des pouvoirs, des élections, de l'existence d'une opinion publique – bien que ces limitations soient beaucoup moins fortes que ne l'a prétendu la théorie libérale et surtout, qu'elles soient en cours de rapide érosion en fonction à la fois des possibilités croissantes de manipulation de l'opinion publique et de l'avachissement sans précédent de celle-ci (on y reviendra dans le chapitre V). Il en va de même pour la bureaucratie managériale qui gère les entreprises.

Elle peut, par exemple, manipuler la demande de multiples façons, persuader les consommateurs qu'ils seront malheureux sans telle camelote – en quoi, encore une fois, l'économie politique travaille dans la fiction lorsqu'elle prétend que, dans une économie de « marché », la « production » correspond aux « besoins », alors que l'inverse est beaucoup plus vrai – mais son arbitraire rencontre quand même une limite (qui elle non plus n'engendre pas comme telle une « rationalité » quelconque) : il faut que les camelotes se vendent. Mais qu'est-ce qui se passerait si les dirigeants des firmes pouvaient aussi manipuler à souhait et fabriquer leurs « résultats commerciaux » ? Le monde économique deviendrait, de part en part, construction fictive.

Or c'est cela que la bureaucratie russe peut faire, et qu'elle fait. A la fabrication des résultats par la bureaucratie dans son ensemble, il n'y a aucune *limite indépendante* de la bureaucratie elle-même. Plus exactement, celles qu'il y a sont triviales : si la bureaucratie prétendait que tout le monde mange à sa faim, alors que personne n'aurait rien mangé depuis des semaines, le système exploserait. Encore n'est-ce pas tout à fait sûr. Au plus fort de la terreur et de la misère généralisées, Staline tonitruait en public : « La vie est devenue meilleure, camarades. La vie est devenue plus gaie. » Le monde peut devenir ainsi – et est devenu – construction délirante. Et quelles sont les limites que rencontre, dans la fabrication de *ses* résultats, le bureaucrate individuel ? Sa carrière ne dépend pas des réalités, mais des apparences ; il tendra à fabriquer les résultats qui la favorisent. La seule limite c'est le « contrôle » – de qui ? D'autres bureaucrates. Et qu'est-ce qui règle l'attitude de ceux-ci ? Le même principe : il n'y a pas, fondamentalement, plus de critère de réalité dans l'activité des « contrôleurs » que dans celle des « contrôlés ». Le système hiérarchique fait que les résultats des subordonnés sont les résultats des chefs ; les contrôles « latéraux » font l'objet de marchandages et de compromis. Cela, combiné avec l'impossibilité radicale de régler « rationnellement », dans n'importe quelle bureaucratie moderne, le problème fondamental de toute bureaucratie (et le problème unique de tout bureaucrate individuel), celui de la *promotion* ou de la place des individus dans l'organigramme, fait du phénomène des *cliques* et des *clans* le phénomène sociologiquement central de l'univers bureaucratique. Ainsi, les affaires essentielles de la bureaucratie doivent toujours être réglées clandestinement, dans la coulisse, en même temps que les options « objectives » se transforment en simple enjeu de la lutte des cliques et des clans. La réalité « officielle » devient paravent de papier, la réalité réelle disparaît, pulvérisée entre les points de vue partiels, uniquement orientés vers les intérêts particuliers des cliques et des clans qui les soutiennent [1].

Ce milieu sociologique détermine un type anthropologique d'individu qui lui correspond, et qui est indispensable, en retour, pour le perpétuer. Il le détermine, il le pré-sélectionne, et il le fabrique. L'étude de ce type anthropologique, nouveau, reste à faire[2]. Il suffit ici de poser un certain nombre de questions :

– Qui (quel type d'individu) entre dans le Parti aujourd'hui, et déjà depuis de longues années ?
– Qui est choisi/recruté/ coopté pour monter dans l'organigramme ?
– Qui peut y réussir ?
– Comment y réussit-il ?
– Que devient-il pour réussir et en réussissant ?

Depuis des décennies, on n'entre plus dans le Parti russe parce que l'on « croit à des idées » ; on y entre pour faire carrière. De ce fait, déjà, il y a présomption qu'on ne ferait pas aussi facilement carrière autrement ou ailleurs. Pré-

1. J'ai analysé depuis longtemps ces phénomènes, tant dans le cas de la Russie, que dans le cas du capitalisme bureaucratique fragmenté de l'Occident. Voir, entre autres, « La révolution prolétarienne contre la bureaucratie » (1956), maintenant dans *la Société bureaucratique*, vol. 2, *op. cit.*, p. 278 sq ; « Sur le contenu du socialisme, III » (1958), maintenant dans *l'Expérience du mouvement ouvrier*, vol. 2, op. cit., p. 50-71 ; « Le mouvement révolutionnaire sous le capitalisme moderne » (1959-1961) maintenant dans *Capitalisme moderne et révolution*, vol. 2, Éditions 10/18, Paris, 1979, p. 127-159 ; « Marxisme et théorie révolutionnaire » (1964-65), maintenant dans *l'Institution imaginaire de la société*, p. 218-224.

2. Elle reste à faire du point de vue sociologique pédant. Elle est depuis longtemps admirablement faite dans la littérature dissidente qui, une fois de plus, a précédé la sociologie, tout en étant infiniment plus riche que cette dernière ne pourrait être. Je pense, évidemment, entre autres, à Soljénitsyne, Zinoviev ou Kundera.

somption donc de capacités limitées, sauf en certains domaines spécifiques. Faire carrière dans ce Parti ne peut pas attirer d'avance n'importe quel type psychologique d'individu. L'activité du Parti, la contradiction entre ses proclamations et ses actes, les privilèges de ses dignitaires, donc l'hypocrisie et le mensonge qui en caractérisent l'existence, sont quand même visibles publiquement. Il faut dont être soit imbécile soit cynique. Dans le premier cas on fera généralement long feu (quoi qu'il y ait des exceptions notoires). Reste le second.

Les deuxième, troisième et quatrième points peuvent être traités ensemble. Ils vérifient le retournement ironique connu du principe darwinien de la survie des plus aptes. La lutte de tous contre tous dans l'Appareil bureaucratique, médiatisée par leur agglomération opportuniste et changeante à des cliques et des clans, assure la sélection, la survie et la montée des plus aptes. Des plus aptes à quoi ? A survivre et à monter. Dissociation radicale entre les activités et les aptitudes ayant une valeur « sociale », et même une valeur du point de vue étroit de la couche dominante, et les activités et les aptitudes qui n'ont une valeur que pour la carrière de l'individu. Dissociation partout présente dans l'univers bureaucratique moderne, mais portée au paroxysme sous la domination totale de la bureaucratie, qui amenuise à l'extrême, et tend à la limite à supprimer, tout lien entre les « activités » du régime et la réalité – c'est-à-dire les actions et réactions de la société.

Quelles sont ces activités et aptitudes nécessaires pour survivre et monter dans l'Appareil ? Il faut savoir mentir astucieusement et efficacement. Pouvoir flairer ceux qui montent et ceux qui descendent, s'attacher aux premiers, s'éloigner des seconds. Flatter les supérieurs, se montrer, selon les cas, protecteur, dédaigneux ou méprisant envers les inférieurs. Bien choisir la clique à laquelle on va s'agglomérer, y repérer exactement les forts et les faibles. Être prêt à en changer rapidement si le vent tourne, négocier son adhésion aux nouveaux puissants en trahissant, dénonçant, noircissant ses protecteurs et alliés d'hier. Former, quand les temps sont mûrs, sa propre sous-clique ; avoir assez de conscience de soi pour pouvoir repérer chez ses propres protégés les manœuvres qu'on pratique constamment soi-même au sein de sa sur-clique, pour les bloquer ou les écraser dans l'œuf. Savoir aussi, en tant que de besoin, couvrir les toujours incertains « fidèles » de sa propre sous-clique – condition pour en attirer d'autres – en bien maquillant la réalité.

Il n'est pas difficile de voir quels sont, dans le langage de la psychologie traditionnelle, les traits dominants de ce type humain – qu'il les possède d'avance, ou qu'il les acquière pour monter et en montant dans l'Appareil bureaucratique (par quoi nous répondons à notre cinquième et dernière question). La lâcheté devant les forts, l'arrogance devant les faibles en sont les vertus essentielles (à ce point de vue, l'homme de l'Appareil reste toujours un sosie psychique de Staline[1]). Capacité d'amitié et de reconnaissance deviennent des vices mortels, franchise et sens de la responsabilité ne pardonnent pas. Incompatible avec la véritable intelligence (qui est essentiellement imagination, intolérable dans l'Appareil), la réussite de l'individu peut se concilier avec une intelligence instrumentale (calculatrice et combinatoire) assez poussée ; elle exige surtout une grande ruse, et une mémoire parfaite des visages et des micro-événements.

Évidemment, il ne s'agit pas ici de « psychologie ». On sait, depuis Platon et Montesquieu, qu'à chaque type de régime correspond un type anthropologique. C'est le type d'individus – l'ensemble de traits psychologiques et comportementaux – que le régime favorise, induit, fabrique, développe et dont l'existence est indispensable pour que le régime fonctionne et continue. Ces traits « psychologiques » sont en réalité des traits *sociologiques* : c'est le versant (un des versants) subjectif de l'institution de la société, telle que celle-ci s'incarne dans la fabrication sociale d'individus qui en sont finalement les seuls porteurs *concrets*. Ce qui apparaît, dans la description en termes de psychologie tradition-

1. Trotsky avait déjà décrit, en traits acérés, le type des « nouveaux membres du Parti » qui avaient volé au secours de la victoire à partir de 1923 (« promotion de Lénine »). Dans son *Staline* il a également fourni une description frappante de la psychologie du « comitard » bolchévique tel qu'il était déjà avant 1917. A plusieurs reprises il a souligné combien les traits psychiques et mentaux de Staline correspondaient merveilleusement à ceux du bureaucrate moyen typique qui proliférait dans le Parti. On peut dire en effet que Staline a représenté pour eux un « Moi idéal » auquel ils s'identifiaient.

nelle, comme trait subjectif, n'est qu'une face d'une réalité – dont l'autre face est constituée par un certain type de *relations sociales.* Lâcheté et arrogance, comme traits psychologiques *répandus* et sociologiquement prépondérants, renvoient nécessairement à des relations sociales dominées par des rapports de force occultes, incertains et changeants, soustraits à la loi. Insincérité, hypocrisie et cynisme sont les compléments subjectifs indispensables au fonctionnement et à l'existence d'un régime qui ne peut vivre que sur la scission entre une « réalité » officielle fictive et un nuage de réalités partielles cachées. Et bien évidemment, de même que ce type de relations n'est pas limité à l'intérieur de l'Appareil, mais prévaut sur toute l'étendue de la société russe, de même y a-t-il extension et pénétration de ces types de comportement et de ces traits de caractère dans toutes les couches sociales du pays[1]

Des innombrables questions que tout cela soulève, j'évoquerai ici une seule, à cause de son importance « objective » : celle de la vérité et du mensonge.

Comme je l'ai déjà laissé entendre, à partir du moment où la destruction des significations et de la signification atteint un certain degré, on ne peut plus parler, à l'intérieur de l'espace sociale où cette destruction est en cours, de vérité et de mensonge relativement à des significations. Lorsque les dirigeants russes se proclament « communistes », ils ne mentent pas, pas plus lorsqu'ils appellent « victoire mondiale du communisme » l'Empire universel de la Russie. Car pour eux (et pour tous leurs sujets) « communisme » ne signifie rien d'autre que le pouvoir absolu et total du parti communiste. (Mettre en accord cela avec les écrits de Lénine et de Marx est, intrinséquement, le cadet de leurs soucis ; pour autant qu'ils le jugent utile, leurs scribes travaillent, et la tâche finalement n'est pas surhumaine s'agissant des écrits de Lénine). La question certes surgit : quel parti peut s'intituler communiste ? Et la réponse s'impose aussi, celui que *nous* dirigeons (et qui a fait la révolution, etc.) Si le seul

1. C'est, comme on sait, l'aspect que souligne systématiquement Zinoviev, mais déjà Ed. Kouznetsov, et qui transpire par moments aussi chez Soljénitsyne. Aspect qui ne saurait être ignoré, mais dont il est impossible de penser qu'il épuise la réalité actuelle du peuple russe.

et le vrai parti communiste est le parti comuniste russe, s'il est le parti communiste par excellence, alors l'« internalisme prolétarien » signifie *« nécessairement »* le guidage fraternel, c'est-à-dire la domination absolue du parti russe sur les autres partis – au même titre que (voir *La maladie infantile* de Lénine) la « représentation » de la classe ouvrière par « son » parti signifie nécessairement la domination de ce parti sur cette classe, et le reste est balivernes et un « nouveau Volapük[1] » On notera du reste qu'ainsi le mot « communisme » est définitivement intégré à la dimension *code* du langage, il devient univoque : on peut montrer du doigt ce à quoi il se réfère, il n'y a qu'à regarder sur une photo les figures des membres du B.P. russe. C'est la même intégration à laquelle a procédé Brejnev en invitant les gens à oublier les idées fumeuses qui entourent le terme socialisme et en proclamant que le seul socialisme est le socialisme « effectivement réalisé ». Voulez-vous savoir ce qu'est le socialisme ? Regardez autour de vous, et vous le verrez.

Certes, c'est là un exemple représentatif du cas limite ou pur, et le régime devra faire encore quelques efforts pour *réduire* au même degré de termes comme liberté, justice ou égalité. C'est l'objectif qu'il vise et qui, abstraitement, n'est pas inaccessible.

Il en va différement lorsqu'il s'agit de l'aspect pragmatique ou objectal du langage, de la *correction* nécessaire des

1. « Tout le monde sait que les masses se divisent en classes... ; que les classes sont dirigées, ordinairement, dans la plupart des cas, du moins dans les pays civilisés modernes, par des partis politiques ; que les partis politiques, sont, en règle générale, dirigés par des groupes plus ou moins stables de personnes réunissant le maximum d'autorité, d'influence, d'expérience, portées par voie d'élection aux fonctions les plus responsables, et qu'on appelle les chefs. Tout cela c'est l'a b c. Tout cela est simple et clair. Pourquoi donc y substituer je ne sais quel charabia, je ne sais quel nouveau volapük ? » Lénine, *La Maladie infantile du communisme*, Éditions 10/18, Paris, 1962, p. 46-47. Le volapük est une langue artificielle, qui à l'époque concurrençait sérieusement l'esperanto. La citation est extraite du chapitre 5, « Le communisme "de gauche" en Allemagne : chefs, parti, classe, masse » dans lequel Lénine fulmine contre les « communistes de gauche » allemands, qui commettaient le crime de se demander si la dictature de la classe ouvrière et la dictature du parti sont une et même chose.

énoncés qui se font dans le code[1]. Ici le régime ne pourrait abolir pour longtemps la différence entre un énoncé correct (« correspondant aux faits ») et incorrect sans mettre en danger son existence. Plus précisément :

– *« Subjectivement »,* le bureaucrate individuel (et toute clique ou clan de bureaucrates) ne peut mentir efficacement que s'il sait qu'il ment et, à peu près, sur quoi il ment. Lorsqu'il « présente », embellit et falsifie des résultats (ou les causes d'absence de résultats), il doit savoir qu'il y a un écart entre ce qu'il présente et ce qui est – même s'il ne sait pas exactement ce qui est. (Socrate aurait probablement remarqué que le mensonge parfait exige la connaissance parfaite.) Sachant qu'il ne ment que dans son intérêt personnel, le bureaucrate est donc nécessairement *cynique.*

– *« Objectivement »,* le système – ou l'Appareil dans son ensemble – s'effondrerait rapidement si la distinction entre énoncés corrects et incorrects devenait impossible ; il perdrait tout contact avec la réalité, et toute prise sur celle-ci. C'est la situation que tendent régulièrement à produire aussi bien les composantes délirantes de sa propre politique globale, que la fourniture d'informations fausses par les bureaucrates individuels. Et elle s'est effectivement produite à plusieurs reprises : lors de la collectivisation forcée et de l'industrialisation à outrance en Russie (1929-1933), lors des grandes purges (1936-1939), lors de la première décennie d'installation des régimes communistes dans les pays satellites de l'Europe de l'Est (période de l'« économie de la lune », comme avaient dit les économistes polonais en 1956[2]). Elle se produit encore, mais à un degré beaucoup moindre. La raison est d'une importance fondamentale : sur le plan des objectifs qu'il se propose, et de leur relation aux « faits », le régime a cessé de délirer. Cela, en soi, diminue énormément aussi bien l'écart à la réalité que la pression

1. En allemand, on distinguerait entre *richtig/unrichtig,* correct/incorrect, relatif à une adéquation étroite (correspondance aux règles formelles de l'inférence logique, description respectant les conventions de dénotation) ; et *wahr/unwahr* ou *falsch,* vrai/faux, relatif à la vérité au sens plein. En grec, la distinction serait celle *d'alétheia* et *orthotès.*

2. Une des meilleures descriptions du délire stalinien au plan économique entre 1929 et 1940 est celle que donne l'ouvrage fondamental de Naum Jasny, *Soviet Industrialization, 1928-1952,* Chicago U. P. 1961.

exercée sur les bureaucrates individuels les poussant à falsifier les données pour pouvoir présenter les résultats fantastiques exigés. Que le régime ait cessé de délirer à la Staline, qu'il ait abandonné les rodomontades de Khrouchtchev, montre combien il est anachronique de continuer d'analyser la Russie en simples termes de totalitarisme, empruntant le contenu de ce terme au paradigme de l'époque stalinienne. Il n'y a pas de délire brejnevien. Dans le domaine non militaire, les objectifs – réalisés ou pas – sont de plus en plus modestes. Dans le domaine militaire – où l'on ne connaît pas les objectifs initialement visés – les réalisations sont énormes.

Il n'empêche que la bureaucratie ne peut que continuer de fabriquer à tous ses étages, comme son produit organique, de la fausse information, de la falsification. Dans la mesure où, à travers et avec l'énorme gaspillage que cela entraîne, l'Appareil continue quand même à fonctionner tant bien que mal, il doit exister un « lieu » (ou des « lieux ») où la distinction du correct et de l'incorrect, du réel et du fictif est effectuée en même temps que voilée. Il doit exister une « instance » qui sait que l'image fausse est fausse (même si elle ne peut pas être certaine de l'image vraie), et adapte ses actions en conséquence. Vu l'ampleur des matières concernées, cette « instance » doit être « localisée » à peu près dans tous les endroits importants de l'Appareil. Autant dire, finalement, que cette « instance » est l'Appareil lui-même qui, pour travailler sur du faux, doit savoir qu'il travaille sur du faux, sans le dire. Cela en sachant que ce faux est son propre produit, et que sa dissimulation ne sert que ses propres intérêts. Le *cynisme* émerge donc comme trait structural, essentiel, nécessaire de l'Appareil comme tel. Loin d'être simplement trait psychologique indispensable des individus qui le peuplent, le cynisme est propriété sociologique « objective » de l'Appareil lui-même.

L'imaginaire nationaliste-impérial

Comment cet incroyable échafaudage peut-il tenir et continuer ? Généralisons la question – car c'est l'avenir qui importe. Une société où le langage subit ce travail de destruction incessante dans sa dimension significative est-elle possible ? Une société où il n'y aurait que des pulsions et des « mots »-signaux est-elle possible ? Une société réduite à la simple fonctionalité (et au surplus, fonctionalité non fonctionnelle *comme* fonctionalité) est-elle possible ? Une société où la scission entre « réalité » officielle et réalité réelle, et la pulvérisation de cette dernière, sont parvenues à ce degré, est-elle possible ? Une société que rien ne tient ensemble, où les membres de la couche dominante vivent dans une guerre de tous contre tous sans foi ni loi, est-elle possible[1] ?

La réponse est double, et sans aucun paradoxe. Une telle société est possible, puisqu'elle est réelle. Elle est là, c'est la partie visible, facilement observable, de la Russie. Et en même temps, à la longue elle n'est pas possible. C'est ce que montre, pour sa part, la résistance sourde du peuple russe au régime, dont on ne sait pas jusqu'où elle ira – elle irait – si le temps lui est donné. Mais aussi, parce que précisément cette société n'est pas possible, elle change, elle devient autre chose, le lieu du pouvoir se déplace, un autre secteur paradigmatique, fonctionnant autrement, émerge, un autre ciment de la société apparaît.

L'émergence et la montée de l'Armée et de la société militaire est occupation de la place que le Parti ne peut plus vraiment remplir, ni comme animateur ni comme organisateur efficace de la société. Elle est occupation d'un vide social-historique qui va s'amplifiant.

On vient d'assister au XXVIe Congrès du P.C.U.S. Il a offert au regard l'irréalité d'un cadavre qui remuerait encore faiblement et mécaniquement. Les commentateurs occidentaux ont attribué l'étrange qualité du spectacle à l'âge des dirigeants. Incomparable profondeur d'analyse. Certes, c'est pur hasard si tous les dirigeants sont septuagénaires. Et qui ne discerne les innombrables cohortes de jeunes membres du Parti, piaffant d'impatience, étouffant d'imagination et de

1. Répondre que ce qui tient ensemble la société russe est la répression serait plus que superficiel. L'unité de l'appareil répressif présuppose une unité de la couche dominante – et c'est le caractère problématique de celle-ci qui est en question ici.

créativité, prêts à transformer de fond en comble la société russe dès que les artères de Brejnev auront cédé ?

Le Parti est pétrifié, et pétrifie la société qu'il a en charge – la société non militaire. Son incapacité d'effectuer le moindre mouvement, sa raideur cadavérique est encore aggravée par les difficultés économiques croissantes (sur lesquelles je n'ai pas insisté par manque de place et aussi parce que, si autre chose ne survient pas, rien n'empêche la situation économique de continuer à pourrir lentement). Il n'a ni valeurs ni orientation à proposer à la société – et à lui-même. Dans la mesure où la question : pourquoi faisons-nous ce que nous faisons ? peut surgir de temps en temps dans la tête d'un homme de l'Appareil, ce n'est certes pas dans les « idées » du Parti qu'il trouvera une réponse. Le « progrès » devient une dérision dans les conditions réelles de la Russie. La « scientifisation » de la société, dont on rebattait les oreilles du monde il y a quinze ou vingt ans, a disparu sans laisser de trace. L'idéologie est vide, vidée de l'intérieur. (Il faudrait inviter ceux qui parlent d'« idéologie » à propos de la Russie actuelle à dire en quoi cette « idéologie » consiste et, surtout, ce qu'ils entendent par « idéologie ». N'importe quel assemblage de mots suffit-il pour constituer une « idéologie » ?)

Contrairement à cette irréalité du Parti, l'Armée et la société militaire s'adossent à une certaine réalité – en fait, elles *construisent* une réalité, la seule réalité de l'univers russe. Elles *se* construisent à la fois comme Force effective et efficace, et comme ennoblissement de la Force dans et par l'imaginaire nationaliste-impérial.

Comment l'Armée en est-elle venue, « concrètement », à jouer ce rôle, à prendre cette place, à *se faire* comme agent social-historique au rôle inédit et original, est une question à la fois difficile et relativement secondaire. J'essaierai de poser quelques jalons pour sa discussion dans le paragraphe suivant.

Pourquoi elle *peut* le jouer, « positivement » – et non seulement en fonction de la carence du parti – cela peut être élucidé, mais en partie seulement.

Elle le joue, on sait, au plan fonctionnel : je l'ai dit et on ne le répétera jamais assez, l'Armée est le seul secteur *moderne* de la société russe, et le seul à *fonctionner* vraiment. Pourquoi, comment, à partir de quoi a-t-elle pu le devenir ?

A ces questions, on peut fournir un certain nombre de réponses « réelles » – faisant appel à des facteurs réels. En premier lieu, l'Armée est plus ou moins soustraite au conflit social. De par sa nature d'abord, par le statut spécial de ses entreprises « fermées » ensuite, elle ne connaît pas – en tout cas, absolument pas au même degré – l'opposition constante des exécutants aux dirigeants qui déchire la production russe et qui n'y trouve d'autre débouché que le sabotage silencieux. Corps hiérarchique privilégié avec des procédures d'avancement formalisées et fixes, ce qui n'est pas, et pourrait difficilement être, le cas dans le Parti, elle doit souffrir moins que celui-ci des luttes internes des cliques et des clans et de l'irrationalité qui en résulte.

Ensuite, corps social par définition délimité par rapport au reste, il lui a été plus facile de se soustraire au chaos, au capharnaum généralisé de la société russe. Pour l'Armée se faisant, s'auto-construisant à partir de la fin du règne de Staline, les écuries d'Augias à nettoyer étaient beaucoup moins grandes et pleines que celles auxquelles aurait à s'attaquer toute tentative de « réformer » le Parti et la société globale.

En troisième lieu, la nature de sa fonction fait que l'Armée peut plus difficilement rompre tout à fait son contact avec une certaine réalité. Il serait peu vraisemblable dans son cas que l'on proclame triomphalement que l'objectif de production de blindés a été atteint parce que le nombre prescrit de chars a franchi la ligne terminale de la chaîne d'assemblage, pour les ramener ensuite dans les ateliers, les démonter puisqu'on manque de pièces, et les réassembler pour remplir le plan du mois suivant. Aussi, et plus spécifiquement, du fait de l'évolution technologique de l'armement, il y a eu une formidable pression exercée sur l'Armée russe, l'obligeant d'être une Armée moderne, ou de ne rien être du tout.

Enfin, il ne se pose pas pour l'Armée – ou très peu – de problèmes de « normes » et de « valeurs », ni de problème d'orientation, ni de problème de « légitimation », ou de « justification » de ce qu'elle fait. Personne, au Sommet de l'Appareil bureaucratique, ne peut discuter sa raison d'être, incontestable ; ni sa mission, définie de toute évidence dans l'accord général comme le maximum de puissance d'attaque atteignable ; ni son *modus operandi,* qui démontre chaque jour son efficacité opposée aux lamentables échecs du Parti dans les domaines qu'il gère ; ni ses « choix » particuliers. Cette dernière question – qui déchire jusqu'à l'incapaciter l'*establishment* militaire américain – a été tranchée, après l'élimination de Khrouchtchev (voir paragraphe suivant), de la manière la plus simple possible : on développe *tout.*

Tout cela est vrai, mais n'« explique » rien, car les contre-exemples abondent. Rien n'excluait, *a priori,* une dérive de l'Armée russe parallèle à celle du régime ; rien ne lui interdisait de devenir une réplique moderne de l'Armée du Tsar en 1904, ou de l'Armée de la IIIe République en 1939. Elle ne l'est pas devenue, et cela ne découle d'aucune « essence » de l'Armée ou de la chose militaire. Les « priorités » que le Parti lui a accordées ne rendent pas davantage compte du phénomène, je me suis longuement expliqué là-dessus dans le Chapitre III. Il a mis à sa disposition une quantité de ressources, ce qui est à expliquer c'est la qualité des outputs et l'efficacité du fonctionnement. Ces priorités étaient du reste là depuis 1930 au moins – les résultats n'étaient pas comparables, tant s'en faut. Le Parti a, en même temps, coûté très cher à l'Armée. J'ai parlé dans le Chapitre I des interférences néfastes du Parti – dont l'Armée a finalement réussi à se débarrasser – mais l'expression est faible. Staline a pratiquement détruit l'Armée en 1937 (procès Toukhatchevski), l'Armée a abordé la guerre dans un état lamentable (cf. la campagne de Finlande), elle l'a gagnée *malgré* le Parti – et *elle le sait*[1].

L'Armée est le seul secteur de la société russe à fonctionner efficacement – et cela aussi elle le sait (et le Parti le sait). Que la technicisation croissante de la guerre ait joué un rôle dans son évolution c'est, encore une fois, vrai, mais cette condition n'est pas suffisante. L'Armée russe n'est pas plus

1. Voir le paragraphe suivant. Il serait étonnant qu'il y ait un seul officier russe « non-politique » et intéressé par le passé qui ne pense pas – à juste titre – que, s'il n'avait tenu qu'au Parti, la Russie aurait été dépecée par Hitler. Ce qu'ils doivent se cacher, ce sont les multiples et décisives contributions de Hitler à la victoire russe.

technicisée que l'Armée américaine. Au développement – à l'auto-développement – de l'Armée, il fallait, pour qu'elle acquière le poids qui est le sien, que fasse pendant *l'absence* d'un pouvoir équilibrant qui aurait pu, efficacement, la limiter. Mais cet auto-développement avait surtout besoin d'une condition « positive », et celle-ci n'est pas à chercher au niveau fonctionnel. C'est plutôt elle qui explique pourquoi, dans le cas de l'Armée, ce niveau fonctionnel est tel qu'il est – vraiment fonctionnel.

Cette condition, c'est ce qui « anime » et a « animé » l'Armée : l'imaginaire nationaliste-impérial. Imaginaire jamais certes disparu – ce n'est pas là une particularité de la Russie –, avivé par la Seconde guerre mondiale et ses conséquences, que le Parti ne s'est pas fait faute d'essayer d'exploiter, mais qui trouve son porteur naturel, organique, adéquat, dans l'Armée.

Il y trouve surtout un porteur fécond et fécondable. Car – autre aspect essentiel de la question, et énigme supplémentaire – ce même imaginaire a pénétré depuis longtemps, pénètre de plus en plus le Parti, sans parvenir à l'*animer* vraiment, cependant qu'il s'avère capable de souder l'Armée, de l'atteler à des tâches d'expansion quantitative, d'amélioration qualitative, de modernisation véritable, de lui permettre de concevoir des plans et des stratégies à long terme et de les réaliser.

En effet, avec la banqueroute du Parti comme « modernisateur » et la putréfaction du dérisoire assemblage de mots qui lui sert d'« idéologie », l'imaginaire nationaliste-impérial devient ciment, le seul existant, le seul *concevable* dans la situation actuelle, du Parti lui-même. Depuis quinze ans, depuis l'élimination de Khrouchtchev devenu insupportable à l'Armée comme à presque tous les autres secteurs de la bureaucratie, aucun signe de conflit, à ma connaissance, entre le Parti et l'Armée, mais tous les signes d'une priorité encore accrue, si possible, accordée aux exigences de l'Armée. Après les consommateurs, l'investissement lui-même (non militaire) semble bien commencer à être sacrifié aux exigences de l'armement. La soumission de la société non militaire étant achetée par le maintien d'une très médiocre augmentation de la consommation, les dépenses militaires continuent à s'enfler au même rythme, cependant que la progression de l'investissement se ralentit[1]. C'est que, tournant définitivement le dos aux « grands projets » de Staline et de Khrouchtchev et aux illusions modernisatrices, le Parti s'est définitivement et sans réserve identifié à la cause nationaliste-impériale, qu'il veut voir, bien entendu, et qu'il voit de plus en plus, comme « sa propre » cause. Lui aussi est amené, pour lui-même, à voiler et à ennoblir la Force brute dans et par l'imaginaire de la Nation russe et de son Empire. Ou bien l'Appareil se décompose en même temps que sa « politique » et son « idéologie » ; ou bien il se survit en se dotant d'une âme d'emprunt, celle du nationalisme-chauvinisme grand russien[2].

La force et le culte du Parti/État peuvent ainsi, du moins provisoirement, être sauvés, par identification à l'État-Nation promis à l'Empire. La dimension impériale est évidemment essentielle, tout en étant nourrie et conditionnée par ces « accidents » que sont le passé russe, l'étendue et la masse du pays. (Le nationalisme albanais n'est pas et ne peut pas être la même chose que le nationalisme russe, américain ou chinois.) En ce sens, on peut et on doit parler de *national-communisme*. Le type de régime établi en Russie n'est pas seulement le seul que la bureaucratie connaisse, qu'elle sache manier et dans lequel elle sait vivre : il est matériellement indissociable de son existence. Son extension à d'autres pays, en plus de l'occupation militaire russe, lui est indispensable, non pas par amour du « socialisme réellement existant », mais comme le seul moyen pour qu'elle y installe un type de contrôle et de domination qu'elle sache et qu'elle puisse gérer. Il ne s'agit pas d'« idéologie », mais d'un instrument d'exploitation et de gestion centralisée.

1. CF. W.-T. Lee, in *Lee 1977*, p. 287-289. Cf. aussi Green, Guill, Levine et Miovic in *JEC 1976*, p. 304 (qui constatent sans interpréter vraiment). Sur les attitudes de la population devant l'évolution de la situation économique, cf. John Bushnell, « The New Soviet Man Turns Pessimist », *Survey*, 24/2, printemps 1979, p. 1 à 18.

2. Déjà, en 1955 et 1959, Adam Ulam voyait clairement qu'un totalitarisme sans objectifs mobilisateurs, sans un « ennemi visible et concret » est plus ou moins impossible et que le nationalisme/impérialisme fournissait une issue au Parti. Cf. *The New Face of Soviet Totalitarianism*, Harvard U.-P., Cambridge Mass., 1963, en particulier p. 57, p. 75-76, 88. Robert G. Wesson (« War and Communism », *Survey* 20/1, hiver 1974, p. 101-117) soulignait aussi la nécessité d'une « militance » pour maintenir le régime.

Tous les slogans du régime ont été abandonnés : la transformation de la nature, l'homme de type nouveau, le dépassement économique des États-Unis. On se demandait pour combien de temps encore la « réalisation du communisme pour 1980 », inscrite au Programme officiel du Parti, cette vieille affiche publicitaire déchirée, continuerait à pendre lamentablement au vent. C'est chose faite, à l'occasion du XXVIe Congrès elle a été jetée à la poubelle. *Un seul slogan* qui n'a pas été abandonné et n'est pas près de l'être : la « victoire mondiale du socialisme », le rapport des forces international « de plus en plus favorable au camp de la paix et du socialisme ». Le régime proclame clairement à la fois : qu'il n'y a pas d'autre socialisme que l'état actuel de la Russie, le « socialisme réellement existant » ; et que ce « socialisme-là » est promis à la domination du monde – c'est-à-dire, que le monde est promis à sa domination. Domination mondiale du « socialisme » à la russe, où évidemment toutes les nations seront égales, mais où il y en aura une plus égale que les autres, comme c'est le cas déjà maintenant à l'intérieur de l'Empire russe et à l'égard de ses colonies et de ses protectorats.

L'orientation nationaliste et chauvine de la propagande et de la politique intérieure du Parti est amplement connue et documentée. La renaissance du culte de Staline depuis plusieurs années a, comme je l'ai déjà dit, cette signification : c'est le « héros national » qui est glorifié. Après Ivan le Terrible, c'est maintenant Pierre le Grand qui est présenté, dans un film de Sergei Gerasimov, comme un réformateur bénéficiant de l'appui du peuple ordinaire[1]. L'antisémitisme se déguise de moins en moins en « antisionisme[2] ». La russification de tous les peuples asservis dans l'Empire est systématiquement poursuivie sous le masque de leur « égalité[3] ». La prépondérance des Russes dans les organes dirigeants est

1. Dans une interview, Gerasimov a dit de Pierre le Grand : « En tant que penseur, c'était un internationaliste. » (*IHT*, 26.3.81). C'est évident : Brejnev aussi. Sur le renouveau du culte de Staline et son caractère, voir *Zaslavsky 1979*.

2. Aux nombreuses informations publiées par la presse française à ce sujet, il faut ajouter la publication d'un roman franchement antisémite (le premier depuis la mort de Staline selon Siniavsky, *Times Litt. Suppl.*, 30.11.79) dans le *Nash Sovremennik* de Moscou, Nos 4-7, 1979.

3. Voir *Zaslavsky 1980 b* (« The Ethnic Question in the USSR »), texte

écrasante ; pour les commandements de l'Armée, il n'y a pas prépondérance, il y a russité pure et simple. Les « déviations nationalistes » sont sévèrement critiquées et condamnées par le Parti et sa presse, lorsqu'elles sont le fait des peuples asservis ; elles sont, à en juger par leur silence, simplement inexistantes dans le cas des Russes eux-mêmes. Le seul moment où le régime produit un effet comique involontaire c'est dans des aveux balourds de ce type.

En fait, le nationalisme et le chauvinisme russes sont en train de réémerger dans de vastes couches de la population, qui ignorent tout des dissidents « de droite », des néo-slavophiles, etc. J'ai déjà parlé des ouvriers des « entreprises fermées » ; mais il semble bien que les attitudes nationalistes et chauvines se répandent aussi bien parmi les ouvriers non qualifiés et sous-payés, que parmi les jeunes en dérive et les spécialistes de différentes catégories qui font l'épreuve de l'extinction de perspectives de promotion concomitante à la rigidité maintenant bien établie de la stratification sociale[1]. Les réactions qui ont pu être recueillies par des journalistes occidentaux auprès de la population russe après l'invasion de l'Afghanistan et à propos de celle-ci composent une image plus que sombre de la situation.

Il serait superficiel d'attribuer cette résurgence d'un chauvinisme populaire aux seuls effets de la propagande officielle. Le facteur essentiel est analogue, *mutatis mutandis*, à celui qui agit sur le Parti. Dans les ruines de l'idéologie, devant une situation économique et sociale pétrifiée et insupportable, le nationalisme, le mythe (plutôt : la réalité

excellent et qui devrait être porté à la connaissance du public français, exposé uniquement aux bruits concernant un « éclatement » à venir de l'Empire. Zaslavsky insiste à juste titre sur la russification induite et automatique, résultat des privilèges de fait de carrière et d'autres dont jouissent les Russes ethniques dans tous les domaines, comme aussi de la domination de la langue russe. Cela ne signifie évidemment pas que la résistance des peuples asservis ait disparu ni même qu'elle ne soit pas parfois couronnée de succès. Témoin le récent gain de cause des Géorgiens dans le maintien de leur langue comme langue officielle dans « leur » République ; encore qu'il faille voir ce que signifie de célébrer comme victoire le fait de ne pas se voir imposer dans son pays une langue étrangère. – Sur la question du nationalisme russe et de celui des nationalités opprimées, voir aussi les articles de Szporluk, Dunlop, Benigsen etc. dans *Survey*, 24/3, été 1979.

1. Cf. *Zaslavsky 1979*, p. 13-14 ; *Zaslavsky 1980 b*, p. 71-74.

mythifiée) de l'Empire russe redeviennent les seules significations imaginaires disponibles qui peuvent donner un semblant de sens à l'existence des individus aussi longtemps que ceux-ci acceptent l'état de choses existant. Ils leur fournissent à la fois des repères identificatoires, des pôles de valorisation, des motifs d'une action qui inscrit le présent dans une continuité historique qui le dépasse (et par là même efface ou réduit l'importance de ses traits négatifs). Par-delà le cas russe – et comme le montre sa quasi-invulnérabilité partout dans le monde – on retrouve ici la dure réalité de l'imaginaire national, que le marxisme avait, si superficiellement, voulu évacuer[1].

Le national-communisme du Parti russe est le tisser-ensemble du mode de domination et d'exploitation propre à l'Appareil bureaucratique avec ces significations imaginaires – Nation, Empire russes – ornementé de quelques restes de vocabulaire marxiste. Mais ce n'est là qu'un niveau de réalité – et de peu de réalité. Car, de même que, lorsque l'imaginaire de l'expansion illimitée de la maîtrise « rationnelle » s'empare du monde occidental, il trouve, plutôt il *crée*, un secteur privilégié de la vie sociale où il s'incarne d'abord, qui est la production, une forme d'organisation qui est l'entreprise, et un porteur humain premier, « naturel » et « organique », qui est la classe capitaliste ; de même, lorsqu'au bout de sa course – et après avoir épuisé le champ « politico-idéologique » moyennant la domination totale du Parti/État – cette expansion illimitée de la maîtrise devient simple règne de la Force brute enveloppé dans l'impérialisme nationaliste, elle trouve son champ naturel dans la violence, une forme d'organisation dans l'Armée industrialisée moderne, et un porteur humain approprié dans ce que j'ai appelé la société militaire. Par rapport à ce noyau de la nouvelle situation social-historique ainsi en train de se créer, le Parti n'est certes pas qu'un paravent, il est même plus qu'un appendice fonctionnel ou un instrument indispen-

1. Cf. *L'Institution imaginaire de la société*, p. 207-208. Contrairement à ce qu'avait cru le marxisme – et qui découle nécessairement de toute sa vue de l'histoire – l'internationalisme *n'est pas* un produit automatique de la vie dans les conditions modernes, de la situation du prolétariat, etc. Voir aussi « Le mouvement révolutionnaire sous le capitalisme moderne », *in Capitalisme moderne et révolution*, *op. cit.* vol. 2, p. 189.

sable ; mais il n'est plus le *centre ou l'âme du pouvoir.*

Mais qu'est-ce que *ce* nationalisme, et *cette* Nation ? Ils sont vides, ils sont Rien. Je ne me place pas ici à un point de vue de « valeur », de « justification », de « critique » ; mais au point de vue de la compréhension de *ce qui est*, et de sa *consistance* social-historique. Revenant récemment sur une discussion qui a une longue histoire, Isaiah Berlin définissait le nationalisme par la croyance en quatre idées : le besoin insurmontable d'appartenir à une nation ; la relation organique de tous les éléments qui constituent une nation ; la valeur de notre propre nation simplement parce que c'est la nôtre ; la supériorité de ses visées et prétentions à l'autorité et à la loyauté face à des rivaux et adversaires[1]. Définition qui couvre, autant que le nationalisme, le *fait de la nation* lui-même, et qui a l'air simplement descriptive, mais renvoie, au-delà de la nation comme telle, à des traits universels de la socialisation de l'être humain – c'est-à-dire de son existence tout court. Le premier point ne se réfère pas à je ne sais quel besoin d'« appartenir », de sentir l'odeur et la chaleur des autres – mais à la *socialité* essentielle de l'être humain. Jusqu'ici il n'y a pas de société humaine en général. Le petit monstre vagissant qui vient de naître ne sera humanisé (c'est-à-dire socialisé) que par la médiation d'une société particulière – tribu, clan, peuple, nation. Il ne vivra qu'en s'identifiant à l'institution de cette société et aux significations imaginaires qu'elle porte. Sans cela, il ne sera *même pas* psychotique, il n'existera pas. Attaquer, mettre en question cette institution et ces significations imaginaires, sera presque toujours ressenti par lui comme une attaque mortelle, infiniment plus dangereuse que toute attaque à son être physique, puisque c'est son « moi » ou son « je » qui est attaqué. (Comment et quand cette relation d'identification intégrale à la communauté particulière à laquelle on appartient en vient à être mise en question et ébranlée dans l'histoire est évidemment une question politiquement fondamentale sur laquelle je reviendrai dans la deuxième partie de ce livre.) Les troisième et quatrième points de la définition de

1. « Nationalism : Past Neglect and Present Power », *Partisan Review*, 46/3, 1979, p. 349.

Berlin (valeur et supériorité de la communauté propre) découlent du premier presque analytiquement (tautologiquement). Reste le second. La « relation organique de tous les éléments qui constituent une nation » est évidemment une liaison imaginaire entre éléments imaginaires – c'est-à-dire qui ne sont ce qu'ils sont et tels qu'ils sont que parce qu'investis de significations imaginaires constitutives de l'institution de la société (le « territoire » en offre l'illustration la plus frappante ; la langue elle-même est « contingente » de ce point de vue, comme le montrent le contre-exemple suisse et d'autres). Mais cela n'implique nullement que cette liaison et ces éléments puissent être n'importe quoi. Quelle que soit la puissance de l'alchimie de l'imaginaire – s'appropriant, transformant, transsubstantiant, unifiant et homogénéisant les éléments les plus disparates des provenances les plus diverses, comme on le voit tout au long de l'histoire mais avec une prégnance particulière dans les cultures des nations modernes – il doit y avoir une *unité* des significations qui, incarnées dans des institutions et animant celles-ci, *tiennent une société ensemble.* Que cette unité ne soit pas « logique », ne soit pas celle d'un « système », qu'elle soit finalement inanalysable et indescriptible comme telle, n'implique pas qu'elle n'existe pas. C'est l'unité d'un *magma,* non pas celle d'un « ensemble[1] ». La « nation » elle-même à la fois *est* un tel magma, et « appartient » à un magma. On ne peut pas dire de quoi elle *doit* être faite. Mais on peut certainement dire ce qui ne peut pas lui *manquer.*

Ce qui ne peut pas lui manquer, c'est la capacité de *donner sens* à l'existence et aux activités des humains qui appartiennent à la collectivité qu'elle forme. Et cela, elle ne peut pas le faire simplement en disant : Je suis Je, nous sommes les meilleurs parce que nous sommes nous. « Nation » n'est qu'un autre nom, à cet égard, de la société donnée, d'un être social-historique particularisé par ses institutions et ses significations propres. Comme telle, elle est indissociable d'un monde de normes particulières, de valeurs particulières, d'une insertion dans le temps historique et dans une tradition, d'une culture particulière.

De ce point de vue, la « nation » russe est forme vide –

1. Voir *l'Institution imaginaire...,* Chapitre VII.

sauf pour autant qu'elle est rassemblement d'intérêts et d'aversions négativement coalisés contre les « autres ». Normes, valeurs, culture, tradition ont été détruites, ou subsistent comme restes et utopies nostalgiques. Du passé, ne survivent que des débris – ou bien, ces traits anthropologiques de l'individu russe forgés par les siècles de l'Ancien régime qui ont bien pu s'intégrer dans le nouveau, parce qu'ils le servaient bien : servilité devant l'autorité et l'État, indifférence face à la chose publique, faiblesse ou inexistence du rapport à une légalité explicite. Cette destruction n'a été que l'autre face de ce qui se déroule en Russie depuis soixante ans : inculcation du mensonge, du cynisme, de l'anomie devenue pour la première fois à cette échelle dans l'histoire état régulier d'une société, de la dénonciation de ses amis et de ses propres parents sous la peur, par intérêt ou pour aller au-devant des désirs de l'Autocrate. La tentative de mélanger la pseudo-« idéologie » communiste actuelle à quelques éléments de la tradition russe (qu'il faut épurer, pour ce faire, de ses germes les plus originaux, les plus substantiels, les plus féconds) ne donne et ne peut donner qu'un pot-pourri grotesque, non pas une culture et une « conscience nationale ». L'addition de quelques morceaux de « Problèmes du léninisme » et d'Andréi Roublev dans le bortch traditionnel ne suffit pas pour faire ou refaire une nation, elle gâte simplement la soupe. Il y a eu une vision du monde et une façon de vivre russe ; il n'y a en plus. Il n'y a pas des valeurs et des normes russes, il n'y a pas de vision du monde russe, il n'y a même pas, il n'y a plus, sauf détails ethnographiques et folkloriques, de façon de vivre russe. Il y a, dans un camp de concentration qui s'étale sur un sixième des terres émergées, 270 millions d'êtres broyés par le même pouvoir, subissant le même destin sans âme et sans visage et qui, pour survivre psychiquement et mentalement, en sont réduits à se dire : nous sommes quand même une Grande Nation. Grande Nation en effet, au sens que Staline aurait donné à ce terme : Nation de 173 divisions et de 6 000 têtes nucléaires.

L'imaginaire nationaliste est donc ici forme vide et travestissement : fiction plate, assemblage de bouts et de morceaux mal ficelés ensemble. La signification *nation* dans ce cas ne renvoie à aucun contenu substantif, elle se réfère à la simple agglomération d'un grand nombre d'individus maintenus ensemble par le carcan de fer du pouvoir d'État et à une liste de traits empiriques descriptifs. Comme signification, elle ne renvoie qu'à elle-même : la nation russe c'est la nation russe, Je suis Je. Pour les individus, elle joue le rôle d'un repère identificatoire, qui existe parce qu'il faut qu'un tel repère existe, mais ce repère est *vide*, plus exactement il n'est rempli, il n'acquiert un semblant de substance qu'en renvoyant à cette masse d'individus qui, à leur tour, ne peuvent se définir que par rapport à elle. La nation se définit en montrant les individus qui se définissent en montrant la nation[1].

Mais ce vide n'est pas vide pour tout le monde. Lorsque les Russes ou des Russes disent : la Russie c'est nous, ils ne disent rien. Mais il y a quelqu'un qui peut dire, à bon droit : ces 173 divisions et ces 6 000 têtes nucléaires, c'est nous. Ce quelqu'un, c'est l'Armée. Ici, l'imaginaire nationaliste acquiert un contenu, qui n'est plus une signification, mais le renvoi à une substance sensible, laquelle possède bien ses propres attributs et propriétés indépendants d'une référence circulaire à la « nation ». L'imaginaire nationaliste ne cesse pas pour autant d'être plat, mais il cesse d'être simple référence de soi à soi, il a désormais un référent réel, le système de bombes H, de vecteurs, de divisions blindées, d'usines d'armement et d'hommes définis par leur relation à ce système. Le nationalisme vide se remplit en se rabattant sur la Force brute, et il ne peut se remplir qu'ainsi. Il peut alors fonctionner comme principe d'animation pour le représentant personnifié de cette Force, qui est l'Armée et la société militaire.

1. Ce renvoi circulaire est certes toujours aussi là partout où il y a nation, mais *jamais seul*. Il y a aussi en même temps référence à des termes – normes, valeurs, mode de vie valorisé, culture partagée, etc. – qui *constituent – instituent* – la collectivité comme autre chose et plus que simple réunion d'individus se réclamant du même nom. Il faut rappeler par ailleurs que, dans un contexte différent du tout au tout, et à un autre degré, des phénomènes analogues apparaissent depuis longtemps dans les sociétés occidentales : la crise des normes et des valeurs, l'ébranlement du rapport au passé y conditionnent un vidage de la forme nation, qui n'entraîne pas pour autant une disparition du nationalisme. Le résultat final est quand même différent, dans la mesure où le mouvement de ces sociétés n'est pas étouffé par le pouvoir. J'y reviendrai dans la deuxième partie de ce livre.

Le point de vue historien

L'analyse qui précède pourrait, et devrait, être complétée par une description et discussion historique « concrète ». La tâche de celle-ci serait de contrôler, vérifier, le cas échéant réfuter, l'interprétation proposée de la structure et de l'évolution de la société russe au regard des événements particuliers (localisés et datés), des actes et des rôles des personnes et des groupes déterminés, des auteurs des décisions et des responsables du sort de ces décisions dans leur application – le tout, dans son enchaînement temporel et, en partie, quasi-causal.

Cela est beaucoup moins simple qu'il n'y paraît. Bien évidemment, la question du rôle des militaires et de l'Armée en Russie et de leurs relations avec le Parti est discutée depuis longtemps sous cet angle par les historiens de la Russie contemporaine et les soviétologues. Mais elle l'est – il pouvait difficilement en être autrement – moyennant un cadre conceptuel, des catégories et des pré-conceptions nullement neutres, qui biaisent fortement non seulement les « interprétations » qu'ils fournissent, mais parfois les descriptions mêmes des faits. L'interprétation des interprétations des historiens est à elle seule une tâche considérable. J'y reviendrai plus loin. Mais, avant un bref rappel des moments forts du matériel historique, il est indispensable de circonscrire clairement ce que j'affirme et ce que je n'affirme pas, ce qui est pertinent pour vérifier ou réfuter les idées qui ont été exposées et ce qui ne l'est pas.

Ce que j'affirme – et qu'il faudrait controuver pour réfuter ce que j'avance – est :

– Que l'Armée et la société militaire sont soustraites au mode de fonctionnement et au mode d'être – au « modèle sociologique » – qui sont ceux du Parti *et de tout ce que celui-ci gère.*

– Que les orientations essentielles de l'Armée et de la société militaire deviennent les orientations du régime – ou, ce qui revient au même, que les orientations du régime sont, sur les points essentiels et quoi qu'il en coûte par ailleurs à la société, conformes aux exigences de l'Armée *quant à tout ce qui vraiment importe à celle-ci.*

Il est donc absolument indifférent :

– qu'il y ait ou non des Maréchaux au Bureau Politique ;

– que le nombre des militaires au Comité central ou au Soviet suprême passe de 3,7 % à 7,4 % ou l'inverse ;

– que le ministre de la Défense soit un militaire de carrière ou un général « politique » ;

– que l'Armée intervienne ou non sur la question des méthodes de culture du maïs dans le Kazakhstan ;

– que les officiers soient ou non obligés d'assister à des cours du marxisme-léninisme ;

– que des articles de *la Pravda* ou même de la *Krasnaia Zvezda* affirment et réaffirment la prééminence du rôle du Parti ;

– que l'on puisse ou non exhiber le procès-verbal de telle réunion démontrant que c'est sur l'insistance des militaires que telle décision a été prise – ou le contraire, etc.

Pourquoi ? Parce que le fait que Rockfeller, Carnegie, Mellon, Ford, Vanderbildt etc. n'aient jamais été Présidents des États-Unis ou simplement Secrétaires d'État ou d'autre chose ne signifie rien sur la réalité du pouvoir aux États-Unis pendant la période correspondante ; parce que ni les Parlements du capitalisme florissant n'étaient formés en majorité par des hommes d'affaires, ni les ministères des Finances n'étaient, généralement, occupés par des banquiers ; parce que le Comité des Forges n'a jamais nommé les juges de paix, ni même les Conseillers de la Cour de Cassation, pas plus que la *National Association of Manufacturers* n'a téléphoné à Wilson ou à Roosevelt l'ordre d'entrer dans la première ou la Seconde Guerre mondiale ; parce qu'il eut été inconcevable dans toutes les sociétés occidentales, longtemps après que l'Église et la religion avaient perdu leur rôle prépondérant, que les officiers, les dignitaires de l'État ou les patrons n'assistent pas à la messe. Bref, parce que « le pouvoir » n'est pas un objet, que sa manière d'être et de se manifester change d'après le mode d'institution des sociétés considérées, que sa réalité est, dans les sociétés modernes en tout cas, hypercomplexe et surtout invisible, qu'elle n'est pas écrite sur les cartes d'identité des personnages qui, en apparence, l'« ont » ou l'« exercent », et qu'il en est ainsi pour des raisons essentielles et profondes, tout particulièrement dans le cas d'espèce qui nous concerne, le cas de la Russie.

***

Sous le règne de Staline, la situation de l'Armée est claire. Complètement soumise au Parti, elle n'est pas – pas plus qu'aucune autre section de l'Appareil bureaucratique – en mesure de manifester la moindre autonomie[1]. Il est caractéristique que, dès 1928, Staline accorde une priorité massive aux dépenses militaires – qui représentent probablement dès les années 1930 le même ordre de grandeur qu'aujourd'hui relativement à la production nationale, compte tenu aussi de ce qui a été dit plus haut sur le véritable caractère de la « priorité de la production de moyens de production » – et que cela n'entraîne aucune différence repérable entre le mode de fonctionnement et la « qualité » de l'Armée et ceux du reste de la société[2]. Fidèle à ses méthodes, Staline accordait des privilèges matériels et de statut aux officiers, tout en poussant le contrôle « politique » – c'est-à-dire policier – de l'Armée aux limites du concevable. Les grandes purges de 1937-1938 ont presque détruit l'Armée[3]. Leurs effets, combinés avec la « politique » débiledémente de Staline et son aveuglement pathologique à

1. Voir, par exemple, la très bonne description résumée de Roman Kolkowicz, *The Soviet Military and the Communist Party,* Princeton U.-P., 1967 (cité désormais : *Kolkowicz 1967*), p. 47-79.

2. Sur l'importance des dépenses militaires pendant la période des premiers « Plans », voir *Kolkowicz 1967*, p. 50 sq. ; *Jasny 1961*, Tableau p. 444 et références dans l'*Index* s.v. *Armaments, Military Expenditures. Warren Nutter 1967*, p. 150 : l'indice de la production militaire a augmenté de 25 fois de 1933 à 1937, de 55 fois de 1933 à 1940 – cependant que l'indice de la production industrielle totale pendant les mêmes périodes ne faisait que doubler. Selon les calculs de Jasny (*ibid* p. 444), les dépenses militaires ont été multipliées par sept (à prix constants) de 1928 à 1937, pendant que le revenu national net augmentait d'un peu plus de 60 %, et ont encore augmenté de 133 % de 1937 à 1940, cependant que le revenu national augmentait de 10 %. – Le maintien des prix des produits du « Secteur A » (et donc aussi, des produits militaires) à des niveaux artificiellement bas et sans rapport avec leurs « coûts de production » commence dès le début des « Plans ». De 1928 à 1958, les prix des premiers ont été multipliés par 4, ceux des seconds par 15. *Jasny 1961*, p. 28, 285, 288-289.

3. Avec Toukhatchevski, Gamarnik, Yakir, Blücher ont été liquidés les 11 Commissaires adjoints de la Défense, 75 membres du Soviet militaire

l'égard des intentions d'Hitler, ont conduit au massacre massif que les forces russes ont subi pendant l'été 1941[1].

Les fluctuations des relations de Staline avec l'Armée pendant la Seconde Guerre mondiale ne nous intéressent pas ici. Brièvement parlant, suivant l'évolution au front, et les cycles de sa lâcheté et de sa panique, Staline augmentait ou relâchait le contrôle sur les commandants militaires. (Il le relâchait chaque fois que la catastrophe approchait, et le resserrait dès que les choses allaient mieux.) Le rôle réel, et la qualité de la direction fournie par la *Stavka* (commandement suprême sous la direction de Staline) au plan militaire restent controversés[2] ; il est certain que ses interventions –

sur 80, tous les commandants militaires de district en place en juin 1937, 13 commandants d'Armée sur 15, 57 commandants de corps sur 85, 110 commandants de division sur 195, 220 commandants de brigade sur 406, et quelque 15 000 à 30 000 officiers de grade moindre sur un total de 75 000 à 80 000. *Kolkowicz 1967*, p. 60, d'après John Erickson, *The Soviet Hight Command 1918-1941*, St. Martin's Press, New York, 1962.

1. Tout cela est amplement connu en Russie, depuis la période khrouchtchevienne – et n'a pas évidemment pu être oublié. Par exemple, le livre du militaire I.-P. Petrov *Le développement du Parti dans l'Armée et la Marine soviétiques*, publié en 1964 par les éditions de l'Armée (Voenizdat) en rend longuement compte (voir *Kolkowicz 1967*, l.c.). Le livre de A.-M. Nekritch, *1941 : 22 juin* (trad. franç. : *L'Armée rouge assassinée, 22 juin 1941*, chez Grasset, 1968), publié aux éditions de l'Académie des Sciences soviétique, a été immédiatement vendu à des dizaines de milliers d'exemplaires. Nekritch a été par la suite condamné, exclu du Parti et obligé finalement d'émigrer, cependant que son livre était interdit. Voir Jutta Sherrer, « Contre une histoire sans mémoire : dissidence soviétique et stalinisme », *Libre* n° 8, p. 77-78. La connaissance des faits n'a certainement pas pu être effacée – d'autant que les discussions sur le rôle du Parti et des militaires pendant la Seconde guerre ont rempli les publications officielles pendant toute la période khrouchtchevienne.

2. Le livre de Kolkowicz fournit de nombreuses informations sur ces controverses, qui ont été vives pendant la période khrouchtchevienne et ranimées chaque fois que la question des rôles respectifs *actuels* de l'Armée et du Parti a été remise sur le tapis. Voir en particulier son Chapitre VI, p. 177-219. – En examinant ce matériel, il faut éviter le penchant à la sur-interprétation qui est devenu, par la force des choses, la maladie professionnelle d'un bon nombre de soviétologues. Il est tout autant risqué de conclure, chaque fois qu'un article affirmant le rôle prééminent du Parti paraît dans la presse russe, qu'il traduit une nouvelle victoire définitive des partisans du contrôle total du Parti sur l'Armée ; que d'en inférer qu'il exprime les inquiétudes des « politiques » sentant qu'ils sont en train de perdre ce contrôle. Le rituel a ses nécessités gratuites. Et, bien que les situations ne soient pas comparables, il faudrait de temps en temps se poser la question : en quoi ces litanies diffèrent-elles des oraisons des évêques, affirmant que la victoire des armées eut été impossible sans la piété de leurs chefs et la volonté de la Providence ?

comme celles de Jdanov à Léningrad – ont laissé des traces profondes de ressentiment chez les militaires.

Au total, pendant la guerre, forts des catastrophes produites par Staline et le Parti et de l'urgence imposée par la réalité, les militaires avaient réussi à diminuer quelque peu le degré de contrôle débilitant du Parti. Mais dès la fin de la guerre, Staline a remis l'Armée « à sa place », poussant à un nouveau degré le contrôle policier exercé sur elle (c'est la période pendant laquelle le pouvoir de Béria atteint son maximum) et inaugurant, dès 1946, la mythologie plaçant l'Armée au dernier rang de tous les secteurs de la société dans sa contribution à la victoire (le premier rang étant évidemment occupé par le génie militaire de Staline et le rôle du Parti).

Cependant – hypothèse à examiner – il semble bien que c'est pendant cette période que quelque chose change dans l'Armée. La conscience du rôle parasitaire du Parti ; l'atmosphère de fin de règne ; les intrigues concernant la succession du tyran qui se nouent dans le Parti, opposant Jdanov (jusqu'à sa mort en 1948), Béria et Malenkov ; le développement et déploiement des armes atomiques (première bombe A russe : 1949 ; première bombe H russe : 1953) modifient à la fois son attitude et ses possibilités. L'Armée de Staline est une Armée de tracteurs, de tubes d'acier et de millions de fantassins. L'Armée qui est en gestation entre 1945 et 1953 est une Armée d'engins nucléaires, de fusées, d'électronique et de spécialistes. Le premier spoutnik – 1957 – a nécessairement une longue préhistoire de préparation et de production. L'opposition de l'Armée à Staline a pu être renforcée par ce qu'on a appelé l'attitude « curieusement ambivalente » de celui-ci à l'égard des armes atomiques. Le vieux paranoïaque pressentait peut-être que quelque chose de nouveau était en train de naître et n'aimait pas cela[1].

***

Les changements qui ont suivi la mort de Staline ne peuvent pas nous occuper ici, sauf dans leurs aspects relatifs à

1. Voir, en dernier lieu, l'interview d'Éd. Teller (le « père » de la Bombe H américaine) dans *Le Monde-Dimanche* du 18.1.81

la position respective, l'« autonomie » ou pas, enfin le rôle des différents secteurs et sections de la bureaucratie. Pour l'ensemble de ces secteurs, un changement décisif s'opère : la terreur stalinienne est arrêtée, une certaine « normalisation » de la gestion du pouvoir bureaucratique est introduite. Le *habeas corpus* au bénéfice de la bureaucratie s'accompagne, jusqu'à un certain degré, d'un *habeas officium* (sans doute beaucoup plus vague). Ce changement, je le répète, est général : l'Armée en bénéficie autant que la bureaucratie de l'industrie textile ou de l'agriculture. Mais ses *effets* sont très loin d'être identiques pour tous les secteurs de la bureaucratie. Et la différence est celle qui oppose l'évolution et la position de l'Armée à celles de *tous* les autres secteurs.

– L'Armée est le *seul* de tous les secteurs de la bureaucratie à réussir une modernisation, qui en fait après un quart de siècle la première Armée du monde ; c'est-à-dire le seul à fonctionner efficacement au niveau qualitatif exigé par l'« état de l'art militaire » de l'époque. Pour les autres secteurs de la bureaucratie, si les irrationalités et le chaos de la période stalinienne ont été quelque peu limités, il est difficile de prétendre que leur fonctionnement diffère qualitativement de celui d'avant 1953. On n'a pas vu les produits textiles, les caméras ou les transistors russes envahir les marchés mondiaux. Par contre, si l'on en croit les informations disponibles, les Russes sont tout à fait prêts à exporter, à des conditions très compétitives, quelques bombes H aux États-Unis.

– L'Armée à réussi, au total et en détail, à imposer ses options et à obtenir ce qu'elle demandait.

– A deux occasions importantes (en fait, politiquement décisives – et les *seules* à l'avoir été de 1953 à maintenant pour toute la « politique » russe), lorsque la prévalence des options de l'Armée a été mise en danger, la clique du Parti qui l'a emporté a été celle qui défendait les options de l'Armée et qui a eu son appui (certainement explicite dans le premier cas, en tout cas implicite dans le second). Il s'agit de l'élimination de Malenkov par Khrouchtchev, et de la chute de Khrouchtchev. Dans ce cas aussi, je n'ai vu personne s'interroger sur le rôle particulier qu'aurait joué la bureaucratie agraire, celle de l'éducation nationale, ou même la bureaucratie managériale de la production *in toto*, pendant ces événements. Il y a ici un point de fait, impossible à contester sans mauvaise foi : chaque fois que le Parti a été divisé par des luttes au sommet un seul corps social, dans toute la société russe, a joué un rôle important et attesté pendant toute cette période, c'est l'Armée. Les autres secteurs de la bureaucratie sont des lobbies, et des groupes de pression. L'Armée est, au minimum, un pôle.

L'épisode Malenkov est le plus caractéristique et, peut-être, le plus important objectivement : on peut penser que toute l'orientation de la Russie post-stalinienne a été jouée, et décidée irréversiblement, à ce moment-là. Malenkov était certes loin d'être un « libéral » – mais il voulait adopter un cours favorisant la production des biens de consommation et diminuant le rôle de l'« industrie lourde », c'est-à-dire essentiellement de la production d'armements. Il était aussi, de façon tout à fait cohérente, partisan d'une « détente » internationale – et présentait la situation internationale de manière correspondante. Il a été éliminé par Khrouchtchev avec l'appui très explicite de l'Armée. Traduisons l'« événement » dans les termes qui nous importent : un « politique » a essayé de réduire le poids de l'Armée. Utilisant le « politique » qui s'opposait à lui – ou se coalisant avec celui-ci – l'Armée a obtenu qu'il soit éliminé[1].

1. Malenkov est « démissionné » en février 1955. Voir sur les détails de cette lutte *Kolkowicz 1967*, p. 105-112 et 243-246. Je ne m'étends pas davantage sur cet épisode dont l'interprétation, à ma connaissance n'est contestée par personne. – Auparavant, l'Armée avait – et pour cause – aidé Malenkov et Khrouchtchev à éliminer Béria : c'est, semble-t-il, Joukov en personne qui a procédé à l'arrestation de celui-ci.– Par la suite, l'appui de l'Armée à Khrouchtchev lors de l'élimination du « groupe anti-Parti » (Molotov-Boulganine) en juin 1957 est tout aussi certain. Cf. *Kolkowicz 1967*, p. 78 et 131-132, avec des références bibliographiques. Cf. aussi *ib.*, p. 206-207 sur l'attaque du maréchal Malinovski, alors ministre de la Défense, au XXIIe Congrès du Parti, contre les purges infligées aux militaires sous Staline, déguisée en attaque contre le « groupe anti-Parti » mais évidemment adressée en fait au Parti comme tel.

Par contre, l'interprétation de l'épisode Joukov par Kolkowicz (*op. cit.*, p. 113-134 et 245-252) et la plupart des autres auteurs a été critiquée plus récemment et, je pense, à juste titre. Voir T.-J. Colton, « The Zhukov Affair Reconsidered », *Soviet Studies* XXIX/2, avril 1977, p. 185-213. L'idée généralement admise est que Joukov avait voulu affirmer

Analogue est la *substance* des évolutions conduisant à la chute de Khrouchtchev, même si son issue est moins « probante » formellement, puisque Khrouchtchev a réussi à la fin à coaliser contre lui tous les segments de la bureaucratie. L'évolution de la politique de Khrouchtchev, ses « erreurs » et les péripéties qui mènent à son élimination ne peuvent pas être discutées ici. Mais les grands traits sont clairs. Khrouchtchev, le dernier illusionniste-illusionné du Parti, est le dernier chef du Parti à formuler des « grands plans » autres que militaires-expansionnistes. Ces plans mettent en danger non pas l'Armée et sa « priorité » dans l'absolu, mais le *volume* de l'Armée et le *degré* de cette priorité. Khrouchtchev est loin d'être une « colombe », mais il veut vraiment développer la production non militaire. Il ne veut pas non plus diminuer le rythme d'augmentation de la puissance de guerre de la Russie (encore une fois, ce qui est produit *après* 1964 comme matériel a comme période de gestation 1959-1964 au moins). Mais il trouve – il croit pouvoir trouver – la manière de ménager la chèvre et le chou dans une solution quasi-« américaine » : développement massif des armes modernes (essentiellement vecteurs nucléaires et sous-marins), réduction massive des forces conventionnelles, transfert des ressources ainsi libérées à la production non militaire. Dans des discours plus qu'imprudents, il proclame l'obsolescence de la flotte de surface et des divisions terrestres comme armes de guerre. Il ne s'agit pas de simples discours : il impose une réduction de 1,2 millions des effectifs de l'Armée (dont 250 000 officiers), réduit le budget militaire (apparent) pour dégager des ressources pour son plan de Sept Ans[1].

trop fortement l'autonomie de l'Armée, la « professionnaliser » et la soustraire tout à fait au contrôle du Parti. On remarquera combien cette interprétation entre d'avance dans le moule conceptuel habituel du chercheur occidental. Pour ce faire, on avalise complètement toute la rhétorique rationalisante produite par le Parti pour justifier cette élimination. C'est ce que remarque avec force Colton, pour qui l'affaire Joukov ne reflète pas un conflit Armée-Parti, mais une lutte entre groupes « mixtes » (à membres dans les deux organisations). Colton conclut : « Une trop grande part de l'épisode Joukov reste inconnaissable... Mais on en connaît assez maintenant pour dire que l'image typique que s'en font les Occidentaux, d'un conflit entre le Parti et l'Armée comme institutions, est une erreur sérieuse d'interprétation » (p. 212).

1. Documentation abondante chez *Kolkowicz 1967*, p. 113-306. Voir

La ligne du front, pendant le phase considérée, est claire. Khrouchtchev veut moderniser à fond l'Armée – mais aussi la *réduire* à son secteur moderne. L'Armée veut *à la fois* un maximum de bombes H, de sous-marins nucléaires, etc – *et* un maximum de divisions blindées. Comme les militaires résistent très fortement à la ligne Khrouchtchev, celui-ci essaie de nouveau de renforcer les contrôles politico-policiers sur l'Armée. (Je passe sur la rhétorique krouchtchevienne concernant l'« égalitarisme », les « liens entre l'Armée et la société », dont tombent facilement victimes des chercheurs occidentaux.) Cela ne fait qu'augmenter la résistance de l'Armée, qui s'exprime à mots à peine couverts[1].

La politique de Khrouchtchev réussit finalement à unir contre lui la plupart des segments de la bureaucratie ; il sera éliminé en octobre 1964. Que le groupe Kossyguine-Brejnev ait bénéficié du plein appui de l'Armée pendant l'opération ne semble guère contestable[2].

La coalition contre Khrouchtchev devait regrouper aussi bien les « gestionnaires » exaspérés par l'amateurisme brouillon de K. et fortifiés par ses échecs économiques (l'agriculture, une fois de plus...), les « vieux staliniens » (K. avait lancé une nouvelle attaque contre Staline au XXIIe Congrès, octobre 1961), et les bureaucrates, petits, moyens et grands toutes catégories, se sentant menacés par les exercices rhétoriques de K. sur la « rotation aux postes de responsabilité ».

Considérons ce qui se passe, après une brève période de

aussi Roman Kolkowicz, « The Military », in H. Gordon Skilling et Franklyn Griffiths, *Interest Groups in Soviet Politics*, Princeton U.-P., 1971 (cité désormais : *Skilling-Griffiths 1971*), p. 131-169, en particulier p. 154-166.

1. Matériel abondant chez *Kolkowicz 1967* et Kolkowicz in *Skilling-Griffiths 1971*, l.c.

2. Cf. *Kolkowicz 1967*, p. 299. Comme déjà dit, du fait de la coalition anti-khrouchtchevienne, il est impossible d'isoler le rôle de l'Armée dans les événements – qui restent, d'ailleurs, très obscurs dans leur déroulement effectif. Le flottement du jugement est visible chez Hélène Carrère d'Encausse, *Le Pouvoir confisqué*, Paris Flammarion 1980. Parlant de la chute de Khrouchtchev, elle dit : « Non qu'elle [l'Armée] ait joué un rôle dans son élimination, qui fut essentiellement un acte politique, mais sa neutralité a servi les adversaires de Khrouchtchev. » (p. 154). Résumant l'évolution, elle affirme : « ... Khrouchtchev en 1956 et ses successeurs en 1964 ont pris appui sur l'Armée... » (p. 294).

flottement, pendant les quinze ans qui ont suivi la chute de Khrouchtchev. Sur les points essentiels, les points qui lui importent – et qui importent – l'Armée a gain de cause sur toute la ligne. Elle a pleinement gain de cause pour ce qui est de ses « demandes ». C'est pendant cette période que le développement de la puissance militaire tous secteurs, toutes armes et tous azimuths s'accélère – comme si étaient enfin tombées toutes les barrières qui pouvaient encore s'opposer aux flots d'acier, de fusées, de têtes nucléaires. J'ai suffisamment insisté là-dessus dans les Chapitres II et III.

Elle a aussi pleinement gain de cause pour ce qui est de ses conceptions. Les vues stratégiques mises en avant par les porte-parole de l'Armée dès 1962 et qui correspondent parfaitement à son point de vue, la « révolution dans les affaires militaires », l'emportent sur toute la ligne[1]. Elles proclament la nécessité d'une étroite intégration des armes modernes et des forces traditionnelles « modernisées » et adaptées ; mais aussi, condamnent tout abord « subjectif » des problèmes militaires, et exigent que « les décisions et les actions possèdent un parfait fondement scientifique » (Zakharov) ; c'est-à-dire dénoncent d'avance l'amateurisme des « chefs géniaux » du Parti. Non seulement elles évitent à l'Armée tout « sacrifice », elles en demandent le développement dans *toutes* les directions à la fois. C'est ce à quoi l'Armée procédera – avec une conception cohérente du déploiement temporel (puisqu'on ne peut pas faire tout *en même temps*) qui offre un contraste frappant avec l'absence d'une telle conception chez l'Armée américaine. La prévalence de cette ligne a *aussi* une autre signification, profondément *politique*. L'orientation de Khrouchtchev n'avait certes nullement abandonné les visées et projets d'expansion internationale ; mais elle s'appuyait pour cela sur les « guerres

1. Le terme « révolution dans les affaires militaires » semble avoir été utilisé pour la première fois par le Maréchal Zakharov – auparavant limogé par Khrouchtchev et réémergeant après la chute de celui-ci – dans un article de 1965 dans le *Krasnaia Zvezda*. La substance de la chose était déjà formulée dans le volume collectif sur la stratégie militaire soviétique publié en 1962 sous la responsabilité du Maréchal Sokolovski et qui contenait une critique implicite des idées de Khrouchtchev. Voir *Kolkowicz 1967*, p. 172, 266 sq., p. 321. Aussi les articles de W.-T. Lee, V. Apaturian et R. Kolkowicz in *Journal of International Affairs*, vol. 26, n° 1 (1972).

civiles et nationales » dans les autres pays, adossées sur une force de dissuasion russe. La ligne qui a prévalu – sans abandonner évidemment l'exploitation des conflits dans les autres pays – fournit le support nécessaire à une *domination militaire* directe de pays étrangers. Enfin, contrairement à Khrouchtchev, qui partageait les idées décadentes et réactionnaires des Américains sur l'impossibilité de « gagner » une guerre nucléaire, la nouvelle stratégie proclame explicitement que la mission de l'Armée est de « livrer et gagner une guerre nucléaire », et la prépare – et le pays – à cette fin. Elle est par là conforme à ce qu'on peut appeler le fondement et le projet ontologique d'une Armée : livrer et gagner la guerre. Une Armée sans perspective de guerre et de victoire, c'est un curé qui ne croit pas à la résurrection des morts. C'est la situation de l'Armée américaine[1].

Pendant ces quinze ans, il se passe certes aussi une foule d'autres choses en Russie – mais, pour ce qui nous importe, rien d'essentiel. Face à la prévalence de cette ligne fondamentale, tout le reste est secondaire – et ne prend sa signification que par rapport à celle-ci. Il existe des discours de Brejnev – par exemple au XXIIe Congrès, 1972 – insistant sur la nécessité de développer la production de biens de consommation. Ils sont rapidement suivis d'articles dans les publications militaires rappelant la « priorité de l'industrie lourde », et surtout : ils ne sont suivis d'aucun effet réel. On pourrait rappeler que Podgorny, partisan d'un développement de la production de biens de consommation, a été éliminé ; ce n'est pas intéressant. On pourrait rappeler que Kossyguine, qui passe pour avoir, plus modérément, tenu

1. L'anthologie universelle du comique a été considérablement enrichie, depuis une dizaine d'années, par différentes déclarations des responsables américains comme aussi par leurs actes. Mais rien peut être n'y égale la perle suivante de Paul Warnke, Directeur de l'Agence du contrôle des armements et du désarmement des États-Unis et chef négociateur des accords SALT II. Dissertant sur l'objectif proclamé de la stratégie russe, de gagner une guerre nucléaire si elle a lieu, il disait : « Au lieu de discuter dans ces termes, ce qui constituerait une concession à ce que je considère comme les aspects primitifs de la doctrine nucléaire soviétique, nous devons essayer de les éduquer [pour qu'ils comprennent] le monde réel des armes nucléaires stratégiques... » *Collins 1980*, p. 117, N° 15. Warnke va éduquer les Russes pour leur apprendre le monde réel... Et qui va éduquer Warnke et le gouvernement américain ? Il s'agit là, comme le rappelle Collins, non seulement des opinions de Warnke, mais de la politique officielle du gouvernement américain.

les mêmes vues, a été graduellement relégué au second rang. Ce n'est pas intéressant. Que Malinovsky, militaire professionnel, maréchal, qui avait à plusieurs reprises contré publiquement Khrouchtchev et même Brejnev, ministre de la Défense depuis 1957, meurt en 1967 et est remplacé par un autre militaire professionnel, Gretchko : ce n'est pas intéressant – pas plus que l'accession à ce poste, après la mort de Gretchko en 1976, d'Oustinov qui n'est pas militaire (mais est de longue date le responsable suprême des industries d'armement). Ni la nomination de Gretchko ne prouve que Brejnev était la marionnette de l'Armée – ni celle d'Oustinov ne montre un « recul » quelconque du poids de celle-ci. Il faut sortir de ces considérations anecdotiques, il faut même radicalement les condamner. Le rôle visible des militaires et de leurs chefs dans les activités russes au Proche Orient à partir de 1965 est connu : ce n'est pas là dessus que l'on peut baser une interprétation (Gordon et Kitchener ne symbolisaient pas un « pouvoir de l'Armée » dans l'Angleterre de leur époque[1]).

Certes, il y a toujours le « contrôle politique » du Parti sur l'Armée, exercé par l'intermédiaire de l'Administration Politique Principale. Mais *qui* contrôle *qui* ? Une fois de plus, les soviétologues et les spécialistes devraient se demander si, depuis quinze ans, les proclamations sur le rôle dirigeant du Parti dans les affaires militaires sont autre chose et plus qu'une rhétorique rituelle. Quel *genre* de contrôle peuvent exercer les fonctionnaires de l'A.P.P. sur les activités et le fonctionnement de l'Armée – lorsque l'on sait que, depuis longtemps, leur recrutement se fait, *et ne peut se faire* – ce qui est en soi plus que significatif – que parmi les déchets de la société russe[2] ?

1. Sur plusieurs de ces événements, voir par exemple H. Carrère d'Encausse, *op. cit.*, p. 152-169.

2. Cela est reconnu par un partisan acharné de la thèse de la suprématie absolue du Parti sur l'Armée, Christopher D. Jones « The Revolution in Military Affairs and Party-Military Relations, 1965-1970 », *Survey,* 20/1, hiver 1974, p. 84-100. Il ressort clairement du matériel qu'il fournit que les « commissaires politiques » sont recrutés parmi les jeunes qui n'auraient pu faire carrière dans aucun autre secteur de la vie. Ceux-ci se trouvent, dans l'Armée, faire face à des officiers et autres spécialistes, dont la grande majorité possède depuis de longues années une formation universitaire ou analogue. Un commissaire politique ignare pouvait dire à

Impossible de comprendre la véritable portée des « événements » mineurs, ou le rôle de l'A.P.P., sans les placer dans une analyse et conception d'ensemble de l'évolution et de la structure de la société russe. Cela se voit de manière particulièrement claire à propos de tout ce qui a précédé et suivi la chute de Khrouchtchev. Peut-on dégager une signification de cet enchaînement :

– la ligne de Khrouchtchev s'oppose à la ligne et aux « intérêts » de l'Armée ;
– Khrouchtchev est renversé ;
– la ligne de l'Armée l'emporte complètement ?

N'y a-t-il pas dans cet enchaînement une réponse, aussi claire que possible, à la question : *qui décide* quant aux orientations importantes, ou du moins : dans *l'optique de qui* les décisions sont prises[1] ?

un commandant : il faut attaquer le flanc gauche et non le droit, il faut reculer et non pas avancer, dans les conditions d'autrefois (et même avoir raison). On ne voit absolument pas ce qu'il peut lui dire dans les conditions d'aujourd'hui – à moins de devenir lui-même un technicien militaire. Thèse générale : les « commissaires politiques » dans l'Armée russe ne peuvent fonctionner que comme des flics (auquel cas ils doublent le K.G.B. qui est déjà richement sur les lieux) ; se contenter d'un rôle parasitaire ; ou (ce qui semble arriver très fréquemment) épouser le point de vue des militaires.

1. Quand on est spécialiste, on se doit d'être prudent. Voici un spécimen de cette prudence scientifique : « Bien que des éléments de l'Armée [*the military*] aient cherché presque certainement à bloquer les réductions des forces conventionnelles proposées par Khrouchtchev en 1960-1961 et 1963-1964 par exemple, il ne peut pas être montré de façon définitive qu'ils aient joué un rôle dans l'échec subi par ces deux propositions. » Franklyn Griffiths, « A Tendency Analysis of Soviet Policy-Making », in *Skilling-Griffiths 1971*, p. 344. Pas de procès verbal d'huissier ou du Comité central, pas de photographie – donc, pas de preuve. Raisonnement impeccable. Comment donc comprendre ce qui s'est passé après la chute de K. et depuis, maintenant, quinze ans ? Ce n'est pas mon affaire, dira le spécialiste. Ce que je peux vous attester, c'est que rien n'atteste qu'en octobre 1964 l'Armée ait ouvertement joué un rôle dans l'élimination de Khrouchtchev. En effet : si l'histoire est ainsi décomposée en une séquence discrète d'événements ponctuels et d'actes signés et datés, il n'y a plus grande chose à y comprendre. – La conclusion de Roman Kolkowicz, prudente aussi, est infiniment plus proche du bon sens : « On peut supposer *[speculate]*, sur la base des affaires Malenkov, du « groupe anti-Parti » et Khrouchtchev, que tout chef politique qui menace de façon persistante et profonde quelques-uns des intérêts fondamentaux de l'Armée appelle sa propre destitution politique ». *Kolkowicz 1971*, p. 166.

Dans le même sens, H. Gordon Skilling, « Group Conflict in Soviet Politics », in *Skilling-Griffiths 1971*, pp. 392-394.

Pas toujours, mais trop souvent, l'historien ou le spécialiste n'a pas conscience de ses préjugés et préconceptions – et ce, évidemment, d'autant plus, qu'il se prétend « regard neutre » sur le matériel qu'il examine. Ceux-là vont du plus superficiel au plus profond. Dans le cas de la soviétologie contemporaine, ils fournissent un échantillonnage complet des pièges tendus par la réalité au chercheur ; il est juste d'ajouter que les plus importants de ces pièges correspondent à des problèmes ultimes de la réflexion sur la société et l'histoire.

Pendant très longtemps, et encore aujourd'hui, la majorité des historiens et sociologues occidentaux ont cru que le Parti communiste russe est communiste – *dans n'importe quel sens de ce terme* ; cela exclut toute compréhension de la société russe. Ils ont projeté des catégories occidentales sur la société russe (ainsi, la dilution des problèmes de fonctionnement de la bureaucratie et de la guerre des cliques et des clans, comme de la guerre de tous contre tous, sous le terme de « conflits de groupes d'intérêts »). De 1960 jusqu'il n'y a guère, la majorité des écrits est lourdement marquée par l'idéologie de la « détente » et des vœux pieux qui en forment la base : convergence des systèmes, ère d'une technocratie managériale en Russie et tournant vers une société de consommation, accompagnée – voyons ! – d'une « libéralisation » du régime. (Même un auteur aussi pénétrant que Kolkowicz se laisse par moments prendre à ce piège.) Le degré auquel ils ont pu prendre au pied de la lettre la rhétorique communiste est proprement incroyable ; aussi bien que le genre de sur-interprétation (tout autant fallacieuse) de cette rhétorique à laquelle ils se livrent. Oubliant qu'une grande partie du discours officiel est vide, comme tout rituel, qu'il est là parce qu'il faut que l'air soit constamment rempli par la parole vide de la bureaucratie, ils lui imposent coûte que coûte une grille de signification ; mais les articulations de cette signification, les catégories opérant dans l'interprétation, restent celles du monde familier de l'interprète.

L'historien et le spécialiste – je répète, il y a des exceptions notables et remarquables – projette ainsi naïvement *sa* société sur la Russie – comme il y projette *son* histoire, l'histoire qu'il connaît, et qui, sans qu'il le sache, fonctionne dans sa tête comme ayant délimité d'avance et pour l'éternité les paradigmes immuables de ce qui *peut se passer* dans l'histoire. Ainsi il continue à se demander si un « bonapartisme » risque d'apparaître en Russie et conclut gravement qu'il n'en est rien (mais qu'est ce que le « bonapartisme » ? Le sait-il ? Et qui le *sait* ?) ; il compte le nombre de généraux et de maréchaux dans le Comité central – ou attend un « conflit ouvert » entre l'Armée et le Parti et une « victoire » de l'un ou de l'autre, sans se poser la question : n'y a-t-il pas, peut-être, ici, un *nouveau type de rapports*, en train d'émerger, entre un corps social – l'Armée – et le reste de la société, et, peut-être aussi, un nouveau *type* de pouvoir[1] ? Lorsqu'on passe à des niveaux plus sophistiqués, d'autres préconceptions apparaissent. En gros, elles sont aujourd'hui celles de l'idéologie sociologique marxo-américaine. Autrefois, les Rois et les batailles étaient ce qui comptait dans l'histoire. Aujourd'hui, ce sont les techniques, les usines et les statistiques économiques – ou bien les « groupes », les « conflits d'intérêts » et les « consensus ».

⁂

Au-delà de ces facteurs, deux problèmes non triviaux apparaissent, qui conditionnent les difficultés de *voir* ce qu'il en est vraiment de la Russie contemporaine.

Le premier, c'est celui de la catégorie et de l'idée même du *pouvoir*. Le Parti (ou l'Armée, peu importe), « a » le pouvoir, ou « exerce » le pouvoir en Russie. Qu'est-ce que cela veut dire ? Qu'est-ce que le « pouvoir », comment peut-on l'« avoir » ?

Je n'entrerai pas ici dans cette question abyssale. Je constaterai simplement que la plupart du temps, lorsqu'on parle de la Russie, on semble avoir implicitement une idée du pouvoir (ou du processus politique) qui en ferait quelque chose de parfaitement *visible*. Je ne parle pas de la naïveté,

1. On ne se demande même pas : et si la clique dominante au Sommet de l'Appareil du Parti était en fait complètement *acquise* au point de vue de l'Armée ? Il est clair que dans un tel cas les « indices » que cherche habituellement le spécialiste *ne pourront pas*, par hypothèse, exister – et qu'il lui faudrait se tourner vers ce qu'il ne veut précisément pas faire : une interprétation du sens global de l'orientation de la société russe.

désormais rare (bien que, la discussion sur la Russie le montre, moins qu'on ne le penserait), qui identifie le pouvoir avec ses « détenteurs » en chair et en os d'après les textes officiels. Mais, alors même qu'on accepte la division (capitale pour les sociétés modernes) et la scission entre processus et procédures officiels et réels, entre les instances formelles et les instances réelles de prise de décision, on continue de parler comme si la totalité de ces processus devrait être visible, repérable par observation directe. Mais le pouvoir n'appartient qu'en partie au visible. Le problème que cela crée est, dans une première étape, trivial. L'éminence grise qui opère derrière le monarque ; ou les groupes informels qui décident en fait sans qu'ils apparaissent dans les procès verbaux des instances officielles, tout cela n'est de l'invisible qu'en fait, plus exactement ce n'est pas de l'invisible, c'est seulement du caché. Il serait visible pour celui qui pourrait mener l'enquête parfaite et totale. La partie invisible du pouvoir – et la plus importante – est finalement celle qui agit sans avoir besoin d'« actes » spécifiques pour se manifester. Pendant très longtemps, l'Église n'avait aucun besoin de prendre des décisions *ad hoc* pour que des églises soient construites, ni d'envoyer des gens d'armes pour que la dîme lui soit payée. La société elle-même venait au devant de ce que l'Église « voulait ». Si une analogie – en partie fausse comme toute analogie – peut illustrer le rapport, historiquement tout à fait *neuf*, *original*, *inédit*, entre Armée, Parti et société en Russie, celle-là est peut-être la moins mauvaise.

On peut être plus spécifique, et plus « falsifiable » ou « contrôlable ». Je dis que si quelqu'un peut, par ses actions ou omissions et à la limite par sa simple présence, amener la société à faire ce qu'elle n'aurait pas fait autrement – ou pas ainsi – ce quelqu'un « dispose d'un pouvoir », proportionnel à ce qu'il peut ainsi faire faire ou ne pas faire. Et je dis que si quelqu'un – individu ou groupe – peut, de la même façon, influer à un degré décisif non pas sur tel ou tel autre détail de la vie sociale, mais sur le cours, l'évolution et l'orientation centrale de la société, – alors ce quelqu'un ne « dispose pas d'un pouvoir », mais devient l'*instance centrale, pour autant que* celle-ci est incarnée et représentée par une entité réelle, *du* pouvoir dans la société considérée. Et tel est le cas de l'Armée et de la société militaire russes –

dont les orientations et les actes engagent, non pas seulement 15 ou 20 % du P.N.B. du pays, mais la vie et la mort, la nucléarisation ou pas de 270 millions de personnes et de beaucoup d'autres en plus.

*
**

Le deuxième problème, c'est évidemment la nouveauté, l'originalité du phénomène. Ce qui est en train de se créer sous nos yeux, c'est un nouveau type historique de société – nouveau dans ses significations (comme on l'a vu, dans son absence de significations et leur destitution par la Force brute comme telle), nouveau dans son mode d'institution concret et dans le type d'institution qui apparaît ainsi. Bref, c'est une *création* social-historique, peu importe son caractère monstrueux. *Création* : comme dirait Paul, scandale pour les juifs et bêtise pour les gentils. Or cette idée se heurte à une résistance acharnée de la part de tous ceux qui restent prisonniers de la pensée héritée ; résistance que redouble ici la nature du produit de cette création. En effet, ce produit menace le « sens » de l'histoire, à la fois comme sens positif et valorisé – et comme intelligibilité. Un marxiste – ou même un post-marxiste très « subversif » – ne serait nullement surpris si on lui disait, avec quelques « indices » à l'appui, que la bureaucratie managériale de la production et de l'économie est en train de supplanter le « Parti » en Russie ; il trouverait même cela normal. Il sautera au plafond si on lui dit que, devant la faillite du Parti, l'Armée devient pôle autonome et impose de plus en plus à la société russe son orientation. Pourquoi ? Parce que, marxiste ou post-marxiste, il conserve quelque chose de l'idéologie de la dignité ou primauté du « productif » et de l'« économique ». S'il a critiqué le marxisme, il a mis à la place de l'« économique » le « politique » : il s'est forgé ou a assimilé une conception du « Parti/État » comme instance dominante en Russie, elle est – ou lui paraît – intelligible, elle lui est familière – elle fonctionne moyennant l'idéologie, et ça, il connaît. Mais le militaire ? Pfouah ! Quelle vulgarité, quelle indignité, quelle aberration. La Force brute – ça démolit la rationalité de l'histoire. Or, que le réel doive être compréhensible, au besoin dans son incompréhensibilité même, ce n'est pas une hyperbole de Hegel, mais une nécessité psychique pour exister – qu'on soit intellectuel ou simple homme quelconque[1].

Ce qui ne *peut* pas être vu, alors, c'est que nous avons devant nous un *nouveau* type de société, en train de *se faire*, une *création* social-historique. L'agent actif de cette création – favorisée et conditionnée certes par une foule de facteurs – c'est l'Armée. Si l'on regarde ce qui compte dans la grande réalité historique et non pas les organigrammes, ce qui émerge en Russie, c'est une *stratocratie* – qui n'a rien à voir avec le « bonapartisme », le règne des prétoriens, les dictatures militaires latino-américaines etc. Rien à voir, non pas « descriptivement » – mais essentiellement. Et cet essentiel, c'est que pour la première fois dans l'histoire nous assistons à la naissance d'une société dans laquelle la place de la religion ou de toute autre magma de significations imaginaires a été prise par une « signification » qui n'en est pas une : la Force brute pour la Force brute.

Il est – relativement – facile de voir et de dire aujourd'hui que la Russie n'a rien à voir avec le socialisme, de près ou de loin, qu'elle est une société d'exploitation et d'oppression. Mais combien – à part une poignée d'individus, dont la majorité se trouvait dans les isolateurs de Staline – le voyaient en 1927 ou en 1932 ? Ce n'est pas dans quarante ou cinquante ans qu'il y aura un intérêt à constater le rôle et la place de l'Armée russe ; il s'agit de voir ce qui est là, maintenant, *in statu nascendi.* L'oiseau de Minerve doit prendre son vol avant la tombée de la nuit – qui risquerait d'être longue.

1. « Si la réalité était inconcevable, nous forgerions des concepts inconcevables pour la concevoir », dit quelque part Hegel.

TABLE DES MATIÈRES

SOMMAIRE DU DEUXIÈME VOLUME

Cet ouvrage reproduit par procédé photomécanique
a été achevé d'imprimer sur presse CAMERON
dans les ateliers de la S.E.P.C.
à Saint-Amand (Cher), le 28 avril 1981
pour le compte de la librairie Arthème Fayard
75, rue des Saints-Pères - 75006 Paris

ISBN 2-213-00960-0

Dépôt légal : 2e trimestre 1981.
N° d'Édition : 6206. N° d'Impression : 590.
Imprimé en France